임금에 대하여

임금에 대하여

모리스 돕 지음 | 강신준 옮김

도서출판 길

임금에 대하여

2019년 2월 15일 제1판 제1쇄 인쇄
2019년 2월 20일 제1판 제1쇄 발행

지은이 | 모리스 돕
옮긴이 | 강신준
펴낸이 | 박우정

기획 | 이승우
편집 | 안민재
편집 | 한향림

펴낸곳 | 도서출판 길
주소 | 06032 서울 강남구 도산대로 25길 16 우리빌딩 201호
전화 | 02) 595-3153 팩스 | 02) 595-3165
등록 | 1997년 6월 17일 제113호

ISBN: 978-89-6445-204-2 03320

이 번역서는 동아대학교 번역서 과제로 선정되어 동아대학교 출판총서 제150호로 출간되었음.

이 책은 Maurice Dobb, *Wages*(Cambridge University Press, 1955, 제4판/초판은 1928년)를 완역한 것입니다.
절차에 따라 원 저작권자와의 계약 체결을 마친 후 한국어판을 출간하려 했으나,
영국 케임브리지 대학출판부를 통한 저작권의 소재 파악이 불가능하여 부득이 계약을 체결하지 못하고 펴냅니다.
추후 그 소재가 파악되는 대로 적법한 절차에 따라 저작권을 확보할 것임을 밝힙니다.

| 옮긴이 해제 |

임금에 대한 마르크스 경제학과 부르주아 경제학의 차이점

1. 에피소드

이 책은 원래 1983년에 내가 처음 번역했던 것을 다시 번역한 것이다. 다시 번역해야 했던 이유는 두 가지다. 하나는 많은 오류가 발견되었기 때문이다. 처음 번역할 당시 나는 대학원생에 불과했고, 노동문제에 대해 이론적으로나 실천적으로 아직 초보자였다. 당연히 현장에서 통용되는 용어나 숨겨진 이론적 맥락에 대해 부족한 점이 많았다. 이번 번역에서 그런 오류들을 많이 바로잡을 수 있었다. 또 하나의 이유는, 언제인지 정확히 알 수는 없으나 이 책이 절판되어버렸고 이후 이 책을 대신할 만한 적절한 임금 안내서가 출판되지 않았기 때문이다. 물론 여기에서 적절하다고 하는 말의 의미는 임금을 다루는 경제학의 명백히 대립된 두 개의 관점 가운데 노동자의 관점에서 그렇다는 말이다. 다른 하나인 자본가의 관점을 반영하는 책들은 경영학 분야에서 헤아릴 수 없이 많다. 하지만 그것들은 이론적으로도 결함이 두드러지고 실천적으로도 편향되어 있어서 특히 노동자들에게는 전혀 적절하지 않다.

이런 이유로 그동안 나에게 임금에 관한 적절한 도서를 찾는 노동자들의 문의가 상당히 있었다. 물론 가장 바람직한 것은 이 책의 내용을 모두 포괄하면서 동시에 한국 사회의 시의성을 새롭게 반영하는 책을 집필하는 것이다. 하지만 나는 지금 마르크스-엥겔스 전집의 정본인 MEGA(Marx Engels Gesamtausgabe)의 한국어판 작업에 발목이 잡혀 새로운 집필을 준비할 여유를 갖지 못하고 있다. 게다가 불행히도 다른 연구자들 중에서도 아직 이런 책을 출판한 사람은 나오지 않고 있다. 노사관계의 가장 중심영역인 임금에 대한 안내서가 아예 존재하지 않는 공백상태가 십여 년 이상 이어지고 있는 것이다. 이런 사정 때문에 어쩔 수 없이 임시방편으로 이 책이라도 다시 시중에 내는 것이 필요하다는 판단을 하게 되었다.

이 책의 처음 번역에는 조그만 에피소드가 두 개 숨어 있었다. 새로운 번역을 접하는 독자들에게도 전해주는 것이 마땅하다 싶어서 기록해두고자 한다. 하나는 첫 번역의 대본이 복사판이었다는 사실이다. 이 점은 당시 우리 사회의 어두운 단면을 보여준다. 해외도서의 수입은 물론 국내에서 출판되는 모든 도서에 대해 검열이 이루어졌고, 그래서 조금이라도 지적으로 의미 있고 가치 있는 인쇄물은 대부분 '어둠의 경로'를 통해 복사물의 형태로만 유통될 수 있었다. 야만의 시대였고 치욕스러운 흑역사였다. 그것이 바로 박정희의 시대였다. 이번 번역에서는 영국에서 출판된 원본을 저본으로 삼을 수 있었다. 또 하나의 에피소드는 이 책의 번역을 처음 나에게 권유한 이가 이론과실천사의 고(故) 김태경 대표였다는 사실이다. 이 일을 매개로 그와 나 사이에 맺은 관계는 이후 한국에서 『자본』(*Das Kapital*)의 첫 출판으로 이어졌다. 이 책은 간접적으로 한국에서 마르크스가 본격적으로 소개될 수 있는 불쏘시개였던 셈이다.

2. 저자와 문헌적 소개

이 책의 저자 모리스 돕(Maurice Dobb, 1900~76)은 영국의 대표적인 마르크스주의 경제학자이다. 1900년 런던에서 출생한 그는 비교적 유복한 환경에서 성장했다. 1919년 케임브리지 대학에 입학하여 역사학과 경제학을 공부했고, 1922년 런던 정치경제대학(LSE) 대학원 과정에 진학하여 1924년 박사학위를 취득했다. 1920년 존 메이너드 케인스(John Maynard Keynes)의 초청을 받아 케임브리지 대학의 '경제학 클럽'에 합류했고, 그의 도움을 받아 케임브리지 대학에 자리를 얻었다. 이후 돕은 약 50년간 케임브리지 대학 트리니티 칼리지에서 교수로 재직했다.

돕의 학문적 특징은 신고전파 경제학을 마르크스주의적 관점에서 해석 변용하는 것이었다. 그는 1925년 케인스와 함께 소련을 여행한 후 소련 경제에 대한 연구를 수행하여 계획경제 부문에 여러 연구업적을 남겼다. 1946년 『자본주의 발전 연구』(*Studies in the Development of Capitalism*)를 출간하여 미국의 대표적인 마르크스주의 경제학자 폴 스위지(Paul Sweezy)와 이른바 '자본주의 이행 논쟁'을 벌이기도 했다.

그는 1920년 공산당에 입당하여 1930년대에 케임브리지 대학 내에서 공산주의 운동을 이끌었고 숱한 집회와 강연에 참가하는 등 매우 적극적으로 정치적 활동을 수행했다. 그는 주변에 자신이 공산주의자임을 공개적으로 천명했으며, 그의 집은 케임브리지 대학의 공산주의자들이 모이는 집합소였기 때문에 아예 '빨갱이 집'(The Red House)으로 불리기도 했다. 1931년 바바라 닉슨(Barbara Nixon)과 재혼하여 평생을 해로했는데, 그의 아내는 공산당원이 아니었고 평생 노동당원으로 살았다. 그는 소련이 아직 붕괴하기 전인 1976년 케임브리지에서 세상을 떠났는데,

그 당시 이미 소련의 경제에 대해 의문을 품고 있었다고 한다. 한편 그는 케임브리지 대학에서 공산주의 운동을 이끌면서 많은 제자들을 키워냈다. 그중 유명한 사람으로 1998년 노벨 경제학상을 받은 아마르티아 센(Amartya Sen)과 20세기 최고의 역사학자로 알려진 에릭 홉스봄(Eric Hobsbawm)을 꼽을 수 있다.

이 책은 제일 앞부분에 소개되어 있듯이, 원래 케인스가 제1차 세계대전 이후 일반인들에게 경제학을 대중적으로 소개하기 위해 기획한 케임브리지 경제학 편람의 한 권으로 집필되었다. 이 편람의 책임편집인은 케인스에서 데니스 로버트슨, 다시 클로드 윌리엄 길보드와 밀턴 프리드먼(Milton Friedman)으로 이어졌다. 1차 편집본은 1993년까지 모두 25권이 출판되었으며, 경제학의 주요 범주들을 해당 분야의 전문가들이 독립된 견해로 집필했다. 집필에 참여한 학자들에 대한 이데올로기적인 기준은 크게 작용하지 않은 것으로 보인다. 돕과 같은 마르크스주의자는 물론 부르주아 경제학 내에서 신고전학파 이후 두 흐름의 대표주자인 케인스와 프리드먼이 모두 책임편집인을 맡은 데서 그것을 볼 수 있다. 돕의 이 책은 1928년 처음 출판된 이후 모두 13번의 수정 증보를 거쳤다. 여기에 번역한 책의 대본은 마지막 판이라고 할 수 있는 1966년판이다.

3. 내용에 대한 해설

이 책을 읽는 독자들에게 미리 전해두어야 할 사항으로는 먼저 두 가지가 중요해 보인다. 하나는 이 책이 고전학파 이후 와해된 부르주아 경제학을 복원한 신고전학파의 본거지라고 할 수 있는 케임브리지 대학에서 기획되었다는 점이다. 따라서 이 책을 구성하고 있는 주요 소재는 부르주아 경제학의 전통적 논의들이다. 다른 또 하나는 이런 사정에도 불구하고 이 책의 저자가 마르크스주의 경제학자라는 점이다. 그래서 이 책은 부르주아 경제학의 논의들을 마르크스주의적 관점에서 재해석하고 있으며, 부르주아 경제학에서 다루지 않는 마르크스주의 경제학 고유의 논의들도 함께 포함한다. 그러므로 부르주아 경제학과 마르크스주의 경제학의 차이점을 이해해두는 것이 독자들이 이 책을 읽어나가면서 길을 잃지 않는 주요한 지침이 될 것으로 생각된다.

1) 차이를 불러오는 구조적 원인

두 경제학의 차이점은 임금을 둘러싼 경제적 구조에서 비롯되었다. 그래서 둘의 차이점을 이해하기 위해서는 먼저 이 구조를 정확히 파악하는 것에서 출발할 필요가 있다. 임금은 자본주의 경제에서 노동력을 매매하는 과정을 이루는 핵심변수이며 이 매매는 자본가와 임금노동자라는 두 계급 사이에서 이루어진다. 그 매매의 구조는 다음과 같은 그림으로 단순하게 요약할 수 있다.

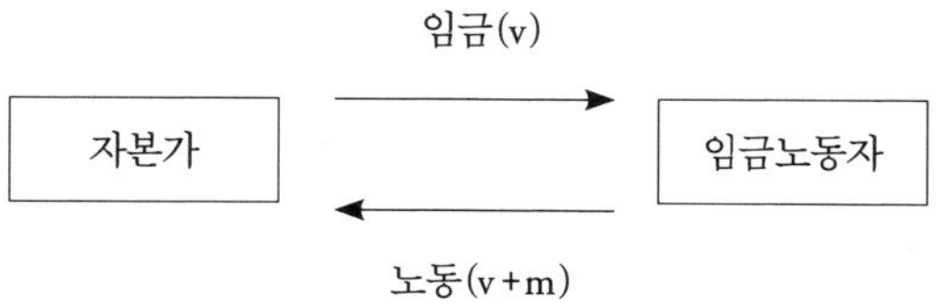

그림에서 자본가는 임금노동자에게 임금을 지불하기로 약속하고 임금노동자는 자본가에게 그 대가로 노동을 제공한다. 여기에서 유념할 부분은 두 가지다.

첫째, 두 사람의 목적이 서로 다르다. 노동자는 임금을 얻는 것이 목적이며 자본가는 노동자에게서 노동을 얻는 것이 목적이다. 자본가가 노동을 얻고자 하는 까닭은 그 노동 속에 노동자에게 지불되는 임금을 초과하는 잉여분이 포함되어 있기 때문이다. 마르크스가 잉여가치, 부르주아 경제학이 이윤이라고 부르는 부분이다. 그런데 노동자가 제공하는 노동 속에 노동자의 임금과 자본가의 잉여가치가 함께 들어 있기 때문에 한쪽의 크기가 커지면 다른 한쪽의 크기는 작아진다. 그래서 양측은 임금을 둘러싸고 서로 대립적인 이해관계에 놓여 있다.

둘째, 매매의 두 과정이 분리되어 있다. 임금이 먼저 결정되고 그다음에 노동이 이루어진다. 또한 두 과정은 각기 별개의 장소에서 이루어진다. 전자는 시장에서, 후자는 작업장에서 이루어진다. 이처럼 시간적으로, 공간적으로 두 과정은 분리되어 있고 이런 구조를 이용하여 자본가는 자신의 잉여가치를 챙길 수 있다. 자신의 이해가 걸려 있는 시간과 공간을 활용할 수 있는 것이다.

이런 이중적 구조 때문에 임금에 대한 경제학의 관점도 두 가지가 된다. 그러면 두 경제학의 차이점을 살펴보기로 하자.

2) 이론적인 차이점

부르주아 경제학은 전통적으로 생산된 가치가 교환에서 가격으로 실현된 후 세 가지 소득으로 분배된다는 견해를 견지해왔다. 그리고 이 세 가지 소득은 생산에 관여한 세 가지 요소, 즉 토지 · 자본 · 노동에 각기 지대 · 이자 · 임금의 형태로 배분된다고 간주한다. 즉 경제는 생산 - 교환 - 분배의 세 영역으로 이루어지고 임금은 이들 가운데 분배영역에 속하는 경제적 범주다. 이런 관점에서는 분배가 생산의 결과물이므로 생산이 증가해야 분배도 증가할 수 있다. 원인과 결과의 인과관계가 그렇게 이해된다. 그래서 여기에서는 흔히 임금인상 문제가 성장이냐 분배냐 양자택일의 쟁점으로 이해된다. 우리는 이런 쟁점이 부르주아 경제학자들에 의해서 숱하게 반복적으로 제기되어왔던 것을 경험해왔다.

그런데 마르크스 경제학의 견해는 전혀 다르다. 마르크스의 주저 『자본』은 자본주의 경제의 세 영역을 각기 제1권(생산), 제2권(교환), 제3권(분배)에서 다룬다. 그런데 여기에서는 임금을 제1권에서 다루고 있다. 제3권에서 다루는 소득은 이윤 · 이자 · 지대로서 모두가 불로소득이다. 노동소득인 임금은 분배되는 소득이 아니라는 의미다. 그 이유는 쉽게 알 수 있다. 자본주의에서 가치를 만드는 생산 활동은 자본가의 투자에 의해 이루어진다. 자본가는 자신의 자본으로 생산의 두 요소, 즉 노동력(노동자)과 생산수단(원료, 작업도구, 설비, 토지 등)을 구매한다. 여기에서 전자에 사용되는 자본이 바로 임금이다. 따라서 임금은 가치가 만들어지고 나서 분배되는 소득이 아니라 가치를 만들기 위해 미리 투자되는 자본의 일부분인 것이다. 마르크스가 임금을 생산영역(『자본』 제1권)의 범주로 다루고 있는 이유가 바로 그 때문이다.

이런 이론적인 차이는 임금문제를 다루는 방식의 수준 차이와 관련되어 있다. 부르주아 경제학처럼 임금을 분배영역의 범주로 간주하면 임금문제는 개별 작업장 내부에서 해결해야 할 문제로 이해된다. 생산은 노동력이 구매된 이후 개별 작업장 단위에서 이루어지고, 그것이 판매된 다음 분배도 동일한 단위에서 이루어지기 때문이다. 자연히 임금문제도 임금의 지불(이 책 제3장)이나 임금의 격차(제6장) 등 작업장별 차이나 노동자들 사이의 개인적 차이가 문제로 된다.

하지만 임금을 생산영역의 범주로 간주하면 이제 임금문제는 사회적 문제로 된다. 임금이 결정되는 장소가 시장이기 때문이다. 시장에서는 노동자 전체와 자본가 전체가 수요와 공급으로 만나고 임금문제는 계급 전체의 문제가 되는 것이다. 이 책의 제1장이 사회적 제도로서의 임금제도에서 시작하는 것은 바로 이런 시각을 의미한다. 마르크스주의의 관점에서 기업별 노동조합이 노동자조직으로 간주되지 않는 것은 바로 이 때문이다. 초기업적 노동조합만이 임금문제를 다룰 수 있는 조직형태인 것이다.

3) 실천적인 차이점

두 경제학의 이론적 차이점은 임금을 둘러싸고 서로 대립하는 두 계급의 경제적 이해를 반영하는 것이고, 이것은 결국 현장에서 임금정책의 차이로 이어진다.

앞서 보았듯이 자본가계급은 임금문제를 개별 작업장 수준에서 다루고자 한다. 그래서 자본가들의 임금정책은 경영학의 핵심 교과목을 이루는 '임금관리'라는 개념에 집약되어 있다. 이 개념의 핵심은 개별 자본가가 자신이 지배력을 행사하는 자신의 사업장 내에서· 임금을 '관리'하는 것에 있다. 단순하게 표현해서 자본가가 자신의 의지에 따라 '마음대로' 임금을 주겠다는 것이다. 임금관리는 두 개의 전술로 이루어져 있는데 이것은 앞서 제시한 그림을 통해서 쉽게 이해할 수 있다. 그림에서 노동력의 매매는 두 개의 과정으로 이루어진다. 자본가는 임금을 지불하고 노동을 돌려받는다. 자본가의 이해는 당연히 주는 것을 줄이고, 받는 것을 늘리는 것에 있다. 전자를 경영학에서는 임금수준 관리, 후자를 임금체계 관리라고 부른다. 이 전술의 내용은 단순하다. 전자는 노동자들의 단결을 막는 것이고 후자는 노동자들 간의 경쟁을 부추기는 것이다. 둘 모두 임금을 최대한 개별화하는 것에 초점이 맞추어져 있다.

반면 노동자들의 임금정책은 임금을 사회적 관점에서 바라보는 마르크스주의 경제학에 바탕을 두고 있다. 그것은 임금을 철저하게 개별 작업장에서 분리하여 시장의 영역에서 다루려는 전술적 방향을 견지한다. 그 핵심 개념은 임금을 '관리'하려는 자본가의 정책에 맞서 임금을 '교섭'하는 것에 초점이 맞추어진다. 그 전술적 구조는 쉽게 이해할 수 있다. 노동자의 이해가 자본가의 이해와 대립되기 때문이다. 즉 앞서의 그림에서 노동자는 임금을 지불받고 그 대가로 노동을 제공한다. 당연히 받는 것을 늘리고 주는 것을 줄이는 것이 전술적 기조를 이룬다. 전자에 대해서는 단결을 최대화하고 후자에 대해서는 노동자들 간의 경쟁을 사회적으로 규제하는 것이다. 그래서 노동자조직은 최소한 자본가들의 전술단위인 기업단위를 넘어서야 하고 가능한 한 커야 한다. 초기업 노동조합과 전국연합조직, 그리고 노동자정당이 바로 그것이다. 노동자들 간의 경쟁을 억제하기 위해서는 사회적 단위에서 이를 규제할 협약을 체결해야 한다.

아쉽게도 이 책에서는 이런 전술적 내용에 대해 극히 원론적인 수준의 언급을 벗어나지 못하고 있다. 하지만 그런 한계에도 불구하고 임금제도(제1장), 생활수준(제2장), 단체교섭(제5장), 노동조합주의(제7장), 국가(제8장) 등 임금의 사회적 성격을 별도로 다루고, 부르주아 경제학의 주요 범주인 임금지불과 임금격차에서도 사회적 영향을 강조하고 있는 것은 이 책의 관점을 보여주는 부분으로 이해할 필요가 있다고 생각한다. 한편 이 책의 이런 신중한 태도는 마르크스주의 경제학의 궁극적인 관점과 관련이 있다는 점도 독자들은 이해할 필요가 있다. 사실 마르크스주의 경제학은 임금을 이처럼 교섭하는 것을 목표로 하지 않는다. 그것은 임금제도 자체를 근본적으로 변혁하는 것을 목표로 삼으며, 이런 교섭은 바로 그런 목표로 가기 위한 과도적 단계의 전술일 뿐이다. 이런 점을 모두 염두에 두면서 읽는다면 이 책의 가치를 충분히 습득할 수 있으리라 생각된다.

4. 남김말

오래전의 이 책을 다시 번역하면서 남는 감회가 많다. 무엇보다도 이 책을 대신할 만한 책이 아직 국내에서 출판되지 않고 있다는 사실이 아쉬움으로 남는다. 번역은 물론 저서에 있어서도 역시 그러하다. 처음 이 책이 나온 때로부터 계산하면 거의 한 세기가 되어가고 수정 보완이 이루어진 때를 기준으로 보더라도 반세기가 지났으며 한국어 번역본이 출판된 지도 이미 34년이나 되었다. 아무래도 이런 시간의 간격을 메우고 한국 사회의 특수한 상황을 반영하는 새로운 책을 집필하는 것이 반드시 필요한 과제로 남는다. 이 과제는 옮긴이나 후학들이 결국 짊어져야 할 것이다.

다른 한편 이런 과제가 30년이 넘도록 방치되고 있는 현실은 한국 사회의 노동운동의 현주소를 알려주기도 한다. 연구의 부족은 말할 것도 없고 실천에 있어서도 무관심한 상황이 이어졌다는 것을 알 수 있다. 이것은 곧 우리 노동운동이 과학적 연구를 토대로 삼지 않고 있다는 점과, 현재 한국 노동운동과 노동계급의 절망적인 상황이 어디에서 비롯된 것인지를 설명해주고 있기도 하다. 은퇴를 이제 코앞에 두고 있고 다른 일에 발목이 잡혀 있는 내가 새삼 이 책을 다시 번역한 것은 그나마 희망의 불씨를 쉽게 포기하지 않으려 하기 때문이다. 부디 보잘것없는 책이나마 우리 노동운동에 새로운 활기를 불어넣는 조그만 불씨라도 될 수 있다면 나에게는 더없이 감사한 일이 아닐까 싶다. 어려운 여건에서도 출판을 허락해준 도서출판 길과 편집을 맡아 수고해주신 안민재 선생께 감사의 인사를 전한다.

2018년 장마가 시작되는 것을 보면서

강신준

| 케임브리지 경제학 편람 편집위원회의 서문 |

1914~18년의 제1차 세계대전이 끝난 직후에 간략한 입문서 형태의 편람 시리즈를 발간할 수 있는 기회가 주어졌다. 이 편람 시리즈는 "일반 독자와 경제학을 전공하지 않은 대학생들에게 경제학자들이 현재 경제 문제들에 사용하는 이론의 일반적 원리를 담고 있는 개념들을 전달하기 위해 기획된" 것이었다.

이 시리즈는 존 메이너드 케인스(John Maynard Keynes)가 '케임브리지 경제학 편람'이라는 제목으로 기획·편집한 것으로서, 위에 인용한 구절은 그가 이 편람의 편집위원장 자격으로 서문에 썼던 것이다. 1936년 케인스는 이 시리즈의 편집 업무를 데니스 로버트슨(Dennis Robertson)에게 넘겼는데 로버트슨은 1946년까지 이 업무를 수행하다 클로드 윌리엄 길보드(Claude William Guillebaud)에게 다시 넘겨주었다.

전간기(戰間期) 동안 경제학의 발전에서 변화의 징후가 나타났는데, 이 변화는 상당 부분 케인스 자신의 저작과 그 저작의 영향과 관련된 것이었고, 그로 인해 편집자 서문 가운데 일부를 수정할 필요가 생겼다. 원래 서문의 마지막 구절은 다음과 같았다.

기본적인 원칙의 문제에서조차도 전문적인 경제학자들 사이에서 완벽하게 합의된 의견은 아직 존재하지 않는다. 일반적으로 말한다면, 이 시리즈의 저자들은 모두 케임브리지 경제학파의 정통 구성원이라고 스스로들 믿고 있다. 어쨌든 각 주제에 대한 이들 저자의 생각과 심지어 편견조차도 그 대부분은 이들이 두 사람의 경제학자—지난 50년 동안 케임브리지 학파의 생각에 핵심적인 영향을 끼친 앨프리드 마셜(Alfred Marshall)과 아서 세실 피구(Arthur Cecil Pigou)—의 저작과 강의를 통해서 얻은 것들이다.

나중에 케인스는 이 마지막 구절을 다음과 같이 수정했다.

기본적인 원칙의 문제에서조차도 각 주제의 전문적인 연구자들 사이에서 완벽하게 합의된 의견은 아직 존재하지 않는다. 전쟁(1914~18) 직후에 일상적으로 벌어진 경제적 사건들은 복잡한 이론들에서 주의를 돌려야 할 만큼 깜짝 놀랄 만한 성격을 가지고 있었다. 그러나 오늘날 경제학은 자신의 기력을 회복했다. 전통적인 처방과 해법들은 의문이 제기되고 연구가 진전되어 수정되어나가고 있다. 언젠가 결국에는 이런 연구 활동이 논란을 종식시킬 것이다. 그러나 당장 지금으로서는 논란과 의구심이 증가하고 있다. 이 시리즈의 저자들은 각자가 다루고 있는 주제들 가운데 많은 부분이 누구나 쉽게 그리고 곧바로 읽어나갈 수 있을 만큼 명료하고 확실한 결론에 아직 도달하지 못했다는 점에 대해 일반 독자와 경제학 초보자들에게 양해를 구할 수밖에 없다.

케인스가 이 글을 쓸 때 염두에 두고 있었던 논쟁들 가운데, 비록 모두

다는 아니지만, 상당수는 이제 해소되었다. 당시로서는 기존의 정통 이론을 뒤집어버릴 것처럼 보였던 새로운 생각과 비판들은 결과적으로 기존 정통이론들에 흡수되어 그것들을 강화하고 심화하는 데 기여했다. 이것은 이 새로운 생각들이 어느 정도 필요한 만큼 변형을 거쳐 기존 정통이론에 추가되고, 이론의 강조점이 변경되고, 전반적으로 훨씬 정교한 새로운 용어들이 도입되는 과정을 거쳐 이루어졌다. 케인스가 처음의 서문에서 언급했던, 그리고 그가 크게 기여하기도 했던 바로 그 주류 경제학 사상을 뒤덮고 있던 가시덤불은 오늘날 대부분 제거되었다. 그 결과 모든 나라의 경제학자들 사이에서 경제학의 각 주제에 대한 기본적인 이론적 관점들에 대한 합의가 대부분 다시 이루어졌다.

경제적 분석에 대한 이런 합의에 의거하여 경제 정책에 대한 다양한 관점들이 등장했다. 이들 관점은 어떤 경제 정책의 결과에 대한 예측을 수행하는 데 갖가지 다양한 요인들의 양적 중요성에 대한 서로 다른 추정치들과 예측 결과가 바람직한 것인지에 대한 서로 다른 가치평가를 모두 반영하고 있다. 케인스가 글을 썼던 시기와 마찬가지로 지금도 여전히 사실로 남아 있는 것은 다음의 것이다. 해당 부분을 그의 서문에서 다시 한 번 인용해보기로 하자.

> 경제학 이론은 곧바로 경제 정책에 사용할 수 있는 완성된 결론들을 만들어내는 것이 아니다. 오히려 그것은 하나의 교의라기보다는 하나의 방법으로서 그것을 습득한 사람이 올바른 결론을 만들어낼 수 있도록 도와주는 생각의 도구 혹은 생각의 기술일 뿐이다.

이 방법은, 어떤 의미에서는 영원불멸의 진리이기도 하지만, 끊임없이 변하는 어떤 것이기도 하다. 그것은 정책적 관점의 끊임없는 변동을 통해 제기되는 새로운 문제들에 끊임없이 적용되고 있다. 이것은 기존에 출판되었던 케임브리지 경제학 편람에서 다루고 있는 다양한 주제들에서는 물론이거니와 끊임없이 새롭게 등장하고 있는 앞으로 다루어야 할 주제들에서도 그대로 반영될 것이다. 따라서 이런 시리즈는 그 자체로 하나의 살아 있는 생물체로서, 처음부터 확정된 계획에 따라 정해진 숫자의 저작으로 이루어져 있기보다는 시간의 흐름에 따라 변화하는 관심들과 함께 성장하고 계속 변용되는 것이어야 한다.

이 시리즈에 대한 독자들의 광범위한 호응은 이 시리즈를 기획한 사람의 판단이 옳았다는 것을 충분히 입증해주고 있다. 영국 제국 내에서의 유통과는 별개로 이 시리즈는 처음부터 미국에서도 출판되어왔으며, 상당수의 저작들이 숱한 외국어로 번역·출판되기도 했다.

이번에 편집진을 영국과 미국 학자들의 합동 편집진으로 개편한 것은 앞으로 다룰 주제는 물론 저자와 독자의 범위를 확대함으로써 이 시리즈의 유용성을 더욱 확장하기 위한 목적을 가지고 있다. 만일 이것이 대서양 양측 모두에 걸쳐 있는 광범위한 독자들에게 '생각의 기술'(과학으로서의 경제학의 가장 두드러진 특징)에 대한 명쾌한 설명과 그것을 올바로 사용하는 방법을 알려줄 수 있다면 그 목적은 달성되었다고 볼 수 있을 것이다.

1957년 4월

C. W. 길보드

밀턴 프리드먼

| 네 번째 수정판에 부쳐 |

이번 수정판은 시간의 경과에 따라 수정할 필요가 있는 부분만 손을 본 것이다. 주로 수정이 이루어진 부분은 제2장과 제3장으로 지난 10여 년 동안 얻은 자료들을 보충하는(일부 삭제하기도 했다) 형태였다. 마지막 두 장에서도 약간의 변경과 첨가가 있었다.

1946년 세 번째 수정판 서문에서 나는 "제2장의 많은 부분을 새롭게 집필했으며", "가장 많이 바뀐 부분은, 1938년과 최근의 두 번에 걸쳐 완전히 재구성하고 새로 집필한 것으로 제4장과 제5장의 임금이론과 관련된 부분이다. 이 두 개의 장은 원래의 내용 가운데 그대로 남은 부분이 극히 일부분뿐이다"라고 밝힌 바 있다. 이번 수정판에서는 이론을 다룬 이들 장은 1946년에 집필한 것들을 거의 그대로 남겨두었다. 이들 장은 다시 손을 볼 필요가 거의 없어 보였다. 이들 장의 결함을 메우기 위해 손을 보기보다는 차라리 아예 완전히 새로 집필하는 것이 더욱 쉬울 것처럼 보였다. 그래서 좋든 나쁘든 간에 이들 장은 손을 대지 않고 그대로 남겨두었다.

케임브리지에서

1955년 10월

모리스 돕

차례

제 1 장

임금제도

| 제1절 | 서론

경제학자들 사이에는 보편적 경제 원리를 다루는 방법, 즉 이들 원리가 모든 경제체제(이 체제가 교환 형태에 기초하고 있는 것인 한)에 똑같이 적용될 수 있는지 아니면 어떤 특정 조건이나 사회제도에 대해서만 특수하게 적용될 수 있는지를 둘러싸고 많은 논란이 있어왔다. 경제학자들은 로빈슨 크루소 모델을 즐겨 사용한다는 비난을 자주 받아왔다. 이는 곧 로빈슨 크루소가 처해 있던 상황이 근대사회가 당면한 상황과 완전히 다르다는 사실을 무시하고 단순 경제사회의 원리를 곧바로 오늘날의 복잡한 사회에 그대로 일반화하는 경향을 가리킨다. 그러나 이런 일반적인 문제에 대해 어떤 입장을 취하든 상관없이 임금문제를 다루는 데서는 이 문제가 우리의 근대 경제체제의 조건들과 매우 밀접하게 관련되어 있다는 사실, 그리고 이 문제를 다루면서 우리가 부딪히는 문제들의 본질적인 모습이 이 경제체제의 특수한 제도와 형태(예를 들어 부의 소유와 분배 형태, 생산과 분업의 성격)로부터 나오는 것이라는 사실을 부인할 사람은 거의 없을 것이다.

적어도 임금문제를 논의하는 데서는 로빈슨 크루소 모델과 '보편적 원리'에 대한 탐구가 거의 쓸모없을 것 같다. 오히려 이런 것들이 현실의 조건들을 있는 그대로 더욱 올바르게 포착하기 위해 반드시 중요하게 보아야 할 문제들에서 우리의 주의를 흩뜨려버릴 수 있다. 우리가 논의하려는 문제가 처한 오늘날의 조건과 과거의 조건을 구분짓는 차이점을 살피는 데서 출발하는 것은, 중요한 것이 무엇인지를 밝혀주는 가장 확실한 수단인 동시에 이들 두 조건 사이에 존재하는 참된 유사성을 정확히 파악하기 위한 필수적인 선행 작업으로 보인다. 오늘날 지불되고 있는 임금이, 과거에 작업이 이루어지고 그 대가가 지불되던 방식과 어떻게 다른지를 살펴보고, 그런 다음 이런 맥락에서 오늘날 임금제도의 성격을 규정한다면, 우리는 근대 산업제도가 당면하고 있는 현실 문제의 고유한 특성을 제공하는 몇몇 근본적인 차이점이 이들 사이에 존재한다는 사실을 알게 될 것이다.

| 제2절 | 노예, 농노, 장인

근대 임금제도와 대조적으로 비교할 수 있는 과거의 제도는 세 가지가 있다.

첫째는 노예제도인데, 이 제도 아래에서는 노동자의 인격을 주인이 소유했고 따라서 사고팔 수 있었다. 노예의 시간을 모두 주인이 마음대로 할 수 있었다. 그리고 주인은 작업의 효율을 유지하는 데 적당하다고 생각하는 만큼 노동자를 먹였고, 노동자의 노동시간을 자신의 필요나 기호에 맞추어 직접 사용하거나 혹은 상업적인 목적으로 생산물을 생산하는 데 사용했다. 주인의 수입은 노예의 숫자와 노예가 만들어낸 생산물이 노예의 생존에 소요된 부분을 초과한 부분에 따라 결정되었다. 노예의 생존에 들어간 이 부분이 노예 주인의 비용 혹은 지출에 해당했고, 노예가 생산한 것 가운데 이 부분을 초과한 것이 주인의 잉여 혹은 '순수입'을 나타냈다. 새로운 노예의 공급이 풍부하고 그로 인해 노예를 값싸게 구매할 수 있을 경우에 주인은 노예를 유지하는 데 많은 비용을 들일 필요가 없이 가혹하게 부려먹을 수 있었으며, 그러다가 노예가 일찍 죽어버리면 새로운 노예를 구매하여 즉각 부족한 노예를 충당할 수 있었다. 그러나 정복이 중단되고 노예의 거래가 침체하여 새로운 노예가 점점 귀해지고 가격이 상승하게 되면, 노예는 보다 가치 있는 물건으로 간주되어 훨씬 더 조심스럽게 다루어질 필요가 있었다. 그럴 경우 주인은 아마도 노예 하나하나는 물론 노예 가족 전체를 충분히 먹이고 부양해야만 했을 것이다.

둘째는 농노제도인데, 이것은 봉건제도 아래에서의 중세기간 동안 유럽 대부분 지역에서 지배적인 제도로서, 세계의 다른 많은 지역에서도 조금씩 다른 형태로 여러 시대에 걸쳐 존재했다. 이 제도에서는 각 마을이 주로 자급적인 방식으로 운영되었고 마을 단위 외부와의 교역은 거의 예외적일 경우로 희귀했다. 농노는 인격적으로 어떤 주인의 소유는 아니었지만 관습법에 따라 자신의 영주에게 일정한 용역을 제공해야 했으며 영주의 영지에 부속된 존재로서 영지를 함부로 떠날 수 없었다. 종종 농노는 자신이 속한 영지와 함께 교환되었다. 예를 들면 17세기와 18세기 독일, 그리고 19세기 러시아에서는 영지의 가치를 거기에 속한 '농노'의 수에 따라 평가하여 저당을 설정하거나 매매하기도 했다. 또한 영국의 에드워드 1세는 왕실 소유의 광산채굴권을 자신의 이탈리아 채권자인 프레스코발디(Frescobaldi)에게 양도하면서 '국왕 소유의 광산'에 대한 의무노동을 함께 포함해서 양도했다. 대개 농노는 관습법에 따라 자신의 것으로 주어진 일정 면적의 토지를 경작하여 생계를 영위했고, 그 대신 자신의 시간 가운데 나머지 부분을 영주의 경작지를 경작해주거나 영주의 집에서 봉사해주는 데 바칠 의무가 있었다. 농노에게 주어진 토지와 농노 자신의 것으로 간주된 시간은 농노와 그의 가족을 부양하기에 충분해야만 했다. 토지가 비옥하고 노동의 생산성이 높을수록 농노에게 주어야 할 토지의 면적과 시간이 더 적어질 것이므로 농노의 잉여노동으로부터 영주가 요구할 수 있는 잉여의 크기는 더욱 커졌다. 영지의 가치는 바로 이 잉여의 크기에 따라 결정되었는데, 이것은 마치 노예의 자본가치가 노예의 사용으로부터 발생하는 잉여의 크기에 따라 결정되던 것과 마찬가지다(노예의 공급이 제한되어 있을 경우).

셋째는 자신의 작업장에서 자신의 도구를 사용하여 노동하고 자신의 생산물을 시장에 내다파는 자유로운 직인이나 장인, 혹은 자신의 토지를 자신과 가족노동에 의해 경작하는 자영농이다. 이들이 운영하는 제도는 고대부터 중세 후기의 도시들에서, 그리고 오늘날에 이르기까지 거의 모든 시대에 걸쳐 그 사례를 찾아볼 수 있다. 이 제도에서 노동자들은 어떤 의미에서 바로 자신의 고용주로서 자신의 생산물을 직접 만들고 판매하여 자신이 투하한 원료와 자신의 생계비를 넘는 모든 잉여 혹은 '순수입'을 혼자서 차지한다.

| 제3절 | 임금제도의 특성

이들 세 가지 제도를 서로 간에, 그리고 근대 임금제도와 비교하면 그 차이점에서 중요한 점은 노동자가 누리는 경제적 자유의 정도 차이라는 것이 분명하게 드러난다. 이것은 결국 노동자가 경제적 자산과 어떤 관계에 있는가 — 즉 그것을 소유하는가, 소유하지 못하는가, 혹은 그 자신이 주인의 소유자산으로 간주되는가 — 에 달려 있다. 인간들(즉 사회집단이나 사회계급) 사이의 관계 형태를 결정짓는 것은 재산권이 취하는 형태이다. 노예제도와 농노제도에서 노동자의 자유는 법으로 극히 제한되어 있다. 노예제도 아래에서 노동자는 주인에게 완전히 예속되어 있으며, 농노제도 아래에서 그의 자유는 영주를 위해 지정된 용역을 의무적으로 수행해야 한다는 점에서 엄격하게 제한되어 있다. 그러나 임금제도 아래에서 노동자는 그런 법적 구속에 전혀 얽매어 있지 않다. 법 앞에서 그는 자신의 주인이고 자신이 원하는 바에 따라 노동을 할 것인지 안 할 것인지를 자유롭게 결정한다. 또한 임금을 받고 타인에게 고용될 것인지, 혹은 자신이 원할 경우 독립적인 장인으로 노동을 수행할 것인지도 모두 자유롭게 결정한다. 작업장이나 공장, 혹은 농장을 소유한 자본가는 관습법에 의해서든 구매를 통해서든 간에 노동자에게 어떠한 강제노동도 더 이상 명령할 수 없다. 그렇기 때문에 그는 단지 하루 혹은 일주일 동안 노동자의 시간에 대한 처분권만을 임차해야 하며, 이때 그는 그 임차를 위해 시장가격을 지불해야만 한다. 그리고 이때 그의 이윤은 그가 지불해야 하는 임금과 판매하는 최종생산물에서 획득한 가격 사이의 차액으로부터만 얻게 된다. 따라서 노동자의 자유에 대한 법적 제약의 철폐는 대개 역사적으로 임금제도의 등장을 위한 선행조건 가운데 하나로서 나타난다.

| 제4절 | 경제적 자유

100여 년 전의 고전파 경제학자들은 대개 임금제도에서의 자유를 과거의 강제적인 제도와 대비하여 강조함으로써 임금제도에 대한 논의를 끝내고자 했다. 임금제도는 이 결정론적 세계•에서 허용되었던 최대의 자유를 획득했다. 임금제도의 자유는 독립수공업자 제도의 자유와 맞먹었고, 효율 면에서는 오히려 독립수공업자 제도를 능가했다. 실제로 임금소득자는 공장에서 일정한 시간 동안 고용주의 감독 아래에서 노동하고 지시를 받고 복종해야만 하는 데 반해, 독립수공업자는 스스로가 주인으로서 자신의 시간을 사용하며 자기 방식대로 작업을 수행했기 때문이다. 그러나 임금소득자의 그런 노동은 자신의 의사에 따른 자유계약에 의한 것이었다. 만일 제시된 임금이 그가 수행하는 노고에 비해 적절한 보상이 되지 못한다면 그는 고용계약을 자유롭게 거절할 수 있었다. 임금은 그가 수행하는 작업에 대한 자유로운 시장의 공정한 가격이었으며, 이것은 이윤이 고용주가 수행한 수고에 대한 경제적인 가격인 것과 꼭 마찬가지였다. 이 사실은 한편으로 이것이 사람들이 선택한 생계의 한 방편이었다는 점, 그리고 다른 한편으로 그것이 국부(國富)의 증대를 가져온 일반적인 분업의 한 특수한 양태일 뿐이라는 점을 의미했다.

그러나 이런 견해는 임금제도 문제의 전체가 아니며, 좀 더 깊이 살펴

• 자본주의 이전의 강제적 성격을 띤 봉건제도를 가리킴 —옮긴이

보면 그것이 어떤 점에서는 현실과 터무니없이 상반되는 일면적인 모습일 뿐임을 알 수 있다. 물론 대다수 사람들에게 동등하고 공정한 기회가 보장되어 (이 기회가 의미하는 바와 같이) 누구나 자신의 경력 정도에 따라 남에게 고용될 것인지 아니면 스스로 고용주가 될 것인지의 여부를 선택할 수 있는 제도를 생각해볼 수 있다. 아마도 이런 제도와 유사한 것으로 현재의 농촌부락이나 과거 중세 초기의 도시를 들 수 있을 것이다. 그러나 오늘날의 사회와 이 낭만적인 곳들의 모습 사이에는 닮은 점이 거의 없다. 근대 산업문명의 실제 임금제도에서는 노동자의 선택권이 사실상 훨씬 더 축소되어 있다. 이런 선택권의 제한이 이제 더 이상 과거와 같이 법적인 형태를 띠고 있지 않은 것은 사실이다. 그것은 경제적 제한의 형태를 띠고 있으며, 그것이 대체한 법적 강제력만큼이나 똑같은 효과를 발휘한다. 근대 자본주의의 조건에서 이런 제한은 노동자가 무산자 계급에 속한다는 사실에 근거한다. 이 사실은 그들의 선택의 자유를 축소하고, 그 선택의 자유가 오로지 아무런 토지나 자본도 필요로 하지 않는—심지어 대부분 아무런 교육이나 훈련도 필요로 하지 않는—생계 수단에만 국한되도록 만든다. 달리 말해 그 사실은 그의 선택이, '딕 휘팅턴'•과 같은 극히 희귀한 행운이 따르지 않는 한, 대개는 고작 몇 푼의 임금을 받고 자신의 노동을 파는 것에 국한되도록 만든다는 것이다. 역

• Dick Whittington: 영국의 시중에 전해 내려오는 민담의 주인공으로 런던의 직물상이며 런던 시장을 세 차례나 지낸 리처드 휘팅턴(Richard Whittington, 1354~1423)이 실제 인물이라고 한다. 민담에 따르면, 런던의 부잣집에서 하인으로 일하던 그는 도망을 쳐서 런던을 빠져나오는 길에 교회에서 울리는 종소리가 "돌아가라, 휘팅턴! 너는 런던 시장이 될 것이다"라고 말하는 것을 듣고 발길을 되돌렸고, 이후 부잣집 딸과 결혼하고 런던 시장이 되었다고 한다. —옮긴이

사적으로 임금제도가 등장한 모든 경우에서 이 제도는 독립적인 장인이나 농민으로 자립할 수 있는 수단을 갖지 못한 계급이 먼저 출현하거나 혹은 영세한 자본을 가진 수공업자가 이익을 남기며 사업을 꾸려나갈 수 있는 영역이 극도로 축소된 다음에야 비로소 등장한 것으로 보인다.

물론 이처럼 선택 가능성이 축소되어 있다는 사실 그 자체만으로 곧바로 노동자들의 자유가 제한되어 있음을 의미한다고 말할 수는 없다고 주장할 수도 있다. 인간은 결코 자신이 하고 싶은 것을 모두 할 수 있을 만큼 자유롭지 않다. 자연은 언제나 인간에게 제약을 가하고, 그 자체로서 인간의 선택 범위를 제한한다. 어떤 또 다른 선택 가능성이 있을지는 정확하게 알 수 없으며, 종종 서로 다른 사람이나 시대는 결코 곧바로 비교될 수 없다. '자유롭고 문명에 때 묻지 않은 야만인'은 여러모로 근대 임금소득자보다 선택의 기회가 적었을 것이고, 동유럽이나 중국의 농민은 미국 디트로이트의 포드 자동차 공장 노동자들보다 선택의 기회가 적을 것이다. 만일 우리가 '경제적 기회'라는 말이 나타내는 온갖 모호함들을 모두 '자유'라는 말 속에 포함해버린다면, 이런 비교가 어떤 의미를 갖는 것으로 이해할 수 있을까?

자유는 양적으로 측정될 수 있는 것이 아니지만, 그 용어를 통해 어떤 것들을 보다 많다 혹은 보다 적다라는 형태로 비교할 수 있는 것은 분명하다. 더구나 경제적·사회적 성격을 띤 많은 외적인 제약들이 존재할 경우, 이 자유라는 용어를 단지 인간의 행동에 대한 **법적**인 제약에만 한정하여 사용하는 것은 명백히 자의적이다. 그러나 사물을 나란히 늘어세워서 "보다 많다 혹은 보다 적다"라는 형태로 서로 비교하려면, 이 비교되는 것들에는 비교되는 한 가지 점에서뿐만 아니라 다른 모든 점에서도 밀접한 유사성이 있을 필요가 있다. 오늘날과 수 세기 전 사람들의

'자유'를 비교하는 것은 이들의 경제적 후생을 통틀어 포함한다는 의미가 아니라면 결코 불가능하다. 그러나 어떤 특정 시대나 사회에서 사회 전체에 공통으로 적용되는 편익(혹은 부담)을 제외하고 선택의 기회라는 관점에서 어떤 계급을 다른 계급과 비교하는 것은 전적으로 가능한 일이다. 근대 임금소득자의 경우에 우리가 문제 삼고 있는 그의 자유에 대한 특수한 제약은 그가 자신에게 노동을 시키는 사람들(토지나 자본을 소유한 사람들)과 고용계약을 체결하는 방법 이외에는 생계수단을 얻을 수 없다는 사실에 있다. 누릴 수 있는 자유가 어느 정도인가의 관점에서 임금소득자의 지위를 그의 고용주의 지위와 계급으로 비교하는 것은 틀림없이 가능한 일인데, 바로 이것이 우리의 목적에서 매우 중요한 점이다. 그의 고용주는 그와 고용계약을 체결하는 데서 임금소득자보다 훨씬 덜 절박하다(고용주는 먹고살 수 있는 재산을 가지고 있기 때문이다).[1] 고용주는 만일 임금소득자가 되는 것이 더 유리하다고 여겨지면 임금소득자가 될 수도 있으며, 또한 임금소득자로서는 달리 다른 수단이 없어서 선택할 수 없는 다른 직업들로 쉽게 전환할 수도 있을 것이다. 반면에 임금소득자는 함부로 직업을 바꾸거나 극히 희귀한 행운을 잡거나 완전한 비밀영업을 벌이지 않고는 스스로 고용주가 되는 것이 거의 불가능하다. 따라서 노동자는 상대적으로 더 적은 경제적 자유(보다 제한된 선택의 범위) 때문에 자본가가 그에게 의존하는 것보다 더 큰 비중과 더 중요한 의미로 자본가에게 의존한다. 바로 이 사실이 둘 사이의 임금계약에 결정적

1 이것은 기술적인 용어로 이들 두 계급이 전반적으로 '비경쟁적 집단'을 이룬다는 말, 즉 소득의 한계효용에서 한 계급이 다른 계급에 비해 훨씬 적다는 말로 표현될 수 있다. 이 차이는 이들이 계약을 체결하고 싶어 하는 조건을 결정할 것이다.

인 영향을 끼칠 것이 분명하다.

성격상 더 이상 법적인 것이 아니라 경제적인 것인 이런 의존은 한 사람의 노동자가 한 사람의 특정한 고용주에게 의존하는 형태가 아니라 노동자계급 전체가 자본가(혹은 잠재적인 자본가)계급 전체에 의존하는 형태를 띨 것이다. 또한 이것은 다수의 노동자가 한 사람의 특정한 고용주와 맺는 특수한 관계의 성격에도 그대로 반영될 것이다. 이런 의존적 성격은 명백히 전반적으로 널리 발전된 임금제도의 보편적 성격을 이루는 것이기 때문에 그것을 이 제도의 한 성격으로 규정해도 좋다. 어쨌든 간에 그것은 근대 산업자본주의 임금제도의 한 특징을 이루는 것이 분명하다.

물론 그렇다고 해서 이런 의존적 계급이 존재하지 않을 경우에도 임금을 받고 노동을 수행하는 경우가 있을 수 있다는 점을 부인하는 것은 아니다. 많은 사람들이 스스로 자영하기보다 타인에게 고용되어(심지어 임금수준이 매우 낮아서 상당히 많은 잉여가 고용주에게 이윤으로 돌아갈 경우에도) 노동하는 것을 더 매력적으로 생각하는 경우도 물론 있을 수 있다. 이런 상황은 생산을 조직하고 운영해나가면서 자신의 사업을 성공으로 이끌 타고난 능력이나 창의적인 기업가 정신이 사람들 사이에서 매우 큰 편차를 보이기 때문에 생겨난 결과일 수 있다. 그러나 단지 타고난 능력의 차이가 그처럼 광범위하고 강고한 임금노동에 대한 선호를 만들어서 이 제도가 모든 생산부문에 확대되고 모든 산업부문의 지배적인 생산양식으로 되게 할 만큼 결정적인 것일지는 대단히 의심스럽다. 만일 서로 다른 사회집단들 사이에서 경제적인 혜택이나 기회의 격차가 충분히 벌어지지 않았는데도 이 제도가 이런 방식으로 모든 산업을 포괄하면서 일반화되고 심지어 수백수천 명의 노동자가 한 사람의 고용주에게 고용되는 그런 상태로 된다는 것은 거의 생각하기 어려울 것이다. 근대 임금제도의 역사적인 발전과정이 대체로 이런 사람들 사이의 능력 차이가 만들어낸 결과물이라는 증거는 분명 어디에도 존재하지 않는다. 오히려 그 반대로 우리가 찾아낼 수 있는 것은, 임금노동자와 고용주의 관계가 산업체제의 보편적 모습으로 된 것은 주로 소유재산의 차이에 기인하는 계급들 사이의 사회적 격차(여기에는 경제적 기회의 격차가 포함된다)가 발전하여 만들어낸 결과라는 사실이다.

| 제5절 | 프롤레타리아의 성장

지금까지의 논의에 따라 우리는 충분히 성숙한 임금제도가 성립하기 위해서는 두 가지가 필요하다고 말할 수 있다. 첫째는 노동자를 특정 개별 고용주에게 묶어두는 법적 제한의 철폐이고, 둘째는 재산이 없는 계급, 즉 아무런 생계수단이 없어서 스스로 임금을 얻기 위해 고용되고자 하는 무산계급(혹은 프롤레타리아)의 성장이다. 첫 번째 조건이 이루어지지 않으면 노동자는 농노나 노예로 머물고 개방된 시장에서 자신의 노동을 판매하는 임금소득자로 되지 않는다. 두 번째 조건이 충족되지 않으면 고용주계급이 임금노동에 기초하여 어떤 규모로든 생산을 조직하여 이익을 남기는 것이 거의 불가능할 것이다. 우리나라•에서 첫 번째 조건은 비교적 일찍 이루어져서 15세기에 이미 농노가 자신의 봉건적 부역노동을 화폐로 지불하여 면제받거나 자신이 경작하는 토지에 대한

• 영국 — 옮긴이

지대만 지불하는 관행이 널리 퍼져 있었다. 다른 나라들에서는 이 조건이 최근에 와서야 이루어졌다. 독일의 경우 1806~12년 사이에 각 주에서 일련의 법률을 통해 농노제가 폐지되었고, 유럽의 대국들 가운데 제일 마지막으로 러시아가 1861년에 농노해방령을 공표했다.

두 번째 조건은 매우 다양한 방식으로 이루어졌다. 부분적으로는 토지가 수용할 수 있는 범위를 넘어서 인구가 자연적으로 증가함으로써 이루어졌다. 기존의 토지는 그 수요에 비해 점점 더 모자라게 되었고 토지 소유자에게 엄청난 가치를 가져다주었으며, 상당히 큰 비용을 들여야만 손에 넣을 수 있는 상태로 되어갔다. 이런 과정은 과거에 관습법에 따라 소농이 점유하고 사용하던 토지에 대한 사유화•를 통해 토지가 대토지 소유자의 수중으로 대거 이전됨으로써 더욱 촉진되었다. 영국에서 이것은 양치기를 목적으로 한 일련의 사유화 조치들과 근대적인 농법의 촉진을 위해 1750~1850년 동안에 입안된 일련의 사유화법들을 통해 이루어졌는데, 이들 조치로 인해 튜더 왕조 시대에 그렇게 많았다고 전해지는 '사지가 멀쩡한 거지들'이라는 인종이 만들어졌다. 독일에서는(덴마크와는 달리) 농노해방이 이루어지던 시기에 봉건적 부역노동의 손실을 영주들에게 보전해주기 위한 조치로 이와 비슷한 토지 사유화가 대규모로 이루어졌다. 오늘날 아프리카 일부 지역에서도 이와 비슷한 일이 벌어지고 있는데, 이는 원주민 부족 공유지의 감소 때문이거나 혹은 부족 공유지에 거주하면서 외부의 임금노동에 종사하지 않는 원주민들에

• enclosure: 종획운동 혹은 인클로저 운동이라고 부르는 것으로 중세 이후 수백 년 동안 마을의 공동소유였던 토지들을 15세기에 영주들이 갑자기 임의로 울타리를 쳐서 사유지화해버린 사건을 가리킨다. —옮긴이

대해 주택세나 인두세를 부과하기 때문이다.

이와 함께 도시에서는 수공업자 길드와 상인 길드가 모두 점점 더 배타적인 성격으로 바뀌어갔다. 이는 다음과 같은 두 가지 과정을 통해 이루어졌다. 첫째는 길드 회원 이외의 어느 누구도 장인이라는 명칭을 함부로 사용할 수 없도록 법적 효력을 갖는 회원증을 발급하는 것이었고, 둘째는 입회비의 인상, 입회품평회, 도제제도의 강화 등을 통해 길드 가입을 제한하는 것이었다. 16세기경 영국에서는 대부분의 도매업과 수출무역업이 몇 안 되는 소수의 부상(富商)들의 모임에 의해 거의 독점되어 있던 반면, 도시의 밑바닥에서 점점 증가하던 노동자계급은 수공업자 길드에 가입하거나 자영 수공업자로 독립할 수 있는 가능성이 극히 희박한 상태였다. 이런 강고한 독점에 대한 저항이 17세기에 일부 발생했는데, 이는 자본가들이 도시수공업 길드의 엄격한 규제를 피해 농촌지역의 소규모 수공업자들에게 일감을 주어 작업을 시키는 방식으로, 선대제도• 라고 불렸다. 당시에는 집 한 채와 직기 혹은 편물기 한 대를 살 정도의 자본을 가진 사람이라면 누구나 농촌지역에서 수공업자로 자립할 수 있었다. 그러나 이들 농촌 수공업자들은 스스로 완전히 독립하기보다는 어딘가에 예속되어 있기를 바라는 경향이 있었다. 그것은 '상인 제조업자들'에 대한 예속을 의미했다. 이 상인 제조업자들은 이름 그대로 수공업

• Domestic System: 'Putting-out System'이라고도 불리는 생산방식으로 17세기 서유럽 지역에서 성행했다. 상인이 농촌지역에 거주하는 수공업자에게 원료를 제공하여 제품을 주문·생산하는 방식을 가리킨다. 수공업자는 자신의 집에서 작업을 수행했고(그래서 'domestic'이라고 부른다) 완성된 제품은 상인이 정기적으로 수공업자의 집을 방문하여 거두어갔는데, 이때 작업량에 대한 노동의 대가로 수공업자에게 임금 형태의 보수가 지급되었다. —옮긴이

자들에게 일감을 제공했는데, 이는 마치 오늘날 웨스트엔드• 지역의 양복점들이 소규모 봉제공장이나 가내작업자에게 일감을 제공하는 것과 마찬가지다. 대개 소규모 자본밖에 가지고 있지 않던 농촌 수공업자들은 자신이 만든 상품을 스스로 판매할 능력이 없었고 매우 영세한 작업장을 운영하는 것 외에 다른 일은 전혀 할 수 없었다. 이들은 '상인 제조업자'로부터 원료를 제공받았고, 상인 제조업자는 일정 기한에 맞추어 완성된 제품을 거두어가면서 이들에게 작업량을 기준으로 일정 가격을 지불했다. 때로는 수공업자가 작업도구까지도 자신을 고용한 자본가에게서 임대하는 경우가 있었는데, 예를 들어 편물작업의 경우 편물기를 대여하는 식이었다. 시간이 갈수록 이들 가운데 대다수는 점점 더 자본가가 제공해주는 선금에 의존하여 생계를 꾸려가게 되었고 그로 인해 자본가에게 빚을 지게 되었으며, 그 결과 점차 한 사람의 고용주에게만 속박되었다. 이런 현상은 수직기 산업부문에서는 보편적인 것으로 나타났다. 바꾸어 말해 이들 농촌 수공업자 가운데 많은 사람들이 사실상 고용된 임금소득자로 되어간 것인데, 이것은 마치 농촌지역에서 보편적으로 나타나고 있던(이것을 막는 특별한 제도가 존재하지 않는 한) 현상과 똑같았다. 즉 거기에서도 농민들 가운데 채무 때문에 자신의 토지를 상인이나 고리대금업자에게 저당 잡히면서 점차 빈곤의 나락으로 떨어지는 사람이 늘어남으로써 무산자계급이 증가하고 있었던 것이다. 이런 과정의 마지막 단계로 동력기계와 공장제 생산이 등장했는데, 이것은 경쟁을 통해 수직기 직조업자와 수직기 제조업자의 생계를 박탈해버렸고, 독자적으

• West End: 런던 중심지의 서쪽 지역을 가리킨다. 쇼핑과 오락의 중심지로 피커딜리 서커스가 심장부를 이룬다. —옮긴이

로 공장을 설립할 수단을 가진 사람을 제외한 나머지 모든 사람들을 도시로 이주시켜 임금노동의 일자리를 찾도록 내몰았다.

제6절 | 예속수준의 다양한 편차

그런데 임금제도 그 자체의 내부에서도 노동자들의 경제적 자유는 매우 큰 편차를 보일 수 있다. 한편으로 노동자들은 대규모 기금을 갖춘 강력한 노동조합을 결성할 수도 있고, 협동조합 조직을 번창하게 발전시켜 식자재를 안전하게 공급받거나 대출을 받는 데 특별한 편의를 제공받을 수도 있으며, 자신들의 정치적 영향력을 발휘하여 임금소득자에게 특별히 유리한 법률을 도입함으로써 임금소득자 계급의 경제적 취약성을 상당 부분 제거할 수도 있다. 또한 일시적으로 특정 산업에서 노동자들은 유리한 지위를 얻기도 하는데, 예를 들어 그들의 고용주가 큰 비용이 들어가는 대규모 공장을 설립하여 그 공장을 어떻게든 놀리지 않으려 하는 경우, 혹은 고용주가 부패하기 쉬운 원료를 대량으로 가지고 있거나, 공장이 놀게 된다면 큰 손실이 발생할 수 있는 거액의 계약이 체결되어 있는 경우 등이 바로 그러하다.

하지만 다른 한편으로 순전히 경제적인 상황 때문에 노동자의 자유가 비정상적으로 제한되고, 극단적으로는 노동자의 고용기회가 실질적으로 단 한 사람의 고용주나 소수의 고용주 집단에게만 한정되는 경우가 종종 있다. 노동조합의 도움 없이 노동자가 혼자서 고용주와 교섭할 경우에는 대개 다른 일자리에 대한 정보가 부족하고 보다 나은 일자리를 찾아 나설 수 있는 임시변통 수단도 없어서 어려움을 겪게 마련이다. 이런 점들 때문에 그는 어쨌든 고용주에 비해 불리한 위치에 놓여 있다. 왜냐하면 고용주는 전화를 통해, 혹은 작업반장이나 대리인들을 이용해, 혹은 필요할 경우 다른 도시로 사람을 보내어 새로운 '일손들'을 언제든지 충원할 수 있기 때문이다. 일반적으로 노동자들의 선택은 그가 알고 있는 범위의 일자리와 자신이 거주하는 지역의 범위 이내로 한정된다. 또 때로는 고용주가 자신이 고용한 노동자들의 주택 소유자인 경우도 있는데, 그럴 때 그는 마치 노동자들의 영주라도 되는 양 행동하며 노동자들의 생활에 대해 봉건제도 아래의 영주와 흡사한 권력을 휘두른다. 약 100년 전의 신흥공업 도시들에서는 이런 현상이 일반적이었다. 이 현상은 지금까지도 여전히 살아남아 농촌지역에서는 농업노동자들의 '임대가옥'의 형태로, 광산지역에서는 광산주가 광산노동자들에게 세를 받는 '사택'의 형태로 이어지고 있다. 나중에 제3장에서 언급하게 될 '현물급여제도'(truck system)에서는 고용주가 종종 자신의 노동자들에게 고용주 자신이 소유한 현지 상점에서 통용되는 상품권을 임금으로 지급한다. 이런 현지 상점이 바로 벤저민 디즈레일리•가 자신의 작품 『시빌』(*Sybil*)에서 언급한 '토미 숍'(tommy-shop)이다. 미국의 광산촌에서는 광산회사가 사실상 광산촌 전체를 소유하는 것이 일반적인데, 적지 않은 경우 치안판사와 경찰까지도 모두 장악하고 있다. 이런 상황에서는 노동자들이 살던 집에서 쫓겨날까 두려워 다른 일자리로 옮기거나 고용주와

• Benjamin Disraeli, 1804~81: 영국의 정치가이자 작가. 런던의 유대인 가정에서 태어나 작가로 이름을 얻은 다음 정치에 입문하여 여섯 번이나 낙선을 거듭한 끝에 토리당 의원이 되어 빅토리아 여왕 치하에서 총리를 지냈다. 여기에서 인용한 그의 소설 『시빌』은 1844년 발표된 작품으로 당시 노동자계급의 어려운 생활상을 그린 것으로 유명하다. — 옮긴이

의 계약을 거부하기 어려우며, 자신이 지급받은 임금도 지정된 상점 외의 다른 곳(물건 값이 더 싼)에서 마음대로 소비할 수 없을 것이다. '노동의 이동'을 줄이고 노동자를 특정 회사에 묶어두려는 많은 제약들(이런 것들은 미국에서 많이 찾아볼 수 있다)도 비슷한 결과를 낳는다. 산업예비군•이 풍부하게 넘쳐나서 고용주가 노동자들의 빈자리를 쉽게 새로운 인력으로 채워 넣을 수 있을 경우에 노동자들은 항상 약자의 지위에 서게 된다. 또한 한 산업이 독점업체에 장악되어 있을 경우에도 해당 산업의 기술에 특화된 노동자들은 실질적으로 한 사람의 고용주에게 예속될 것이다. 임금이 임금소득자가 자신의 노동에 대한 대가로 획득할 수 있는 시장가격이라는 측면에서 볼 때 고용주들이 노동자들에게 일자리를 제공하는 조건에 대해 상호 담합을 하는 경우에도 비슷한 상황이 형성될 것이다.

| 제7절 | 임금과 순생산

자본가의 관점에서 볼 때, 임금제도에서 1차적인 비용은 필요한 노동공급을 확보하기 위해 지불해야 하는 임금이다. 물론 모든 특정한 고용주에게 비용에는 그가 구매해야 하는 원료와 연료, 기계의 '마모', 지불해야 할 지대, 그가 대부받은 차입자본에 대한 이자 등이 함께 포함된다. 그의 자본지출은 기계의 구입(일반적으로 **고정자본**이라고 부른다), 원료와 노동력의 구매(일반적으로 **유동자본**이라고 부른다)로 나뉜다. 그러나 임

• 실업자를 가리킴 ―옮긴이

금제도 전체로 볼 때, 자본의 투자영역을 결정짓는 가장 근본적인 조건은 노동의 공급이 풍부하고 값싼지에 달려 있다. 각 생산 사이클마다 총생산물에서 기계의 '마모'를 보전할 부분과 노동공급의 '마모'를 보전하기 위한 임금 부분을 공제하고 나면 잉여 혹은 순생산이 남는다. 이 잉여는 고용주의 수입을 나타내며 또한 모든 자본 소유자, 독점권의 소유자, 혹은 이런저런 종류의 특권을 소유한 사람들의 수익을 나타내기도 한다. 이 잉여로부터 생산규모를 확대하고 미래의 생산 사이클을 앞선 사이클보다 더 크게 만들기 위한 재원이 축적된다. 한 세기 전 제인 마르세•가 『경제학과의 대화』에서 다음과 같이 지적한 것이 바로 그것이다.

"만일 노동자가 생산한 가치가 그가 소비한 가치보다 크다면 이 초과분은 그를 고용한 사람의 수입이 될 것이다. 바로 이런 점에서 수입이란 것이 다름 아닌 가난한 사람을 고용함으로써 획득될 수 있는 것이라는 점에 유념하도록 하자. …… 부유한 사람과 가난한 사람은 서로를 필요로 한다. 이것은 정확히 몸통과 손발의 우화 그대로다. 즉 부자가 없으면 가난한 사람은 굶어죽을 것이고 가난한 사람이 없다면 부자는 자신들의 생존을 위해 스스로 노동하지 않으면 안 될 것이다."[2]

임금제도가 노동력의 구매에 들어가는 비용을 낮출수록 고용주의 지위는 더욱 유리해질 것이다. 즉 그들이 자신들의 생존을 위해 직접 노동하지 않으면 안 될 가능성은 점점 더 희박해질 것이다. 그러나 뒤에서 보

• Jane Marcet, 1769~1858: 과학과 경제학에 대한 대중적인 소개서를 집필하여 명성을 얻은 영국의 작가. 런던에서 상인이자 은행가인 스위스 출신 집안에서 태어났다. 화학 입문서가 가장 대표적인 저작이지만, 여기에서 인용한 고전경제학에 대한 입문서로도 유명하다. —옮긴이

2 Jane Marcet, *Conversations on Political Economy*, 1816, pp. 87~88.

게 되겠지만, 이 말의 의미가 반드시 임금률이 최저로 낮아질 때 고용주들의 수익이 가장 커진다는 것은 아니다. 하지만 그것이 의미하는 바가, 임금이 총생산에서 차지하는 **비중**이 낮아질 때 자본가계급 전체의 입장에서(다른 조건이 불변일 때) 이익이 된다는 것은 분명하다. 왜냐하면 그럴 경우 총생산 가운데 잉여로 사용할 수 있는 비중 혹은 순생산이 더욱 커질 것이고 자본의 투자에 유리한 기회가 더욱 많아질 것이기 때문이다. 일반적으로 말해서 임금소득자 계급의 예속성이 더욱 커지고 그에 따라 그만큼 더욱 순종적으로 되면, 그리고 투자영역을 넓히기에 보다 유리하도록 노동(혹은 잠재적 노동)의 공급이 풍부해질수록, 노동의 비용이 낮아지리라는 것은 사실이다. 역사적으로 노동(혹은 잠재적 노동)의 공급이(노동을 착취하는 데 사용될 수 있는 자본에 비해서) 풍부한 시기에 노동이 법적 제한이나 제약으로부터 가장 자유로웠고 그 반대의 경우에는 노동의 공급이 희소했다는 상당한 역사적인 증거들이 존재한다. 그러나 이런 사실을 일반화할 수 있는지의 여부와 상관없이 분명한 사실은, 노동시장의 일반적 조건이, 그것이 노동자와 자본가의 상대적인 경제적 지위와 세력에 끼치는 영향과 더불어, 경제제도 전체의 행동양식과 당대의 지배적인 경제적·사회적 정책을 결정하는 데 핵심적인 역할을 수행할 것이라는 점이다.

제 2 장

임금과 생활수준

| 제1절 | 구별과 정의

노동자계급의 생활수준과 관련지어 임금문제와 임금변동의 문제를 살펴보기 전에 먼저 분명히 해두지 않으면 안 되는 중요한 몇 가지 구별을 정리해둘 필요가 있다.

첫째, 일정 기간 동안에(즉 일주일이나 한 달 혹은 한 해) 나라 전체의 **총임금**에서 일어나는 변동과 **1인당 평균임금**의 변동을 구별하는 것이 중요하다. 이 두 변동이 서로 연동되어 똑같이 변동하는 경우는 단지 임금을 위해 고용된 노동자의 수가 변함없을 때뿐이다. 노동인구의 수가 변동하면 총임금과 1인당 임금은 명백히 서로 다른 비율로 변동하고 심지어 서로 반대 방향으로 변동할 수도 있다(예를 들어 만일 고용된 노동자의 수가 20퍼센트 증가하고 총임금이 20퍼센트 **이하**로 증가하면 1인당 임금은 사실상 하락할 것이다).

둘째, 위에서 언급한 두 가지 임금의 **절대적** 변동과 생산된 총산출고(혹은 국민총생산)에 대한 임금의 **상대적** 변동을 구별하는 것도 때때로 중요하다. 여기에서 말하고자 하는 것은 전체에서 차지하는 임금의 상대적인(혹은 비율적인) 부분이다. 왜냐하면 나라 전체의 총임금과 1인당 임금이 모두 증가하는데도 불구하고, 국민총생산이 더욱 빨리 증가함으로써 전체에서 임금이 차지하는 상대적인 비중이 하락하는 경우가 있을 수 있기 때문이다. 이처럼 임금의 상대적인 비중의 움직임에 주의를 기울이는 것은 사태의 장기적인 추이를 평가할 때 상당히 중요하다. 예를 들어 산업총생산에서 각 계급의 몫이 차지하는 비중에 경제성장이 어떤 영향을 끼치는지를 고찰하려 할 때가 바로 그러하다. 그러나 소득분배의 변동을 살펴볼 때 계급들 사이의 분배나 요소소득 사이의 분배가 아니라 개인들 사이의 분배에 초점을 맞출 경우에는 이보다 좀 더 많은 정보를 알 필요가 있다. 이 경우에는 국민총생산 가운데 어떤 한 계급에 돌아가는 몫은 얼마이고, 다른 계급에 돌아가는 몫은 얼마인지를 아는 것만으로는 충분하지 않다. 즉 국민총생산이 배분된 각 계급 내부에 얼마나 많은 소득 수혜자가 있는지를 알 필요가 있다. 만일 임금소득자의 숫자가 자본가의 숫자보다 더 빨리 증가한다면 틀림없이 자본가에 비해 임금소득자는 더욱 가난해질 것이며(절대적으로나 상대적으로 모두), 그리하여 설사 총생산에서 임금이 차지하는 비중이 증가할 경우에도 소득 불평등은 더욱 증가할 수 있다. 만일 노동시장에서 일자리를 구하는 사람들의 숫자가 증가함과 동시에 자본이 보다 소수의 수중에 집중된다면, 이런 사태는 훨씬 더 분명하게 나타날 것이다. 거꾸로 자본의 소유가 분산되거나(예를 들어 토지가 농민 경작자들에게 분할되는 경우) 혹은 자본이 국유화될 경우에는 총생산에서 임금이 차지하는 부분이 감소하더라도 소득분배는 더욱 균등해질 것이다.

마지막으로 셋째, **화폐**로 표시된 임금의 변동과 상품에 대한 구매력으로 표시된 임금의 변동(혹은 **명목**임금의 변동과 **실질**임금의 변동)을 구별할 필요가 있다. 또한 임금**률**(혹은 일정 노동량이나 일정 노동기간에 대해 지불된 임금액)의 변동과 노동자가 일정 기간(일주일, 한 달 혹은 한 해)에 걸쳐 봉급으로 지급받은 **총임금**의 변동도 구별할 필요가 있다. 이 구별에 대해서는 뒤에서 좀 더 자세히 다룰 것이다.

| 제2절 | 총생산의 일부로서의 임금

앞 절에서 논의한 임금제도의 일반적인 모습은 자본주의 임금제도가 존재하는 모든 나라에서는 총생산에서 임금이 차지하는 비중이 거의 비슷하리라는 생각을 갖게 할지도 모르겠다. 만일 정말 그렇다면, 1인당 임금은 노동생산성이 높은 나라일수록 높을 것이고 모든 나라에서 노동생산성이 증가함에 따라 함께 상승하는 경향을 보일 것이다. 하지만 지금까지 견지되고 있는 견해에 따르면 자본주의가 발전해나갈수록 총생산에서 임금으로 돌아가는 부분은 감소하는 경향을 띤다. 왜냐하면 이런 경향은 노동절약적인 기계가 지속적으로 도입된 결과인데, 지난 한 세기 반 동안 이루어진 기술 변화가 대부분 이런 방향이었기 때문이다. 한 나라 안에서 서로 다른 산업부문 사이의 총임금은 물론 각 산업의 총생산에서 임금이 차지하는 비중도, 작업이 육체노동 중심으로 이루어지는 산업에서는 높고 노동자 한 사람당 마력수가 높은 기계가 사용되는 산업에서는 낮다. 그래서 총생산에서 임금이 차지하는 비중은 생산을 원시적인 기술에 의존하는 나라보다 고도로 기계화된 나라에서 더욱 낮을 것이라고 생각할 수 있다.

또한 우리는 총생산에서 임금이 차지하는 비중이 노동시장의 각종 요인들, 즉 노동력이 풍부한지 귀한지, 교섭력은 어떠한지 등과 같은 것들에 의해 영향을 받으리라고 생각할 수 있다. 왜냐하면 이들 요인은 임금소득자가 자신의 노동력에 대한 대가로 받을 수 있는 가격에 영향을 끼치기 때문이다. 언제 어디서나 예비노동력이 많으면 많을수록 노동시장은 점점 더 '구매자의 시장'이 되어 노동자의 몫이 줄어드는 경향이 있다. 그러나 노동력에 대한 수요에 비해 노동력이 귀할 경우, 그리고 노동자가 농민이나 수공업자 혹은 소규모 자영업자로 자립하는 것을 가로막는 장애요인이 비교적 적을 경우, 혹은 임금소득자가 강력한 노동조합을 결성하고 있을 경우 등에서는 그렇지 못할 경우에 비해 노동자들이 총생산에서 더 큰 몫을 차지할 수 있으리라고 생각할 수 있다. 그밖에 중요한 영향을 끼칠 요인으로 손꼽을 수 있는 것은 산업조직이 독점화하는 경향, 값싼 노동력과 천연자원이 풍부한 식민지 지역으로의 대규모 자본수출, 동일한 명목임금으로도 구매력을 높일 수 있는 값싼 식료품의 수입 등이다.

놀라운 일은 국민총생산에서 임금이 차지하는 비율에 대한 사용 가능한 통계들을 보면, 이 비율이 단기간에서나(1회의 경기순환과 같은) 장기간에서나 모두 상당히 뚜렷한 안정성을 보인다는 사실이다. 이런 놀랄 만한 안정성 때문에 노동조합의 성장으로 임금소득자의 교섭력이 아무리 강화된다 하더라도 총생산에서 임금이 차지하는 비중은 일정 수준을 결코 넘지 않는다는 것을 사실상 근대 자본주의 사회의 경제법칙으로 간주하려는 사람들도 있다. 통계학자인 아서 볼리(Arthur L. Bowley)의 추정에 따르면, 국내순소득(해외로부터의 소득을 제외하고)에서 임금이 차지하는 비중은 대략 1880년에 39퍼센트, 1913년에도 39퍼센트였다. 이

기간 중 이 비중이 가장 높았던 것은 1890년대 전반기의 41퍼센트였다. 1925년 이 수치는 42퍼센트로 상승했다가 1930년대 중반 다시 39퍼센트로 하락했다. 제2차 세계대전 직전까지 이 수치는 39퍼센트와 40퍼센트 사이를 오락가락했다. 그리고 만일 총임금과 총생산에서 군인들에게 지급된 급여를 제외할 경우에 전쟁기간 중 이 비율은 41퍼센트(1943년과 1944년의 수치)를 넘지 않는다.[1] 보다 최근에 데니스 로버트슨이 추정한 바에 따르면, "요소비용으로 계산된 순국민소득"에서 임금이 차지하는 비중은 1938년과 1958년 사이에 약간 더 크게 변동한다. 즉 1938년의 40.3퍼센트에서 1953년에는 43.6퍼센트에 달한다.[2] 이와는 약간 다른 분류방식으로 노동소득(이 범주는 전문직업인의 소득과 이윤의 일부를 포함하고 있어서 우리가 말하는 임금소득보다 훨씬 광의의 것이다)과 자본

1 A. L. Bowley, *Wages and Income in U. K. since 1860*, 1937, pp. 76, 92와 A. L. Bowley, *Studies in the National Income, 1924~1938*, 1944, pp. 52, 81. 여기에서는 총임금에서 상점 점원을 제외했다. T. Barna, *Profits*(Fabian Research pamphlet, No. 105) 역시 참고할 수 있다. 콜린 클라크(Colin Clark)는 정부소득을 제외한 국내총소득에서 임금이 차지하는 비율을 1911년에 39.5퍼센트, 1924, 1927, 1928년과 1931~33년에 42퍼센트, 1935년에 40.5퍼센트로 각각 추정했다(*National Income and Outlay*, 1937, p. 94). 그밖에 1870~1950년 기간을 추정한 E. H. Phelps Brown and P. E. Hart, *The Economic Journal*, June, 1952, pp. 276~77도 참고할 수 있다.

2 *Wages*(the Stamp Memorial Lecture for 1954), p. 19(영국의 저명한 은행가이자 정치가로서 경제학, 통계학에도 정통했던 스탬프(Josiah Charles Stamp, 1880~1941)를 추모하여 매년 저명한 학자들을 초청하는 강연회 — 옮긴이). 여기에서 군비지출은 국민소득에 포함했으나 임금은 제외했다. 하지만 국민총생산(자본의 유지와 감가상각 부분을 공제하지 않은 총소득을 가리킴)에서 임금이 차지하는 비율에 대한 또 하나의 추정이 피구(A. C. Pigou)에 의해 이루어졌는데(*The Times*, 1955. 7. 14.), 이 자료에서는 해당 비율이 1938년 36퍼센트, 1948년 40.5퍼센트, 1954년 39.6퍼센트로 나타났다.

소득을 구분하는 것이 있다. 볼리의 추정에 의하면, 자본소득이 국민총소득에서 차지하는 비율은 1880년에 37.5퍼센트였는데 19세기 말에는 35~36퍼센트로 하락했고, 그런 다음 1913년에는 다시 37.5퍼센트로 상승했다.[3] 미국에 대해서 킹•은 순국민소득에서 임금이 차지하는 상대적인 비중이 1909년 38퍼센트에 조금 못 미치던 상태에서 1925년에는 40퍼센트 이상으로 상승했다고 알리고 있다. 또한 미국의 통계학자 사이먼 쿠즈네츠(Simon Kuznets)가 만든 몇몇 통계수치를 사용하여 미하우 칼레츠키(Michal Kalečki)가 민간부문의 총생산(정부 서비스를 제외한)에서 임금이 차지하는 비중을 계산한 바에 따르면, 1920년대 전반기에 평균 37.2퍼센트였던 것이 1925~29년에는 36.5퍼센트, 1930년대 전반기에는 35.8퍼센트였다.[4] 그러나 이들 수치가 보여주는 뚜렷한 안정성은 각기 다른 방향으로 작용하는 많은 요인들이 만들어낸 우연한 결과물일 수 있다. 예를 들어 순생산에서 임금이 차지하는 비중이 제각기 다른 여러 직업들의 상대적인 가중치••의 변동을 들 수 있다. 이런 변동은 각 개별 생산부문의 순생산에서 노동자들의 임금이 차지하는 비중을 높이거나 낮추는 데 영향을 끼치는 보다 일반적인 요인들의 영향을 상쇄시켜 버릴 수 있기 때문이다. 또 어떤 학자들은 경제체제 내부의 독점도(다음 장에서 문제를 다시 살펴볼 것이다)를 근대사회의 각기 다른 소득계급들 사이의 소득분배에 매우 중요한 결정요인으로 강조하기도 한다. 이들은

3 A. L. Bowley, *Changes in the Distribution of National Income, 1880~1913*, 1920, p. 25.

• Dr. King: 마틴 루서 킹(Martin Luther King Jr.)으로 추정됨 — 옮긴이

4 M. Kalečki, *Essays in the Theory of Economic Fluctuations*, 1939, pp. 16~17. 영국의 경우 총임금에서 상점 점원을 제외했지만 미국의 경우에는 포함했다.

•• 각 직업이 총생산에서 차지하는 비중 — 옮긴이

또 경제체제 내에서 독점도의 증가가 대체로 노동자들의 몫을 감소시키는 경향이 이와 반대 방향으로 영향을 끼치는 다른 요인들(일부는 우연적인)에 의해 상쇄되었을 것이라고 주장하기도 한다.

몇몇 통계자료들에서 나타난 바에 따르면, **제조업** 부문의 **순**생산에서 임금이 차지하는 비중은 국민총생산 전체에서 임금이 차지하는 비중에 비해 더욱 많이 변동한다. 이것은 개별 산업들의 순생산에서 임금이 차지하는 비중에서도 역시 마찬가지다.[5]• 최근 두 기관의 계산에 따르면, 미국에서는 '제조업 부문의 부가가치'에서 임금이 차지하는 비율이 1849년에 51퍼센트였던 것이 1927년에는 39퍼센트에 머물렀다.[6] 몇몇 증거자료에 따르면, 이 비율은 1920년대 동안 줄곧 하락했고 1933년까지 이런 하락 추이가 지속되다가 이후 루스벨트 대통령의 뉴딜 기간 동안에는 약간 상승했다. 영국에서는 이 비율이 미국이나 독일보다 약간 높았는데, 전쟁기간 동안에는 "완만하지만 지속적인 하락세"를 보였다.[7] 국민총생산에서 봉급••이 차지하는 비중은 1911년 약 15.6퍼센트

5 J. T. Dunlop, *Wage Determination under Trade Unions*, 1944, pp. 165~80.

• 즉 다른 산업에 비해 제조업 부문의 변동이 더욱 크다. —옮긴이

6 Douglas and Jennisson, *The Movement of Money and Real Earnings in the United States, 1926~28*, 1930, p. 51. 만일 '봉급'이 부가가치 계산에 포함된다면, 1927년의 봉급과 임금을 합친 비율은 1849년 임금만의 비율과 거의 같아질 것이다. 잊지 말아야 할 점은 이들 두 연도 사이의 기간인 4분의 3세기 동안 유통업 부문과 상업 부문이 크게 성장했고, 제조업 부문에서도 봉급노동자가 많이 증가했다는 것이다. 그래서 이 수치는 국민총생산에서 임금과 봉급이 차지하는 비율을 나타내는 것이 아니다.

7 Dr. L. Rostas, "Productivity in Britain, Germany and the United States", *The Economic Journal*, 1943. 4, pp. 53~54.

•• salary: 사무직 노동자의 임금을 가리킨다. 생산직 노동자의 임금인 'wage'와 대비

에서 1935년에는 25퍼센트로 눈에 띄게 증가했다. 이런 증가의 원인 가운데 일부는 근대 산업에서 사무직 노동자와 기술직 노동자의 중요성이 크게 증가했기 때문이다. 하지만 그 증가의 주된 원인은 봉급 소득자의 상층부류가 증가했기 때문인데, 이는 대기업에서 경영을 직접 담당하던 소유주들이 봉급을 받는 전문경영인으로 계속 대체되어가는 경향 때문이다.[8] 계층들 사이가 아니라 개인들 사이의 소득분배는, 빌프레도 파레토(Vilfredo Pareto)의 비교에 따르면, 모든 선진국들에 걸쳐 놀랍도록 유사하게 나타났다. 그러나 제2차 세계대전 직전을 보면 누진소득세를 내는 계층에 포함되는 고소득자가 총소득에서 차지하는 비중이 약간 감소하는 징후가 나타나고 있다. 양차대전의 중간 시기에는(1929) 연 소득 2,000파운드 이상의 소득자(전체 소득인구 가운데 0.5퍼센트를 차지하는)가 총소득의 약 16퍼센트를 차지했고, 연 소득 1,000파운드 이상의 소득자가 총소득의 약 23퍼센트를 차지했다. 그러던 것이 1938년에는 1,000파운드 이상, 즉 네 자리 수치 이상의 소득을 올리는 사람들이 총소득에서 차지하는 비중이 18퍼센트로 떨어졌다.[9] 물론 1938년의 네 자리 수치 소득자와 오늘날의 네 자리 수치의 소득자는 그 의미가 상당히 다르며, (실

되는 개념으로 우리말로는 정확하게 들어맞는 단어가 없어 여기에서는 임의로 각기 '봉급'(사무직 노동자의 대표적인 임금 형태인 호봉제 임금과 연관지어)과 '임금'으로 표기한다. ―옮긴이

8 Colin Clark, *National Income and Outlay*, pp. 94, 99~101.

9 같은 책, pp. 107~10; M. Abrams, *The Condition of British People, 1911~1945*, 1945, p. 109. 위에서 언급한 수치들은 세전 소득이다. 소득분배의 구조를 교정하기 위한 고소득자에 대한 누진과세와 정부에 의한 사회복지지출의 효과를 살펴보면, 티버 바르나(Tibor Barna)의 최근 추정에 따르면 부자계층에서 빈곤계층으로 재분배된 부의 총액은 1937년 국민총생산의 5~6퍼센트에 달한다(*Redistribution of Incomes Through Public Finance in 1937*, 1945, p. 233).

질구매력의 관점에서 볼 때) 제2차 세계대전 이전과 이후의 비교도 전간기 동안의 물가나 소득수준의 커다란 변동을 고려에 넣어야만 한다. 그러나 1938년과 1947년의 상위 1퍼센트 소득자의 소득점유율을 비교해보면, 우리는 그 비율이 두 기간 사이에 약 3분의 1 하락했다는 사실을 알게 된다.[10]

| 제3절 | 명목임금과 실질임금

만일 임금소득자들에게 임금으로 지불된 화폐액이 두 배로 늘었다 할지라도 그들이 일상적으로 소비하는 물건의 공급량에 변함이 없다면, 그들의 생활수준은 아무런 변동이 없을 것이 분명하다. 그럴 경우 전시에 익숙하게 경험했던 것과 마찬가지로 늘어난 수요와 제한된 공급으로 인해 물건은 품귀현상을 보여 상점 앞에 사람들이 장사진을 칠 것이고, 그 결과 물건 값은 화폐소득(혹은 적어도 소득 가운데 **소비**되는 부분)이 증가한 만큼 상승할 것이다. 달리 말해 **명목임금**은 상승했지만 **실질임금**은 변함없이 그대로일 것이다. 그렇기 때문에 학자들 가운데 어떤 사람들은 단기간에 식료품의 공급이 변동하기 어렵다는 사실 때문에 실질임금이 전반적으로 상승할 가능성은 언제나 극히 드물게 제한되고, 단지 일정 기간이 경과해야만 그런 가능성이 주어진다고 주장하기까지 했다. 실제로

10 만일 세후 소득을 잡는다면 물론 이 하락폭은 더욱 커진다(즉 세후 소득을 기준으로 할 경우에 총소득에서 이들이 차지하는 비율은 12퍼센트에서 7퍼센트로 하락한다). *Oxford Bulletin of Statistics*, September, 1949, p. 262에 실린 더들리 시어스(Dudley Seers)의 자료를 참고할 것.

충분한 시간(아마도 1년이나 2년 혹은 그 이상)이 경과하고 나면 임금소득자들이 소비하는 물품의 가격 상승으로 인해 이들 상품의 생산영역으로 자본과 노동이 이동하여 결국 이들 상품의 공급이 증가함으로써 명목임금과 함께 실질임금도 상승할 수 있을 것이다. 그러나 이것은 단지 다른 요인에 의한 수요 증가가 동시에 발생하지 않을 경우에만, 그리고 임금소득자의 소비상품에서만 공급부족이 발생할 경우에만 그렇게 될 것이다. 만일 임금소득자 이외 사람들의 수요도 함께 증가하면(모든 계층의 소득이 전반적으로 증가하는 경우와 부유층이 소비를 늘리기 위해 자신들의 은행계좌에서 돈을 인출하는 경우 모두 가능하다) 상품가격은 전반적으로 상승하는 경향을 띠게 될 것이다. 이런 경우에는 임금소득자가 소비하는 물품의 생산을 늘리기 위해 자본과 노동이 이동하는 일이 발생하지 않을 것이고 실질임금도 증가하지 않을 것이다. 물론 현실에서 임금소득자가 소비하는 대부분의 상품은 다른 사회계층도 소비하는 것들이다. 만일 임금소득자의 급여봉투가 더 두터워져 이들이 구매를 늘림으로써 이들 상품의 가격이 상승하기 시작하면, 비임금소득자들(특히 부유층)은 자신들의 소비를 줄여 임금소득자의 늘어난 수요를 충당해주기보다는 오히려 자신들의 예금계좌에서 예금을 인출하여 이전에 자기들이 소비하던 부분을 유지하기 위해 지출을 늘릴 가능성이 훨씬 높다.[11] 달리 말해

11 만일 임금은 물론 상품가격도 상승한다면, 그에 따라 이윤도 증가할 것이다. 이것은 곧 은행예금을 인출하여 자신의 지출을 늘리는 사람들이 자신의 소득이 증가한 것을 금방 알아차리게 만들고, 따라서 그들이 더 높은 수준의 지출을 계속 유지할 수 있게 된다는 것을 의미할 것이다. 바꾸어 말해 상품가격 상승에 대한 그들의 처음 대응은 그것이 충분히 확산되고 나면 '자기방어'가 된다는 것이다. 만일 그들의 처음 대응과 나중의 결과 사이의 기간이 매우 짧을 경우에는 그들이 지출을 늘리기 위해 은행계좌에서 인출한 부분은 빠져나가자마자 곧바로 메꾸어지고

은행계좌를 가지고 있는(따라서 웬만한 가격 상승에 대해서는 수요의 변동이 거의 없는) 사람들은 그렇게 행동함으로써, 명목임금의 인상을 통해 자신들의 상품 소비량을 늘리려는 임금소득자들의 시도를 부분적으로 혹은 심지어 완전히 꺾어버릴 수 있는 여지가 충분히 있는 셈이다.

이런 종류의 일이 일어날 수 있는 가능성은(만일 가격통제가 실시되지 않는다면) 오늘날의 경제체제에 존재하는 대량의 독점에 의해 더욱 커질 수 있다. 뒷부분에서 우리는 이 문제를 다시 다루게 될 것이다. 그러나 만일 어떤 산업에서 기업들이 생산에 직접 들어간 비용에다 일정 이윤(비율로 부과하든, 절대액수로 부과하든)을 붙여 판매가격을 결정하는 방식으로 최대한의 이윤을 얻을 수 있는 가격과 생산량의 조합을 선택하는 것이 관행이 되어 있다면, 임금(따라서 직접적인 생산비용, 혹은 본원적인 생산비용)의 상승은 그만큼의 판매가격 상승으로 이어질 가능성이 높다. 만일 수요가 임금에 비례해서 증가하지 않는다면 이처럼 보다 높은 가격에 판매될 수 있는 산출량은 줄어들 것이다. 이런 감소가 심할 경우 기업들은 자신들의 가격정책을 재고하지 않을 수 없을 것이고 또한 이윤율에도 수정을 가하여 상품 단위당 이윤을 낮추어 박리다매를 꾀해야 할 것이다. 그러나 만일 앞 단락에서 언급했던 것과 같은 이유로 상품 수요가 임금 및 비용과 함께 증가한다면, 높은 가격수준과 이전의 판매량은 유지될 수 있을 것이다. 그리고 기업들은 증가된 임금비용을 가격 상승으로 간단히 상쇄해버릴 것이다. 명목임금, 상품가격, 명목이윤, 그리고 수요는 모두 함께 증가할 것이다. 그러나 그 결과 실질임금과 임금소득자가 실질적으로 구매할 수 있는 상품량에는 아무런 변함이 없을 것

말 것이다.

이다. 이것은 국민총생산에서 노동이 차지하는 몫이 왜 그처럼 변하지 않는지를 설명해주는 데 도움이 될 것이다.

명목임금이 상승하지만 물가가 더욱 빨리 상승하여 결과적으로 실질임금이 하락하는 사례로 19세기 말에서 제1차 세계대전이 발발하기까지의 기간이 자주 인용된다. 이 기간 동안 세계의 금 공급량과 영국으로의 금 유입량이 지속적으로 증가했고 (해외투자의 급격한 증가와 함께) 명목소득은 전반적으로 증가했다. 그런데 임금소득보다 다른 사회계층의 소득이 더욱 빨리 증가했다. 그 결과 먼저 이 다른 계층의 사람들이 자신들의 돈을 소비하는 물품들(주로 기호품과 사치품)의 가격이 상승했다. 이 일차적인 가격 상승으로 인해 발생한 결과는, 이제 사치품 생산이 상대적으로 더 수익이 나는 상황이 되었기 때문에, 노동과 자본이 노동자계급이 소비하는 생활필수품의 생산부문으로부터 이들 사치품의 생산부문으로 이동하도록 만들었다는 것이다. 이들 생산요소의 이동은 임금소득자들이 자신들의 돈을 소비하는 상품의 공급을 감소시켜 이들 상품의 가격 상승을 유발하여 결국 실질임금의 하락을 가져왔다.

이런 경우 명목임금과 물가의 상승은 실질임금의 하락과 긴밀하게 결합되어 있는 것으로 보인다. 이 사례와 다른 몇몇 사례들에 근거해 볼 때, 일반적으로 물가가 상승하는 시기에는 언제나 물가의 상승이 명목임금의 상승보다 빠르고, 물가가 하락하는 시기에는 명목임금보다 더 빨리 하락하는 경향이 존재하며, 그 결과 전자의 시기에는 실질임금이 하락하고 후자의 시기에는 임금소득자의 생활수준이 상승하는 경향을 갖는다고 생각할 수 있다. 그러나 과거에는 받아들여졌던 이런 견해가 최근 들어서는 의문시되고 있다. 수집된 상당량의 증거들에 비추어보면, 산출량과 고용이 확대되는 호황기(물가와 임금이 동반 상승하는 시기)에는 실질임금이 상승하고 산출량과 고용이 감소하는 불황기에는 실질임금이 하락하는 것으로 나타나고 있다.[12] 물론 이런 증거들이 완전히 결정적인 것은 아니고 몇몇 논란이 될 만한 점들은 그대로 남는다. 그러나 분명한 것은 명목임금과 실질임금 사이의 관련을 둘러싼 전체 문제가 지금까지 알려진 것보다 훨씬 더 복잡하다는 점이다. 그리고 이 문제에 대한 올바른 대답은 이 둘 사이의 관련에 대해 어떤 경우에나 타당한 것으로 입증되는 단 하나의 일반화는 존재하지 않는다는 것이다.[13]

| 제4절 | 임금률과 임금소득

대개 우리가 **임금률**이라고 말할 때, 그것은 노동자가 한 시간 동안 혹은 정규 하루 노동시간 동안 혹은 일정량의 작업을 수행한 데 대해 지불받는 액수를 가리킨다. 다시 말해 우리가 임금률이라고 부르는 것은 노동자가 자신이 수행한 노동의 일정 산출량에 대한 대가로 지불받는 것을 의미한다. 노동량을 노동시간의 길이로 측정하는 것은 노동자가 지출한 노동력 혹은 물리적 에너지라는 의미에서의 노동량에 대한 정확한 측정이 되기 어렵다. 왜냐하면 노동**강도**(intensity of work, 즉 주어진 시간

12 J. T. Dunlop, "The Movement of Real and Money Wage Rates", *Economic Journal*, September, 1938과 J. M. Keynes, "Relative Movements of Real Wages and Output", *Economic Journal*, March, 1939 참고.

13 특히 산출량과 명목임금이 모두 변동하는 경우와 명목임금은 변동하고 산출량은 변동하지 않는 경우에, 그 결과는 서로 다를 것이다. 또한 이것은 독점화 정도의 변동과 수입 식료품과 원자재의 가격이 함께 변동하는 것에도 영향을 받을 것이다.

에 쏟아 넣는 노력의 양)가 다를 수 있기 때문이다. 그렇다고 작업량에 따른 임금•도 (앞으로 살펴보게 되겠지만)[14] 항상 노동량을 정확하게 측정한 것이라고 할 수는 없다. 왜냐하면 노동자에게 책임지울 수 있는 산출량이 노동자의 노력에만 달려 있는 것이 아니기 때문이다. 그럼에도 시간당 임금률 혹은 개수임금률은 임금소득자가 노동하면서 지출한 에너지의 가격을 **거의** 나타내는 것으로 간주될 수 있다. 우리가 노동자와 그 가족의 생활수준에 대해 이야기할 때 관심을 기울이는 것은 일주일 혹은 1년 동안 가족단위 전체의 총**소득**이다. 이 점과 관련하여 우리의 관심을 끄는 것은 시간당 임금률이나 개수임금률이 아니라 급여봉투에 담긴 총액이다. 우리는 후자에 대한 수치만으로는 전자에서 일어나는 일을 판단할 수 없다. 그리고 숱한 이유에 의해서 이들 두 양은 전혀 다르게 변동할 수 있다.

첫째, 노동자의 소득은 그가 일주일에 고용된 시간이 얼마인지, 그리고 1년에 그가 일하는 주가 몇 주인지에 따라 달라질 것이다. 만일 어떤 노동자가 어떤 때는 매일 1~2시간의 초과노동을 하고 어떤 때는 하지 않는다면, 두 시기에 그의 소득은 설사 시간당 임금률이 변하지 않더라도 달라질 것이다. 경기가 나쁜 시기에는 많은 산업에서(예를 들어 면직산업) 조업단축이 이루어지고 노동자들은 하루 동안의 정상 노동시간이나 일주일 혹은 2주일 동안의 정상 근무일수보다 적게 고용된다. 반면 전간기에 면직산업에서는 작업이 지속적이지 않고 간헐적으로 이루어지거나 각 직공들이 운전하는 직기의 수가 줄어드는 형태의 '불완전취업'

• 개수(個數) 임금(piece rate)이라고도 부른다. —옮긴이
14 제3장을 볼 것.

이 이루어지기도 했다. 광업에서는 갱내 작업을 하는 광부들이 일주일에 여섯 번 투입되는 것이 정규작업이지만 실제로는 이보다 적게 투입되는 것이 일반적인데, 그 이유는 광부들이 원해서이기도 하지만 작업물량이 충분하지 않아서이기도 하다. 전간기의 불경기 시절에 광산촌을 뒤덮었던 빈곤의 주된 원인은 광부들이 작업에 투입될 수 있는 횟수가 적었기 때문이다. 예를 들어 1932～33년 당시 탄광에서 작업이 이루어진 날은 일주일에 평균 4.5일에 불과했다. 전통적으로 하나의 정해진 작업에 일주일 전체에 걸쳐 정규적으로 고용하는 대신, 매일매일 임시적인 형태의 '날품'으로 고용하는 제도가 자리 잡고 있는 부두하역 부문에서는 과거에 매우 운이 좋아야만 일주일 동안 내내 혹은 1년 내내 일을 얻을 수 있었다. 전간기 동안 부두하역 노동자들이 일주일에 고용될 수 있었던 평균일수는 4일을 넘는 경우가 드물었고 대개는 그보다 적었다. 예를 들어 1920년 사우샘프턴 부두의 하역노동자들은 일주일에 평균 3일도 채 일을 하지 못했다. 산업 전체에 걸쳐 실업률이 높은 시기에는, 노동자들이 평균적으로 한 해 동안 정상적인 고용일수보다 적은 일수로만 고용될 수 있었고, 그중 일부는 수개월 동안 혹은 심지어 1년 내내 아예 일이 없는 경우도 있었다. 그런 시기에 노동자들의 **소득** 변동은 수행한 일정 작업량에 대한 임금**률**의 변동과는 매우 다를 것이다.

둘째, 각 직급에 속하는 노동자들의 수가 변동함으로써 직급들 사이에 어떤 변화가 발생하면 임금률과 소득은 서로 다른 방식으로 변동한다. 예를 들어 만일 어떤 기간에 노동자들의 직급 승진이 이루어져 그로 인해 이 기간 말에는 노동자들 가운데 더 높은 직급의 임금을 받는 노동자들이 더 낮은 직급의 임금을 받는 노동자들에 비해 늘어난다면, 이전에 비해 전체 노동자의 평균소득은 각 직급별 임금률이 변하지 않더라도 상승할 것이다. 이처럼 각 직급에 속하는 노동자의 수가 상대적으로 변동함으로써 발생하는 효과는 서로 다른 임금이 지급되는 산업들 사이에서 각 산업에 속하는 노동자의 수가 상대적으로 변동하여 발생하는 효과와 마찬가지일 것이다.

셋째, 작업량에 따라 임금을 지급받는 노동자의 소득은 작업속도의 변동에 영향을 받을 것이다. 한 노동자가 하루 동안 수행하는 작업량은 노동자 자신이 기울이는 노력의 정도에 따라, 혹은 그가 작업에 사용하는 기계나 원료의 변경에 따라, 혹은 작업조직의 변경에 따라서도 모두 변동할 수 있다. 예를 들어 채탄부들은 갱도 내에서 자신이 작업하는 장소가 작업하기에 쉬운 곳인지 어려운 곳인지에 따라 똑같은 톤당 임금률을 적용받더라도 각자 지불받는 임금액수가 전혀 다를 수 있다. 방적공장에서 일하는 뮬 방적공들은 할당받은 면화의 품질이 나쁘면 불평을 늘어놓는데, 왜냐하면 이런 면화는 실이 자주 끊어져서 방적작업의 속도를 늦추어 결과적으로 방적공들의 임금을 떨어뜨리기 때문이다. 신발공장이나 기계공장에서 일하는 노동자들은 만일 작업이 고도로 규격화되고 이런 상태가 '장기간' 지속될 경우 그렇지 않을 경우보다, 즉 그들이 수행해야 할 작업의 성질이 끊임없이 바뀌고 따라서 한 번 주어진 작업이 단기간 동안만 지속됨으로써 기계와 작업과정을 자주 재조정해야 할 경우보다 1시간(혹은 1일) 동안에 훨씬 더 많은 작업을 수행할 수 있다.

1914~24년 사이의 10년 동안 — 이 기간에 제1차 세계대전으로 인한 많은 산업기술의 변화가 있었다 — 에는 이런 요인들이 노동자들의 임금소득에 끼치는 영향이 임금률에 비해 훨씬 더 컸다. 볼리가 추정한 바에 따르면, 이 10년 동안 명목임금률은 70~75퍼센트 증가한 데 반해, 평균소득은 실업으로 인한 효과를 배제할 경우에 94~95퍼센트 증

가했다.[15] 1924~35년 사이에는 임금률과 임금수준이 같은 보조로 변동했다. 그러나 제2차 세계대전 기간과 그 이후에는 우리가 앞서 이야기한 요인들의 영향이 다시 한 번 그대로 나타났다. 제2차 세계대전이 끝날 무렵인 1945년 7월에 임금률은 전쟁 이전에 비해 53퍼센트 증가했지만, 총노동자의 평균임금은 80퍼센트 증가했다. 이런 차이는 주로 노동자들의 직급 상승, 성과급을 받는 일자리 숫자의 증가, 이런 일자리에서의 산출량의 증가, 초과노동과 야간노동의 증가 등으로 인한 것이었다. 또 어느 정도까지는 각 산업별로 고용된 노동자 수의 변동 때문이기도 했다.[16] 1954년 임금률은 1938년에 비해 140퍼센트 상승했지만, 총노동자의 평균임금은 222퍼센트 증가했다(그중에서 성인 남성 노동자만을 기준으로 보면 196퍼센트 증가했다).[17]

그러나 우리가 노동자와 그의 가족들의 생활수준에 대해 무엇인가를 계산할 수 있으려면 그전에 먼저 개별 임금소득자의 소득 이외의 몇몇 사항들에 대해, 그리고 이들의 소득이 어떻게 변동해왔는지에 대해서 좀 더 알아야만 한다. 여기에 한 가족이 있다고 하자. 그러면 우리는 이 가족에 속하는 임금소득자가 몇 명인지, 이들 소득자가 부양해야 하는 가족의 숫자가 몇 명인지를 알 필요가 있다. 이런 관점에서 보면 서로 다른 시기별로, 서로 다른 나라들 사이에, 서로 다른 가족들 사이에 현격한 차

15 A. L. Bowley, *Wages and Income since 1860*, pp. 11~18; Memorandum No. 12 of the London and Cambridge Economic Service도 참고할 것.

16 Memoranda No. 97 and 102 of the London and Cambridge Economic Service에 수록된 볼리의 자료와 *Ministry of Labor Gazette*, February, 1945를 참고할 것.

17 *Ministry of Labour Gazette*, March, 1955. 임금률은 1954년 6월치와 1938년 평균치를 비교한 것이며, 평균임금은 1954년 10월 마지막 주와 1938년 10월치를 비교한 것이다.

이가 나타날 가능성이 있다. 1920년대에 모든 남성 임금소득자 — 기혼이든 미혼이든, 자녀가 있든 없든 간에 상관없이 — 1인이 부양하는 평균 아동 수는 오스트레일리아가 약 0.9명이었는 데 반해 영국은 1.1명이었다. 영국에서는 가구당 평균 14세 이하의 아동 수가 1911년 1.29명이던 것이 1931년 1.1명으로 떨어졌다. 같은 도시의 서로 다른 가족들 사이에서도 매우 큰 편차가 있을 수 있다. 어떤 가족의 경우 아버지와 두 아들 그리고 한 명의 딸이 모두 벌이를 하고 있을 수 있고, 다른 가족의 경우에는 아버지나 과부 혼자서 여러 아동과 때로는 나이든 노부모까지 모두 부양해야 할 수도 있다. 금세기• 초 시봄 라운트리(B. S. Rowntree)가 요크 지방 노동자계급 가족의 생활 상태를 연구하여 밝힌 바에 따르면, 전체 가족의 거의 10분의 1이 5명 이상의 부양아동을 거느리고 있었고, 약 3분의 1은 3명 이상, 나머지 3분의 2는 2명 이하의 부양아동을 거느리고 있었다. 라운트리는 요크 지방에 대한 이 조사를 1936년에도 똑같이 실시했는데, 그 결과 출생율의 감소로 3명 이상의 부양아동을 거느린 가족의 비율이 9퍼센트로 감소했고, 성인 남성 임금소득자의 4분의 3 이상이 미혼이거나 혹은 기혼일 경우에도 2명 이하의 부양아동을 거느리고 있는 것으로 나타났다.[18] 그러나 최근 들어 가족의 평균 규모와 이런 규모의 격차가 많이 변했는데도 여전히 평균적인 규모의 가족에 합리적인 수준의 생활을 제공해주는 수준의 임금이 한 사람의 벌이에만 의지하는 특별히 규모가 큰 가족들에는 굶어죽기에 알맞은 수준인 반면, 평

• 20세기를 가리킴 — 옮긴이

18 B. Seebohm Rowntree, *Human Needs of Labour*, 1937, pp. 29~30; *Poverty and Progress*, 1941, pp. 71, 483.

균 규모의 가족을 부양하기에는 턱없이 낮은 임금이라 할지라도 독신자에게는 자잘한 사치품이나 기호품을 소비할 정도의 여유를 제공한다는 것은 부인할 수 없는 사실이다.

임금소득자의 생활수준 변동을 측정하는 데서 과거에는 대개 이용 가능한 통계에 기초하여 임금률과 소득 사이의 이런 차이를 살펴보는 것이 쉽지 않았다. 시간당 임금률에 대한 완전한 통계는 지금도 구할 수 없다. 노동부는 얼마 전부터 매월 여러 산업부문의 임금률 변동을 수집하여 『노동부 관보』(*Ministry of Labor Gazette*)에 발표하고 있는데, 이들 수치는 고용주와 노동조합 사이에 체결된 단체협약을 토대로 작성된 것이다. 그러나 이 통계는 모든 산업부문을 포괄하고 있는 것이 아니다. 여기에 수록된 산업부문들의 경우에도 이들 단체협약이 해당 산업부문 전체에 걸쳐 그대로 적용되고 있는지는 확실하지 않다. 임금심의회가 기능을 발휘하고 있는 산업부문의 경우에는 이 심의회가 인정한 최저임금률을 이용할 수 있다. 그러나 이 최저임금률도 역시 해당 산업부문 전체에서 고용주들이 전반적으로 어느 정도까지 준수하고 있는지, 그리고 이 최저임금률보다 높은 수준에서 고용되어 있는 현장 노동자의 비율이 어느 정도인지는 알 수 없다. 성과급을 받는 노동자의 경우에는 여기에 또 하나의 어려움이 추가되는데(고용주가 자신이 지불한 총임금액에 대한 정보를 알려주는 산업부문을 제외하고), 그것은 곧 설사 성과임금률을 안다고 하더라도 해당 산업부문의 상세한 정보를 충분히 가지고 있지 않는 한 노동자 한 사람이 1시간 혹은 하루 동안에 평균 얼마만큼의 작업성과를 올리는지를 알 수 없다는 것이다. 과거에는 영국 주요 산업부문의 평균 노동시간과 평균 임금소득에 대한 자료가 매우 드물게만[19] 공식적으로 수집되고 발표되었다. 다행히 최근에는 이들 임금소득에 대한 자료를 노동부가 6개월 단위로 수집하고 있어 오늘날 우리는 임금소득에 대한 정보를 이전에 비해 훨씬 충실하게 갖게 되었다.[20]

| 제5절 | 생계비지수

우리의 논의에서 부딪치는 또 하나의 어려움은 명목임금의 수치로부터 생계비의 차이를 감안하여 실질임금의 차이를 추정하려고 할 때 발생한다. 이때 비교되는 두 경우에서 소비되는 상품이 동일할 때는 이런 어려움이 거의 없다. 일정 시기 혹은 일정 경우에 실제 노동자계급 가족의 가계예산 '표본'에 대한 정보가 수집될 수 있고, 이들 수집된 다양한 표본 예산들의 평균을 계산해낼 수 있다. 이렇게 산출한 평균예산은 제각기 다른 양의 다양한 상품들로 구성될 것이다. 즉 얼마의 빵값, 고기값, 연료비, 광열비, 의복비, 집세 등으로 이루어질 것이다. 그런 다음 비교되는 두 경우에서 이 평균예산의 구매에 들어가는 비용을 계산해낼 수 있을 것이고, 두 경우 각각의 비용의 차이는 편의상 하나의 수치를 100('기준'이라고 부른다)으로 표현하는 **지수**(index number)의 형태로 표현할 수 있을 것이다. 따라서 예를 들어 우리는 두 경우의 생계비지수를 다음과 같은 형태로 표현할 수 있다.

---

19 통계가 만들어진 해는 1886, 1906, 1924, 1928, 1931, 1935년이었다.

20 이들 임금소득에 대한 자료는 약 525만 명의 노동자를 고용하고 있는 5만 3,000개 사업체로부터 수집되고 있다.

(1)	◆	◆	◆	◆	100
(2)	◆	◆	◆	◆	120

비교되는 두 경우는 두 나라일 수도 있고, 두 연도일 수도 있다. 그런 다음 두 경우의 명목임금의 차이를 생계비지수의 차이로 나눌 수 있고, 그러면 두 경우의 실질임금의 비율을 얻을 수 있다. 예를 들어 두 시기 동안 임금이 40실링에서 48실링으로 상승하고 생계비지수가 100에서 120으로 상승했다면, 실질임금은 변동이 없을 것이다.

그러나 실제 현실에서 두 나라나 두 시기에 가계의 예산을 구성하는 숱한 항목들이 모두 똑같은 경우는 거의 없다. 두 경우에서는 각기 서로 다른 상품이 서로 다른 중요성을 갖는다. 한 경우에 들어 있는 어떤 상품이 다른 경우에서는 다른 상품으로 대체되어 있을 수 있다. 즉 어떤 시기에는 버터를 먹지 않고 그 대신 마가린을 먹을 수 있으며, 햄을 적게 먹고 쇠고기를 더 많이 먹을 수도 있고, 또 맥주를 적게 마시고 의복을 더 많이 구매할 수도 있다. 영국에서는 노동자계급이 차를 마시지만 유럽 대륙의 노동자계급은 커피를 마신다. 어떤 나라에서는 흰 밀빵을 먹지만 다른 나라에서는 호밀빵이 주식이며, 감자나 감자 전분을 주식으로 먹는 나라도 있다. 동유럽 노동자들은 쌀을 주식으로 한다. 유럽 이외의 국가들에서는 노동자들의 식탁에서 계란이 중부 유럽 국가들에 비해 6배나 중요하며, 스칸디나비아 국가들에서는 우유와 유제품을 영국보다 훨씬 더 많이 소비한다. 의복, 가구, 주거공간 등과 같이 식품 이외의 물품들로 가면 많은 경우 품질 차이가 매우 커서 이를 양적 차이로 환산하는 것은 사실상 불가능해진다. 1파운드의 차와 1파운드의 커피, 1파운드의 밀빵과 1파운드의 호밀빵, 1파운드의 버터와 1파운드의 마가린, 영국 노동자가 구매한 한 켤레의 구두와 중국 노동자가 구매한 한 켤레의 샌들(혹은 두 켤레의 샌들이나 세 켤레의 다른 무엇?)을 동등한 것으로 간주할 수 있을까? 제1차 세계대전 직후, 한편에서 볼리 같은 사람은 실제 현실에서 사람들이 습관을 바꾸어 좀 더 값싼 대체재로 이동했기 때문에(예를 들어 버터에서 마가린으로) 공식 생계비지수에서 물가상승이 **과대**평가되었다고 주장한 반면, 다른 한편에서는 노동조합들은 공식 생계비지수에 구매된 물품의 품질이 저하된 사실이 반영되지 않은데다 의류와 같이 평균보다 훨씬 가격이 상승한 물품들의 '가중치'도 거의 반영되지 않았기 때문에 이 지수가 **과소**평가되었다고 주장했다. 이런 어려움은 칼로리나 영양가를 기준으로 정한 다음 각 식품들이 함유한 칼로리의 수치에 근거하여 각 식품들을 균등하게 비교하면 해결될 수 있다는 주장을 제기하는 사람들도 가끔씩 있었다. 그러나 이런 방식은 설사 식품에만 적용하더라도 충분한 것일지 의심스럽다. 최근 과학자들이 식단에서 비타민과 미네랄 성분의 균형을 강조하고 있다는 점을 고려할 때, 칼로리의 수치에만 의존하는 것은 명백하게 불완전하기 때문이다. 식품 이외의 정신적인 부분이나 순전히 물리적인 요소까지 고려한다면 이런 종류의 물리적 기준은 우리에게 별로 도움이 되지 않는다.

보다 근본적인 어려움은 우리가 비교하고자 하는 '생활수준'이라는 것이 별로 양적인 개념이 아니고 따라서 측정될 수 없는 것이라는 점이다. 우리는 '생활수준'이라는 개념의 정의를 객관적으로는 물리적이거나 정신적인 '필요'(needs)[21]에 대한 만족도로, 주관적으로는 어떤 행복

21 아마도 욕망은 아닐지라도, 필요는 어떤 양일 것이다. 그러나 물리적인 필요는 칼로리나 어떤 다른 종류의 단위를 빌려 양적으로 표현될 수 있겠지만, 정신적인 필

이나 욕망(desire)의 충족도로 내릴 수 있다. 그러나 객관적이든 주관적이든 간에 두 경우 모두 어느 것이 좀 더 낫다든가 적다든가 하는 정도의 기준으로 비교할 수는 있겠지만, 이것을 어떤 양으로 나타내는 것은 불가능하다. 따라서 우리는 생활수준을 수치로 측정하여 표현하려고 할 때 측정 불가능한 것을 우리 자신이 설정한 어떤 등급에 끼워 맞추는 방식을 취하는데, 이것은 마치 조사자가 피조사자의 지적 능력을 비교할 때 이들에게 일정 점수를 부여하는 방식과 똑같다. 이들 두 경우 모두 비교하려는 것을 우리 자신이 설정한 비교등급에 어떻게 끼워 넣을 것인지에 대한 구체적인 방법은 전반적으로 자의적인 것임에 틀림없다. 여기에서 우리가 할 수 있는 것이라곤 여러 항목들을 각 등급에 잘못 끼워 넣지 않도록 함으로써 오류의 가능성을 최소화하는 것 정도일 뿐이다.

이 문제를 처리하는 가장 간단한 방법은 어떤 시기나 어떤 나라의 예산을 조사한 다음, 다른 시기와 다른 나라에서 그것과 **똑같은 예산**을 구매하는 데 들어가는 비용을 비교하는 것이다. 이런 방법으로 만들어진 것이 우리나라• 노동부가 작성한 생계비지수인데, 그것은 '기준 연도'의 샘플 가계예산을 비교의 기준으로 삼고 있다. 1905~09년에 영국 상무부(商務部)에서 실시한 여러 나라의 생계비 조사도 영국의 평균 가계예산을 기준으로 삼아 다른 나라들에서 이 가계예산을 구매하는 데 들어가는 비용을 조사한 것이다. 이 방법은 비교되는 사례들의 **실제** 가계예산 항목 내용이 별로 다르지 않을 경우에는 매우 만족할 만한 것이다. 그러나 실제 소비되는 예산항목들이 상당히 다를 경우에는 비교되는 예산들

요는 오늘날의 과학기술로도 아직 양적으로 표현할 수 없다.

• 영국 — 옮긴이

가운데 어느 쪽의 예산항목을 기준으로 잡느냐에 따라서 전혀 엉뚱하고 모순된 결과가 나올 수 있다. 예를 들어 국제연맹 산하 국제노동사무소(International Labour Office)는 1924년 각 나라 수도에서 일하는 목수들의 임금이 갖는 구매력에 대한 조사를 실시했다. 이 조사에서는 **영국** 가계에서 소비하는 식료품 항목들을 기준으로 삼아 이들 항목에 대한 스톡홀름에서의 구매비용을 조사했다. 그 결과 스웨덴 목수의 임금으로 구매할 수 있는 것이 영국 목수가 런던에서 구매할 수 있는 것보다 8퍼센트 **적은** 것으로 나타났다. 그러나 이 기준항목을 **스웨덴** 가계에서 통상 소비하는 품목들로 바꾸었더니, 영국 목수들이 자신들의 임금으로 런던에서 이들 항목을 구매할 수 있는 양에 비해 스웨덴 목수들이 자신들의 임금으로 이들 항목을 스톡홀름에서 구매하는 양이 9퍼센트나 **더 많았다**. 앞의 방법으로는 스톡홀름의 실질임금이 런던보다 8퍼센트 낮게 나타난 반면, 뒤의 방법으로는 오히려 9퍼센트 높게 나타난 것이다. 마찬가지로 베를린 목수의 실질임금도 앞의 방법을 사용했더니 런던 목수의 임금의 46.3퍼센트로 나타났고, 뒤의 방법을 사용했더니 53.6퍼센트로 나타났다.

이 문제는 서로 다른 방법으로 얻은 결과들을 단순히 평균해버리는 임의의 방법을 통해 다시 극복될 수 있다. 동일한 장소의 서로 다른 시기의 실질임금을 비교하는 데서는 이른바 '연쇄법'(chain method)이라고 부르는 방법이 종종 이야기된다. 예를 들어 1914년의 생계비는 1913년의 실제 가계예산에 기초하여 1913년의 생계비와 비교할 수 있고, 그런 다음 1915년의 생계비는 1914년의 실제 가계예산에 근거하여 1914년의 생계비와 비교하는 등의 방식으로 계속 이어나갈 수 있다. 여기에서 가장 큰 어려움은 실제 그것을 수행하는 데 따르는 어려움이다. 왜냐하면 이 방법은 매우 복잡한데, 즉 계산의 기초가 되는 가계예산을 끊임없이 수정해야 하기 때문이다. 실질임금의 국가 간 비교는 영국 노동부에서 1923년 처음 시작했고, 이후 1924년부터는 국제연맹 산하 국제노동사무소에서 계속했다. 이 조사에서는 다양한 식료품들로 이루어진 '바스켓'(basket)(혹은 가계예산)이 사용되었다. 각 바스켓은 제각기 다른 식료품 항목들로 구성되고 이들의 구성 비율은 각 나라마다 그것들이 노동자계급의 소비에 들어간 비율에 맞추어 이루어졌다. 그런 다음 이들 각 나라별 '바스켓'(즉 영국 바스켓, 스칸디나비아 바스켓, 동유럽 바스켓 등)을 구매하는 데 들어가는 비용을 각각의 도시별(즉 런던, 베를린, 스톡홀름, 파리, 필라델피아 등)로 계산했다. 그런 후에 이들 각 '바스켓'의 비용을 각 도시별 임금과 비교하여 백분율로 표시했다. 각 도시마다의 산출 결과로부터 평균을 구하고 그것을 해당 도시의 실질임금지수로 간주했다. 이 방법의 한 사례로 우리는 다음과 같이 세 도시의 비교를 얻을 수 있다.

〈각 도시별 목수의 임금구매력 지수〉

	영국 바스켓	스칸디나비아 바스켓	중부유럽 바스켓	평균
런던	100	100	100	100
스톡홀름	92.0	109.0	91.4	97.4
베를린	46.3	53.6	49.3	49.7

영국 노동부의 공식 생계비지수는 제2차 세계대전 이후까지도 계속 제1차 세계대전 이전에 작성된 노동자계급의 가계예산 조사로부터 도출된 지출 패턴에 기초하여 계산되었다. 그래서 서로 다른 지출항목들에 부여된 '가중치'(weight), 즉 상대적인 중요성은 1940년대의 가계지출에서 이들 항목이 차지하는 실제 중요성과는 많이 달라져버렸다. 예를 들

어 이 옛날 지수에 포함된 식료품 항목들은 제2차 세계대전 직전의 평균적인 노동자 가계가 실제로 소비하는 식료품의 3분의 2밖에 포괄하지 못했다. 그 지수에는 토마토 외의 과일이나 채소는 포함되어 있지 않았고 주된 조명기구로 전등이 아니라 양초가 들어 있으며, 주요 의류로는 표백되지 않은 면직물과 옥양목만 들어 있고 레이온은 들어 있지 않았다. 그래서 전쟁기간 중 실제 지수상승률(앨런R. G. D. Allen이 전쟁 전의 실제 지출내역에 기초하여 1939년 9월부터 1947년 6월까지의 기간 동안 계산한 바에 따르면)이 70퍼센트였는 데 반해, 공식 지수상승률은 31퍼센트밖에 되지 않았던 것도 별로 놀라운 일이 아니다.

1947년 6월, 전쟁 직전에 실시한 가계예산 조사에 기초하여 만들어진 새로운 '임시'지수가 도입되었다. 이 전쟁 전 조사에서 드러난 가중치는 조사가 실시된 이후에 문제가 된 항목들의 상대적인 가격변동에 맞추어 조정되었다. 그리고 이 새로운 지수에서는 1947년 6월의 물가수준이 '기준'으로 채택되어 100으로 표시되었다. 1952년 1월에 또 한 가지 변화가 추가되었다. 즉 1950년의 조사에서 드러난 소비 패턴에 따라 수정된 가중치가 1952년 1월의 물가에 맞추어 조정되었다. 그러나 이 변화는 수정된 지수가 과거의 지수와 연속성을 갖는 방식으로, 즉 동일한 기준시점(즉 1947년 6월)을 사용하여 이루어졌다. 이 글에서도 이 기준을 그대로 사용하여 매월 물가수준의 (가중치를 부여한) 평균변동률을 계산했다.

다음 표는 1947년 이전의 옛날 지수와 1947~52년 동안의 '임시지수', 그리고 1952년 이후의 지수에서 사용된 주요 지출항목의 가중치(백분율로 표시)를 서로 비교한 것이다.

〈연도별 주요 지출항목의 가중치 비교〉

	옛날 지수	1947년 '임시 지수'	1952년
식료품	60	34.8	39.9
지대 및 이자	16	8.8	7.2
의류	12	9.7	9.8
광열	8	6.5	6.6
내구성 소비재		7.1	6.2
잡비		3.5	4.4
용역	4	7.9	9.1
음료		21.7	7.8
담배			9.0
	100	100	100

| 제6절 | 실질임금의 추이

금세기•에 들어오기 전까지만 하더라도 임금의 변동에 대한 연구에 필요한 자료는 매우 불완전했다. 19세기에는 소매물가지수의 변동에 대한 자료가 아예 존재하지 않았고, 이 자료를 사용하려면 기존 물가보고서들에 기초하여 직접 만들어야만 했다. 볼리는 19세기 동안 명목임금 지수의 변동을 다음과 같이 추정했다.

1800～10년 ◆ ◆ ◆ ◆ 55～65
1820～30년 ◆ ◆ ◆ ◆ 65
1840～50년 ◆ ◆ ◆ ◆ 60
1860～70년 ◆ ◆ ◆ ◆ 75

• 20세기 —옮긴이

1870～80년	◆	◆	◆	◆	95
1880～89년	◆	◆	◆	◆	90
1890～99년	◆	◆	◆	◆	100

이것을 실질임금지수로 변환하는 데서 고려해야 할 점은 1800～1900년 사이에 전반적으로 물가가 약 절반으로 하락했다는 사실이다. 1848년까지는 계속 하락하다가 1860년까지 약 14퍼센트 상승했고, 그런 다음 다시 1870～90년대 중반 동안에는 약 25퍼센트 하락했다. 따라서 이 한 세기 동안 실질임금은 3～4배 증가한 것으로 보인다. 이런 실질임금의 상승은 세기의 전환기에 정체되기 시작했고, 1896～1914년 동안 물가가 다시 상승하자 1900년 이후부터 하락 경향으로 돌아섰다. 제1차 세계대전 이전의 이 17～18년 동안 명목임금은 비록 상승하긴 했지만 물가상승을 따라잡지는 못했다.

전쟁기간 동안의 인플레이션 때에도 물가의 급속한 상승으로 명목임금률은 다시 물가상승률에 미치지 못했다. 그렇지만 앞서 제4절에서 언급한 요인들 때문에 명목임금소득은 임금률의 상승보다 훨씬 더 많이 상승했다. 전쟁 직후의 2년 동안 노동자들은 전쟁기간 동안 노동조합의 활동을 가로막던 각종 제재로부터 벗어나 자신들의 교섭력을 되찾음으로써 상대적으로 강력한 교섭지위를 확보할 수 있게 되었다. 그 결과 1920년 말과 1921년 초에 물가가 다시 하락하기 시작하자, 실질임금은 1914년 수준보다 5퍼센트 이상 상승했다. 1924년의 실질임금률은 전쟁 전과 거의 같은 수준이었지만, 평균 실질임금은 전쟁 전에 비해 약 12퍼센트 높은 수준에 있었다. 그것은 평균 실질임금의 증가분이 전쟁 직전에 비해 내내 높은 수준을 유지한 1920년대 동안의 실업률 때문에 상쇄되어버렸기 때문이다.

1929년 이후 수년간 물가는 더욱 하락했는데, 특히 수입식료품의 가격이 그러했다. 그리하여 1929~33년 사이에 생계비는 15퍼센트가량 하락한 데 반해, 명목임금은 5~6퍼센트만 하락했다. 그 결과 실업이 계속 증가하고 있던 이 시기에 일자리를 유지할 수 있었던 사람들의 실질임금은 급격히 상승했다. 1930년대 말에 생계비는 다시 1924년 생계비의 약 90퍼센트 수준으로 상승했다. 그러나 임금률도 그와 함께 상승했다. 그 결과 제2차 세계대전 직전의 실질임금률은 1924년에 비해 약 15~16퍼센트, 평균 실질임금은 약 21퍼센트 높았다.[22]

이것은 실업의 증가가 노동자계급의 전체 임금소득에 끼친 영향을 감안하더라도, 노동자계급의 실질임금소득이 20세기 초에 비해 25퍼센트 이상 증가했다는 것을 의미한다. 같은 시기에 대부분의 산업에서 주당 정규 노동시간이 약 10퍼센트 감소하여 노동자들의 여가시간은 더욱 늘어났다. 한편 노동강도(기준 노동시간 내에 노동자에게 요구되는 노동력의 지출)도 많은 산업들에서 증가했는데, 새로운 기계공정이 도입됨으로써 긴장을 높이고 속도를 높여야 하는 장치들이 늘어났기 때문이다. 1924~29년 사이의 5년 동안에만 노동자 1인당 산출량은 10퍼센트 증가했다. 그리고 콜린 클라크의 추정에 따르면, 1930년대 중반의 1인당 산출량은 그 25년 전에 비해 15~20퍼센트 높았다.[23] 또 다른 추정에 따르면, 노동자 1인당 산출량이 1924~30년 사이에 12퍼센

22 London and Cambridge Economics Service Bulletins; A. C. Pigou, *Wage Statistics and Wage Policy*(the Stamp Memorial Lecture for 1949), pp. 7~9.

23 Colin Clark, *National Income and Outlay*, p. 269.

트, 1930~34년 사이에 다시 11퍼센트 증가한 것으로 나타났다.[24] 이런 증가분 가운데 노동자에게 긴장을 높이거나 육체노동의 소모를 더 요구하지 않는 새로운 기계장치들이 이룩한 부분은 얼마인지, 그리고 생산과정이 점차 인간의 노동력을 덜 소비하는 것으로 되어간다는 것을 양적으로 계산해내는 것은 쉬운 일이 아니다. 그러나 많든 적든 간에 어느 정도라도 노동강도가 증가했다는 사실은 명확하게 반드시 고려해야만 한다.

제1차 세계대전과 제2차 세계대전 기간의 두드러진 차이점은 제1차 세계대전 기간 중의 물가상승이 제2차 세계대전 기간보다 훨씬 낮았다는 사실이다. 이것은 상당 부분 정부의 물가통제와 배급제도가 효율적으로 집행되고 여기에 '비상휴대식량'의 원가를 낮추기 위한 정부의 보조금 정책이 결합된 덕분이었다. 1945년 여름의 공식적인 생계비지수는 전쟁 전에 비해 33퍼센트에 미치지 못하는 수준의 상승으로 기록되었다. 그러나 이 지수는 (우리가 보았듯이) 가격 상승이 극히 낮았던 값싼 식료품에 대한 가중치를 너무 높게 잡고 가격 상승이 훨씬 높았던 비교적 값비싼 식료품과 건조식품에 대한 가중치를 너무 낮게 잡은 경향이 있었다. 물론 전쟁기간 중 배급제도 때문에 배급이 이루어지지 않던 훨씬 비싼 물품들로 지출이 이동한 사실도 이 지수에는 전혀 고려되지 않았다. 전반적으로 소매가격으로 이루어진 이른바 '재무부지수'는 54퍼센트 상승한 것으로 나타났다. 그리고 임금소득자들의 '실제' 생계비가

24 Witt Bowden, "The Productivity of Labour in G. B.", *The Journal of Political Economy*, June, 1937. 1924~30년 사이의 산업별 비교는 영국과 북아일랜드의 생산 센서스에 들어 있는 것이며, 1930~34년 사이의 비교는 상무성 생산지수에 들어 있는 것이다.

전자의 지수보다 후자의 지수에 훨씬 더 가깝다고 생각할 만한 이유가 있다.[25] 그 사이 전쟁이 끝날 때까지 유럽에서 임금률은 약 50퍼센트 상승했고, 임금소득의 상승(앞서 제4절에서 얘기했던 여러 요인들을 고려하여)은 거의 80퍼센트에 달했다. 따라서 아마도 일정량의 작업이나 특정 유형의 직무에 대해 지불된 실질임금률은 전쟁기간 전체에 걸쳐 거의 변함이 없었던 것으로 보인다. 하지만 만일 초과노동, 직급 상승, 성과급으로 인한 산출량의 증가와 같은 사항들을 고려할 경우에는 주급 단위 임금의 실질가치는 평균적으로 약 20퍼센트 증가한 것으로 보인다. 그러나 전쟁이 끝나자 임금률과 생계비는 거의 같은 비율로 계속 움직인 반면, 평균 임금소득은 다시 이들을 계속 앞질러 나아갔다. 피구의 최근 추정에 따르면, 1954년의 실질임금률은 1938년에 비해 겨우 3퍼센트 높을 뿐인데 '취업 중인 임금소득자의 평균 실질임금'은 1938년에 비해 21퍼센트나 높았다.[26]

지금까지 우리는 주로 평균치에 대해 이야기해왔다. 그러나 어떤 사람들은 서로 다른 직급과 산업, 지역 사이에서 임금소득의 격차가 큰 변동을 보인 기간에도 실질임금의 평균치가 여전히 중요한 의미를 지닐 것인

25 니콜슨(J. L. Nicolson)이 옥스퍼드 통계연구소의 『회보』(*Bulletin*)에서 '임금소득자 생계비지수'를 계산해놓은 자료에 따르면, 1944년의 생계비지수는 1938년에 비해 50퍼센트 높은 것으로 나타나고 있다. 이 자료는 정부보조금과 간접세가 시장가격에 끼친 효과를 고려한 것이다. 그러나 니콜슨은 자신의 이 지수가 "배급제도로 인해 소비자들의 선택의 자유가 제한된 점으로 인한 효과"를 고려하지 않고 있다는 점을 지적해두었다.

26 *The Times*, 1955. 7. 13의 기사. 전후에 실업이 상당히 줄어들었다는 점을 감안하여 피구는 "취업 중인 임금소득자와 실업자를 포함한 전체 평균 실질임금"도 계속해서 추정해보았는데, 그 추정치는 1938년에 비해 32퍼센트 높은 것으로 나타났다.

지의 여부에 의구심을 품을 수 있을 것이다. 전간기 동안의 이런 변동에서 두드러진 특징은 숙련 노동자와 미숙련 노동자의 임금격차가 1914년 이전 시기에 비해 감소했다는 점과 성장세를 보이는 산업(주로 가정 제품을 생산하는 산업부문)과 고용이 급격하게 감소하는 사양산업(주로 수출산업 부문) 사이에서 임금의 격차가 급격히 벌어졌다는 점이다. 제2차 세계대전 동안과 이후의 기간에 숙련 노동자와 미숙련 노동자 사이의 임금 격차는 더욱 축소되었다. 다음 표는 숙련 노동자에 대한 미숙련 노동자의 시간급 임금률을 1914년, 1920년, 1939년, 1950년의 연도별로 비교해본 것이다.[27]

연도	건축업	조선업	기계공업	철도업
1914	66.5	55.2	58.6	54.3
1920	81.0	77.2	78.9	81.2
1939	76.3	73.4	75.6	61.5
1950	84.1	81.7	84.7	77.4

각 산업부문별 임금의 변동을 보면, 앞서 이야기한 사양산업들(특히 탄광업과 농업, 그리고 조금 덜하긴 하지만 면화업)은 전쟁 중과 전쟁 후 이들 산업에서 노동수요가 급격하게 증가한 데 따른 혜택을 보았고, 또한 그 상대적인 지위가 평균에 비해서는 물론 철도업이나 다른 운송산업(제2차 세계대전 이전부터 임금률과 임금수준 모두 평균에 비해 낮았던)에 비해서도 상당히 향상되었다.

27 *Oxford Bulletin of Statistics*, April, 1951, p. 111의 놀스(K. G. J. C. Knowles)와 로버트슨(D. R. Robertson)의 논문에서 발췌한 것임.

| 제7절 | 빈곤

제1차 세계대전 전에 라운트리는 아내와 세 명의 자녀를 거느린 한 노동자가 최저생계를 유지하는 데 필요한 임금에 대해 조사를 실시했다. 1899년 요크(York)시의 빈곤 상태에 대한 최초의 조사[28]에서 라운트리가 적용한 생계기준은 오로지 육체적인 생존에 필요한 최저기준이었다. 이 기준 이하에서는 가족 전체가 아사(餓死)하거나 반(半)아사 상태에 처한다고 말할 수 있는 그런 것이었다. 식단은 대부분 채식으로 이루어진 것이었고 자녀의 의복비는 빈민구제기관에서 무료로 지급되는 아동 의복비의 절반밖에 되지 않았으며, 기차나 전차요금 혹은 신문이나 담배 같은 비용은 한 푼도 포함하지 않은 것이었다. 나중에 라운트리는 또 하나의 생계기준을 만들어냈는데 그것은 약간의 문화비를 포함했고, 조금 번듯한 생활과 최소한의 인간적인 필요가 충족되는 수준으로 정의되는 것이었다. 그래서 이 수준 이하의 노동자 가족이 비록 실제로 굶어 죽지는 않더라도 빈곤 상태라고 이야기될 수 있는, 즉 "그 이하로는 어떤 노동자계급도 살 수 없는"[29] 수준을 가리키는 것이었다. 1914년의 물가수준으로 그가 계산한 바에 따르면, 첫 번째 생계수준을 유지하는 데 필요한 주급은 26실링이었고 두 번째 생계수준을 유지하는 데 필요한 주급은 35실링 3펜스였다. 제2차 세계대전이 끝날 무렵의 물가수준으로 계산하면, 첫 번째 생계수준을 유지하는 데 필요한 주급은 대략 45~50실링이 되고 두 번째 생계수준을 유지하는 데 필요한 주급은 65~75실링

28 B. S. Rowntree, *Poverty: A Study of Town Life*, 1901을 참고할 것.
29 B. S. Rowntree, *The Human Needs of Labour*, 1918을 참고할 것.

이 된다. 이와 비슷한 조사가 미국과 오스트레일리아에서도 실시되었는데, 이들 조사에서 적용된 생계수준은 라운트리의 것보다 15~25퍼센트 높았다. 1930년대에 라운트리는 최근의 식품영양학의 과학적 연구의 도움을 받아 자신이 설정한 '인간적인 필요'를 충족하는 데 필요한 식료품의 조건을 약간 수정했고, 1936년의 물가를 기준으로 이 생계수준을 유지하는 데 필요한 비용을 53실링 9펜스로 계산해냈다. 여기에서 주의해야 할 점은 이 생계수준이 극히 수수한 것이라는 사실이다. 즉 보험료, 교통비, 신문, 담배, 오락 등에 소요되는 '잡비'로 주당 9실링만을 포함하며, 우유의 경우에도 목장우유가 아니라 연유만 소비하는 것으로 상정하고 있다. 이런 소비수준은 미숙련 노동자가 '매우 힘든' 작업이 아니라 '보통의' 작업을 수행한다고 가정할 경우의 소비수준을 나타내는 것으로, 앉아서 근무하는 웨스트엔드의 고급 사무직 노동자들이 누리는 영양상태의 약 절반에 해당했다. 1906~07년 그해의 상무부 임금 센서스에 따르면, 성인 남성 노동자의 **평균** 임금수준은 라운트리가 설정한 '인간적인 필요'의 수준—그가 설정한 기아수준보다는 상당히 높았지만—보다 낮았다. 따라서 저임금 노동자들 가운데 상당수는 더 낮은 기아수준의 최저생계 수준보다 낮은 임금을 받고 있었을 것이 틀림없다. 요크시에 대한 조사에서 라운트리는 노동자 가구 가운데 15퍼센트의 임금소득이 순전히 육체적인 이 최저생계 수준을 충족하기에도 불충분하다는 사실을 발견했다. 1935년 노동부가 실시한 주급 조사에 따르면, 많은 탄광지역 광부들의 임금소득이 이 기아수준을 가까스로 넘었으나 라운트리가 수정한 인간적인 필요수준에 비해서는 거의 10실링이나 못 미치는 것이었다. 직물 및 의류산업의 평균임금(여기에는 다수의 여성 노동자들의 임금이 포함되었다)은 이 기아수준을 거의 넘지 못했다. 피혁산업에서는 이 수준보다 약 8실링이 높았지만 인간적 필요수준에는 5실링이나 부족했다. 조선업과 기계공업에서는 인간적인 필요수준을 가까스로 넘었으며, 인쇄와 제지, 건축업에서는 이 수준보다 몇 실링 더 높게 나타났다.

전간기 동안 빈곤의 주된 원인이 되었고 가뜩이나 열악한 지역의 노동자들의 생활수준을 더욱 악화시킨 것은 대량실업과 석탄, 직물, 조선, 해양기계 등과 같은 사양산업의 어려움이었다. 그러나 동시에 이와는 반대 방향으로, 즉 빈곤수준 이하로 영락하는 가계의 비율을 줄이는 방향으로 작용한 두 가지 요인이 있었다. 그중 하나는 임금위원회제도를 통해 많은 저임금 업종에 대해 최저임금을 설정하는 것이었는데, 이 제도는 전쟁 직후 급격히 확대되었다. 두 번째 요인은 출생율 감소로 인해 가계소득으로 부양되어야 할 아동의 숫자가 감소한 것이다. 1911~31년 사이에 잉글랜드와 웨일스 지방의 총 인구에서 15세 이하의 아동이 차지하는 비율은 30.6퍼센트에서 25.6퍼센트로 감소했고, 4명 이상의 아동을 거느린 가계의 비중도 3분의 1에서 5분의 1로 감소했다. 노동자계급의 가계 가운데 빈곤선 이하로 영락한 가계는 대부분 대가족이었기 때문에 대가족의 이런 감소는 빈곤에 빠진 가계의 비율에도 그대로 영향을 끼쳤다. 그러나 부분적으로 이런 효과를 상쇄해버리는 것도 있었다. 인구증가율의 둔화로 인해 인구의 연령별 구성의 변화가 발생한 것으로, 자녀들의 부양을 받아야 하는 노령층 즉 과거의 노동계층의 수가 젊은 연령계층보다 과거에 비해 상대적으로 더 많아지게 된 점이었다.

볼리는 1913년과 1924년 두 번에 걸쳐 라운트리가 설정한 기아수준에 거의 가까운 수준을 적용하여 한 표본 공업도시에서 표본 가계들에 대한 조사[30]를 실시했다. 이 조사는 라운트리가 '1차적 빈곤'이라고 분류했던 것만을 대상으로 삼았다. 즉 임금소득 모두를 오로지 이 기아수준을 충족하는 데에만 지출하고 다른 곳에는 일체 지출하지 않는다 할지라도, 이 수준을 충족하기에 절대적으로 부족한 상태만을 문제로 삼았던 것이다. 1913년에 그는 조사 가계의 11~12퍼센트가 이 수준을 유지하는 데 필요한 임금소득을 벌지 못한다는 사실을 발견했다. 1924년의 조사자들은 상태가 훨씬 개선되었다고 보고했다. 개선이 이루어진 주된 원인은 모든 임금소득자의 평균에 비해 저임금 노동자들의 지위가 상대적으로 더욱 나아진 데에 있었다. **만일** 조사된 모든 가계의 임금소득자들이 일자리를 얻었다면 기아수준 이하의 가계의 비율은 3.6~4.7퍼센트가 되었을 것이다. 그러나 실제 조사에서는 실업과 조업단축으로 인해 6.5~8퍼센트가 이 수준에 미치지 못했다. 하지만 기억해두어야 할 점은 1924년이 전간기 중에서 비교적 실업률이 낮았던 해라는 사실이다(1920~39년 사이에 연평균 실업률이 1924년보다 낮았던 해는 단 한 해밖에 없었으며, 같았던 해도 1929년과 1939년뿐이었다). 영국의사협회의 한 위원회가 건강과 작업효율을 위해 필요한 최저수준이라고 밝혔던 수준의 식품기준을 사용하여 실시된 "런던의 생활 및 노동에 대한 새로운 조사"에서는 1928년(비교적 실업률이 낮았던 또 다른 해였던)에 노동자 가구의 9~10퍼센트가 빈곤선에 있다고 보고했다. 비슷한 시기에 런던보다 실업률이 상당히 더 높았던 것으로 보고된 더 열악한 북부 지역들에서도 조사가 실시되었다. 런던의 조사와 동일한 기준을 적용하여 실시된 머지사이드와 리버풀의 1929년 조사에서는 노동자 가구의 17퍼센트와 16퍼센트가 각기 빈곤 상태에 있다고 보고되었다. 경기가 좋지 않았던 1931년에 사우샘프턴에서 실시된 조사에서는 이 수치가 20퍼센트를 기록했다.

30 A. L. Bowley and Hogg, *Has Poverty Diminished*?, P. S. King & son, Ltd, 1925.

브리스틀에서는 경기가 좋았던 1937년에도 영국의사협회의 기준에 못 미치는 노동자 가구가 10~11퍼센트로 나타났다. 라운트리는 1935~36년 요크에서 새로운 조사를 실시했는데, 이 조사에서는 '1차적 빈곤'이 그가 1900년대 초에 실시했던 최초의 조사에 비해 절반으로 나타났고 저임금 대신 실업이 빈곤의 가장 주된 요인이라는 사실이 드러났다. 그럼에도 비교적 경기가 좋았던 그해에도 그가 제시한 '인간적 필요수준'에 미치지 못하는 노동자 가구가 31퍼센트나 되었다.

그런데 같은 기준을 적용한 라운트리의 또 다른 조사가 제2차 세계대전 이후인 1950년에 실시되었다(이 조사는 B. S. Rowntree and G. R. Lavers, *Poverty and the Welfare State*, 1951로 출판되었다). 이 조사에서는 상태가 상당히 나아진 것으로 나타났다. 이런 개선은 거의 전적으로 실업이 사실상 사라지고 전후의 '복지 입법'(여기에는 식품 보조금, 가족수당, 유아 및 초등학생에 대한 우유배급, 학교급식 등이 포함된다)이 이루어진 덕택이었다. 이전의 조사에서는 노동자 가구 가운데 약 31퍼센트가 '인간적 필요수준'을 기준으로 한 '1차적 빈곤'에 해당했지만, 1950년대에는 이 비율이 5퍼센트 이하로 줄어들었다(그리고 이것을 가구가 아니라 **사람** 수로 나타내면 그 비율은 더 떨어질 것이다). 빈곤의 주된 원인인 실업과 저임금은 대부분 노령층이 차지하고 있었다. 그러나 주의해야 할 점은 조사된 가구 가운데 상당한 비율이 이 조사에서 적용된 빈곤선에서 불과 몇 실링밖에 넘지 못하고 있었다는 사실이다(약 8퍼센트의 가구가 빈곤선에서 주급 6실링을 넘기지 못하고 있었다). 그래서 '최저수준'을 조금만 상향조정하거나 여건이 조금만 나빠지기만 해도 빈곤율은 대폭 상승할 것이었다.[31]

31 '평균 가구'의 빈곤선을 5파운드에서 5파운드 6실링(집세를 제외하고)으로 올

비록 그렇긴 하지만 그래도 1930년대보다는 상황이 많이 개선된 것은 분명한 사실이다.

과거의 사회조사자들이 특히 강조했던 빈곤의 한 가지 양태는 빈곤이 어린이들에게(따라서 결과적으로 다음 세대의 건강에) 끼치는 영향이었다. 이것은 대가족이 빈곤에 빠지는 경향이 두드러졌고 그렇기 때문에 빈곤선 이하로 떨어지는 비율이 언제나 성인이나 가구보다는 **어린이들**에서 더 높았기 때문이다. 1935~36년 요크 지역에 대한 조사에서 라운트리는 전체 노동자 가구 어린이의 거의 절반이 어린 시절 5년 이상의 기간 동안 영양실조 상태에 있었으며, 이들 가운데 거의 3분의 1은 이런 영양실조 상태를 10년 이상 겪은 것으로 추정했다. 출생률이 떨어지고 핵가족화 경향이 증가하면서 이 문제는 점차 완화되는 경향을 보였다. 그리고 전후 새로운 국민보험제도의 한 부분으로 1946년에 육아수당제도가 도입되었는데, 이 제도는 이 문제를 사회적 죄악의 관점에서 간주하여 기획된 것이었다.

리면 빈곤율은 4.6퍼센트에서 12퍼센트로 상승할 것이었다(*Economic Journal*, March, 1952, pp. 173~75의 논평을 참고할 것).

제 3 장

임금의 지불

| 제1절 | 임금과 생산비

저임금은 생산비를 낮추고 고임금은 생산비를 높인다는 생각은 이미 오래전에 생각이 얕은 사람들이 빠지기 쉬운 경제적 오류의 대표적인 본보기였다. 그러나 이 오류는 쉽게 사라지지 않고 있다. 심지어 경제학자들 가운데에서도 아직 이 오류로부터 벗어나지 못해 때때로 너무도 쉽게 실질임금지수를 노동생산비지수로 즐겨 사용하곤 한다. 그러나 우리가 앞 장에서 보았듯이, 임금률(혹은 임금소득)의 움직임과 노동비용의 움직임 사이에 아무런 상관관계가 없도록 만드는 많은 요인이 존재한다.

우리가 일정한 산출물을 생산하는 노동비용에 대해 이야기할 때, 그것은 다음의 두 가지 가운데 하나를 이야기하는 것이다. 첫째, 생산에 투입된 실제 노동량(혹은 인간의 에너지량)을 가리킬 수 있다. 둘째, 고용주가 그 산출물을 생산하기 위해 임금으로 지출해야 하는 화폐, 즉 임금비용을 가리킬 수 있다. 만일 전자에 대해서는 '노동비용'이라는 말을 사용하고 후자에 대해서는 임금비용이라는 용어를 사용한다면 뜻이 좀 더 분명해질 것이다. 어쨌든 분명한 사실은 우리가 첫 번째 의미로 이야기한 노동비용이 임금수준과는 전혀 별개의 **것일 수** 있으며, 임금의 변동에 의해 전혀 영향을 받을 필요가 없다는 점이다. 그것은 물리적 노동생산성과는 역의 관계에 있으며 노동자가 자신의 직무를 수행하는 숙련, 그리고 그가 작업에 사용하는 기계설비의 성질과 효능에 의존할 것이다. 한편 무엇인가를 생산하는 데 들어가는 임금비용은 노동생산성과 임금수준 **모두**에 영향을 받을 것이며, 이들 두 요인이 변동하면 함께 변동할 것이다. 이들 두 요인의 변동은 서로 반대방향의 효과를 낼 것이다. 즉 임금의 상승은 주어진 산출물을 생산하는 데 필요한 임금비용을 높이겠지만, 생산성의 증가는 반대로 임금비용을 낮출 것이다. 그렇기 때문에 임금의 상승은 **만일** 그만큼의 노동효율의 증가가 함께 이루어진다면 임금비용을 전혀 증가시키지 않을 것이다. 임금의 상승이 생산비를 조금도 상승시키지 않는 또 다른 경우도 있다는 것을 명심해 둘 필요가 있다. 즉 명목임금이 상승하지 않더라도 임금소득자가 소비하는 상품의 가격이 하락함으로써 실질임금이 상승하는 경우가 바로 그것이다. 예를 들어 19세기 동안 있었던 많은 실질임금의 상승이 이런 경우였다. 이는 주로 수입식료품의 가격이 하락했기 때문에 발생한 것들이었고, 이들 실질임금의 상승은 산업부문의 임금비용을 전혀 상승시키지 않았다.

그런데 19세기 동안 노동생산성이 상당히 상승한 것도 역시 그런 경우에 해당한다. 그 때문에 1900년의 명목임금은 1800년에 비해 거의 두 배로 상승했지만, 곡물 1부셸(약 28킬로그램), 철 1톤, 혹은 한 켤레의 구두를 생산하는 데 들어간 임금비용도 두 배로 되지는 않았으며 심지어 전혀 상승하지 않기도 했다. 그렇기 때문에 아시아 지역 노동자들이 받는 임금이 영국 노동자들에 비해 4분의 1이나 5분의 1에 불과하다고 해서 아시아 지역의 생산물이 세계시장에서 맨체스터나 버밍엄, 브래드퍼드, 던디 등의 제품을 밀어낼 수 있는 것도 아니다. 두 지역의 노동생산성이 임금격차만큼의 차이를 보일 수 있기 때문이다. 따라서 고임금과 저임금이 고생산성, 저생산성과 결합되어 **있을 수 있다**는 것은 분명해 보인다. 물론 이들 임금과 노동생산성이 이런 식으로 결합되어 있을 것이라고 생각할 만한 근거가 있을지는 중요한 문제로 남는다. 19세기 중엽에 브래시 경(Lord Brassey)이 나중에 '고임금의 경제'라고 불린 원리를 발표하면서 주목한 것이 바로 이 임금수준과 노동생산성 사이의 관련 문제였다. 그는 "똑같은 노동자들에게 임금을 올려주지 않고도 더 값싸게 일을 시키는 것이 가능하다"라는 내용의 여러 주장 가운데 한 가지 사례로 아일랜드와 영국에서 철도 건설에 들어가는 임금비용을 서로 비교했다. 사우스스태퍼드셔 철도의 건설 시행사를 운영한 자신의 아버지가 인부들에게 지불한 일급은 똑같은 시행사가 2년 후에 아일랜드에서 철도를 건설하면서 인부들에게 지불한 일급의 두 배였는데, "이런 엄청난 임금격차에도 불구하고 아일랜드 철도의 하청계약들은 이전에 스태퍼드셔에서 지불한 것과 같은 가격으로 이루어졌다."[1]

고임금과 고능률의 관련성에 대한 근거를 찾는 것은 그다지 어렵지 않다. 만일 어떤 노동자와 그의 가족이 높은 수준의 생활을 누리고 있다면, 이들의 건강과 육체적·정신적 활력은 가난에 찌들고 영양실조 상태인 가족에 비해 훨씬 높을 것이다. 최근 드러난 바에 따르면, 가난한 집과 부유한 집 출신의 아이들 사이에는 질병에 대한 저항력과 키와 같은 신

1 Thomas Brassey, *Work and Wages*, 1872, p. 69. 또한 그가 쓴 *Foreign Work and English Wages*, 1879도 참고할 것.

체적인 크기에서 현격한 차이가 존재한다. 그리고 건강과 체력의 차이는 그대로 작업능률의 차이이기도 하다. 그러나 이 중요한 원리를 적용하는 데서는 명심해야 할 두 가지 주의점이 있다. 고임금이 고능률을 의미한다고 해서 고용주가 이런 노동자들에게 고임금을 지불하는 것에 관심을 기울일지의 여부는 이 원리와 전혀 별개의 문제라는 것이다. 때로는 고용주들이 그렇게 하는 것이 좋은 투자라고 느낄 수도 있다. 즉 노동자계급이 소비하는 상품을 생산하는 고용주의 경우에는 고임금을 역설하면서 돌아다니는 것이 자신의 사업에 유리하다고 느낄 수 있고, 그래서 그 본보기로 스스로 고임금을 직접 지불할 수도 있다. 그러나 높은 생활수준이 작업능률에 끼치는 영향은 즉각적으로 이루어지는 것이 아니다. 그 영향의 대부분은 상당한 시간이 경과되고 나서야만 비로소 나타난다. 그리고 이런 영향 가운데 가장 중요한 것들은 아동들의 영양과 건강 상태의 개선을 거쳐 다음 세대에 이르러서야 비로소 나타난다. 그렇기 때문에 개별 고용주로서는 상당 기간이 지난 후에 다른 고용주, 혹은 다음 세대의 고용주가 증가한 노동생산성의 열매를 거두어 가도록 고임금을 지불하는 것이 그렇게 이득이 된다고 생각하지 않을 것이다. 바꾸어 말해 자유로운 임금제도 아래에서 고용주는 노동력을 잠깐 동안 빌리는 것일 뿐 노동자의 인격을 완전히 소유하거나 그의 노동에 대한 점유권을 영구히 가질 수 없기 때문에, 자신이 고용하는 노동자의 개인적인 후생 상태에 대해서 노예제도 아래에서보다 훨씬 관심을 기울이지 않을 것이다. 바로 이 점이 국가가 노동조합을 지지하고 최저생계임금을 부과하는 결정적인 근거가 되어왔다. 또 한 가지 주의해야 할 점은 노동생산성의 상승이 임금의 상승과 반드시 **비례하지** 않는다는 사실이다. 이것은 대개 빈곤선 가까이 있는 노동자들에게 해당된다. 영양실조에 시달리고 열악한 생활 상태와 실업의 공포에 시달리는 노동자들의 경우에는 생활수준이 일정하게 상승한다 하더라도 그들의 노동능률이 거기에 비례하여 상승하지 않는다. 그러나 이 점은 빈곤선보다 훨씬 높은 생활수준에 있는 노동자들에게까지 확대하여 적용해서는 안 된다. 최근의 과학적 연구들이 식단에서 동물성 단백질과 다양한 미네랄의 중요성을 강조하는 것에서 알 수 있듯이, 식품(특히 값비싼 식료품)에 대한 지출의 증가가 건강과 작업능률의 증가를 가져올 수 있는 소득수준은 아마도 이전에 생각했던 것보다 훨씬 높을 것이다. 그러나 생활수준이 높아짐에 따라 노동능률의 증가(그래서 이것이 다시 생활수준을 높여주는)는 비율적으로 줄어들며, 그에 따라 이 원리는 점차 힘을 잃게 된다. 따라서 '고임금의 경제'라는 원리는 고용주계급이 임금을 계속해서 무한히 올릴 경우에 노동능률도 그만큼 상승하여 그들에게 반대급부로 돌아온다는 사실을 충분히 입증하지 못한다. 하지만 여전히 일부 학자들은 이 원리를 견지하고 있는 것처럼 보이는데, 이들 학자는 대개 1922~29년 기간 미국이 누린 번영이 주로(혹은 거의 전적으로) 미국의 높은 임금수준 때문이라는 인상을 받았고 그래서 고임금이야말로 모든 경제적 질병에 대한 만병통치약이라고 역설하는 사람들이다.

| 제2절 | 임금지불과 유인체계

임금과 노동 사이의 관련에서 물리적인 측면과는 다른 또 하나의 측면이 존재하는데, 그것은 곧 **유인**이라는 문제이다. 우리가 지금까지 관심을 기울이며 살펴보았던 것은 노동자의 작업능력에 대한 것이었다. 그러나 임금의 변동은 노동자가 노동을 보다 열심히 혹은 보다 느슨하게, 혹은 또 더 오랜 기간이나 더 짧은 기간 동안 노동하고자 하는 의지에 영향을 끼칠 수 있다. 그런데 이 경우 임금수준과 수행된 작업량 사이의 상관관계는 플러스(positive)의 관계는 아닌 것처럼 보인다. 오히려 그것이 마이너스(negative) 관계라는 몇몇 증거들도 있다.[2] 보통 채탄작업과 같이 힘들고 불편한 직종들에서 이런 경향이 두드러지고, 어쩔 수 없는 환경의 압박이 없으면 굳이 일자리를 찾으려 하지 않을 여성이나 노인의 경우도 역시 여기에 해당한다. 그 이유는 임금수준이 상승하면 노동자들은 화폐소득의 증가보다는 더 많은 여가시간을 선호하기 때문이다.[3] 다른 한편 매우 낮은 생활수준에 있는 노동자들은 빈곤에 떠밀려 어쩔 수 없이 최소한의 생활필수품을 구매할 수 있는 유일한 소득수단으로 장시간의 고된 노동을 감수할 수밖에 없다(뒤에서 보게 되겠지만 이것이 바로 낮은 생활수준의 노동자들에 대한 착취가 더욱 가혹한 이유이다). 20세기 초까지는 이 견해가 거의 유일하게 지배적이었고 다른 견해들은 모두 무시되었다. 그래서 17세기의 어떤 학자는 고임금을 반대하면서 "노동자들은 임금이 오르면 오른 만큼 정확하게 그만큼 더 적게 일한다"라고 했으며, 18세기의 어떤 학자(아서 영Arthur Young)는 더욱 강한 어조로 "바보가 아닌 다음에야 모든 사람들이 알고 있듯이 하층계급들은 가난한 상

---

2 폴 더글러스(Paul Douglas) 교수는 미국에서 얻은 통계자료를 이용해 단기간에 있어서 노동의 공급 탄력성이 마이너스이며, 약 -0.3이라고 추정했다(*The Theory of Wages*, 1934, pp. 274~89, 302~13).

3 이처럼 소득증가보다 여가시간의 확대를 선호하는 경향은 실제로는 생각보다 그다지 강하지 않을 수 있는데, 왜냐하면 소득에 대한 수요와 여가에 대한 수요는 대개 '결합수요'이기 때문이다. 즉 더 많은 여가를 즐기기 위해서는 더 많은 소득이 필요한 것이다.

태로 내버려두어야 한다. 그렇지 않으면 그들은 결코 부지런해지지 않을 것이다"라고 말하기도 했다. 그러나 노동유인과 관련하여 아마도 보다 중요한 것은 임금률이 아니라 임금지불 **방법**일 것이다. 만일 임금이 시간을 기준으로 지불되지 않고 작업량을 기준으로(수행된 '작업량' 혹은 '성과'에 비례하여) 지불된다면 노동자는 주어진 시간 동안 더 많은 소득을 올리기 위해 작업속도를 높이고자 하는 특별한 유인을 갖게 될 것이다. 그동안 계속 고안되고 사용되어온 숱한 임금지불체계를 둘러싼 모든 논의는 주로 유인체계를 문제로 삼았다. 그런데 임금체계를 '성과급' 형태로 취하는 것이 고용주에게 상당히 이익이 되는 것이 분명한 사실이기는 하지만, 그런 이익은 얼핏 처음에 나타나는 것만큼 계속 그렇게 크지는 않다. 또한 보다 많은 산출물을 유인하기 위해 노동자들에게 낮은 성과임금률보다 높은 성과임금률을 지불하는 것이 그에게 반드시 이익이 되지도 않는다. 왜냐하면 고용주는 추가적인 산출물을 얻으려면 그만큼의 추가적인 임금도 지불해야 하고, 지불되는 성과임금률이 '정률'로 되어 있을 경우에는 추가적인 산출물을 얻기 위해 지불해야 하는 임금도 비례적으로 함께 늘어나기 때문이다. 이로 인해 새롭게 고안된 것이(뒤에서 다루게 될 것이다) 산출물의 증가에 따라 초과수당도 증가하기는 하지만 그 증가속도가 작업속도의 증가율에 비해 **보다 낮도록**(일반적으로 점차 감소하도록) 설계된 보다 복합적인 임금체계이다.

| 제3절 | 성과급과 '작업속도 증가'

가끔씩 이야기되는 것으로 고용주는 임금비용을 낮추는 데 관심이 있는 반면에 노동자들은 높은 임금소득을 얻는 데 관심이 있으며, 작업효율의 증가는 이 둘을 동시에 달성할 수 있는 것이기 때문에 고용주와 노동자는 모두 작업속도를 높이고 그처럼 작업속도를 높일 수 있는 방법에 똑같이 관심을 기울이게 된다는 주장이 있다. 과거에는 이와 비슷한 것으로 그것을 좀 더 일반화해서 산출물의 증가를 가로막는 요인은 무엇이든 노동자와 고용주 모두에게 손해를 입히는 것이라는 주장이 제기되기도 했다. 또한 19세기에 경제학자들은 노동조합주의자들이 사악하기 짝이 없는 '노동기금설'(Work Fund)이라는 잘못된 생각을 신봉한다고 격렬하게 비난했다. 노동기금설이란 시중에서 구할 수 있는 일자리의 양이 제한되어 있어서 노동자들은 자신들이 수행하는 노동량을 억제함으로써만 이득을 볼 수 있다는 생각이다. 그러나 이런 주장은 그 자체로서 틀린 것이다. 노동자들이 얻는 이득의 척도가 되는 것은 총임금소득이 아니라 노동자가 수행한 노동(즉 그의 물리적 에너지의 소모량 혹은 그의 신체의 소모량)에 대한 임금소득이다.[4] 고용주가 자신이 지출한 것에 비해 자신의 수입이 얼마일지에 관심을 갖는 것과 꼭 마찬가지로 노동자도 아마 자신이 제공하는 것에 비해 자신이 받는 것이 얼마일지에 관심을 기울일 것이다. 노동시간을 늘리거나 (혹은 성과급을 적용받을 경우) 자신의 노동강도를 높이는 노동자는 주어진 기간에 더 많은 임금을 받을 것이다. 하지만 그 때문에 그는 피로에 시달리고 아마도 더 많은 식품을 섭취하고 더 오래 쉬어야 할 것이고, 의사에게 더 자주 가야 할 것이다. 예를 들어 서부지방의 공장에서 높은 노동강도로 노동을 수행하는 노동

4 즉 노동자의 관심은 그가 벌어들이는 소득과 지출한 노고 사이의 격차를 가능한 한 크게 늘리는 데 있을 것이다.

자들은 대개 육류 식사를 해야 하는 반면에 동부지방에서 훨씬 낮은 노동강도로 쉬엄쉬엄 노동을 수행하는 노동자들은 곡물 식사만으로도 견딜 수 있다. 아마 이들 동부 노동자들은 그런 식사를 가지고는 더 높은 노동강도의 노동을 감당할 수도 없을 것이다. 게다가 성과급 노동자들은 (애덤 스미스Adam Smith가 고찰한 바에 따르면) 종종 당장의 임금소득에 이끌려 장기적으로 자신의 건강을 해치는 수준으로까지 작업속도를 올려서 결국 자신들의 노동생활 연령을 대폭 단축시켜버린다는 증거도 있다. 따라서 작업속도를 높이기 위한 목적으로 도입되는 작업방식을 둘러싸고 벌어지는 논란은 결코 비현실적인 근거에 기초한 것이 아니다.

따라서 일반적으로 노동시간을 늘리고 노동강도를 높이는 것에 대한 관심은 노동자보다는 고용주 쪽이 더 클 것이라고 말할 수 있다. 그런데 개별 노동자로부터 최대한의 산출물을 얻어내는 것이 고용주에게 특별히 유리한 이유가 있다. 그가 자신의 기계를 더 많이 사용함으로써 얻을 수 있는 부가적인 이득 때문이다. 즉 주어진 기간 동안 자신의 공장에서 더 많은 산출물을 얻어낸다는 것은 각 기계가 더 많이 가동된다는 것을 의미하고, 이것은 이들 기계에 수반되는 '경상비'를 줄여줄 것이기 때문이다. 작업장에 노동자를 더 많이 투입하여 산출량을 늘리는 것도 어느 정도까지는 이와 비슷한 효과를 가져올 것이다. 그러나 이런 방법(하나의 기계에 배치되는 사람의 수를 늘리는 방법)으로 기존 공장설비의 사용율을 높여서 이익을 얻는 방법은, 같은 숫자의 노동자를 고용하여 이들 각 노동자가 작업속도를 높이거나 더 장시간의 초과노동을 수행하게 함으로써 기계가 쉬는 시간을 줄여서 이득을 가져오는 것에 비해 훨씬 더 빨리 한계에 도달할 것이다. 복수의 교대제(1일 1교대가 아니라 2교대나 3교대)를 도입하여 실시하면 노동자의 고용을 늘리면서 동시에 비슷한 이득을 얻을 수 있을 것이다. 그러나 새로운 교대제를 실시하기 어렵거나 교대제를 더 이상 늘릴 여력이 없을 경우에는 노동자들의 수를 늘리는 것보다 기존 노동자들의 작업속도를 높이는 것이 고용주에게 이득이 될 것이다. 이런 이득은 작업량이 증가하는 동안 유동자본(원료와 임금)은 더 많이 소요되지만 고정자본의 비용(약간 들어가긴 하지만 극히 일부분에 그치는 기계의 마모비용 같은 것을 무시한다면)은 늘어나지 않고 그대로이기 때문에 얻어지는 것이다. 따라서 고용주의 이윤은 그의 유동자본이 증가하는 것에 비해 더 큰 비율로 증가하지는 않지만,[5] 사용된 **총**자본(유동자본 **플러스** 고정자본)에 비해서는 증가하는 경향이 있으며 총자본에 대한 그의 이윤의 비율은 결과적으로 상승할 것이다. 이 사실을 통해서 작업속도를 높이기 위해 성과임금률을 높이는 것이 고용주에게 이익이(어느 정도까지는) 되는 이유가 부분적으로 설명된다(이것은 '차등성과급' 같은 제도 아래에서 명백하게 드러난다). 즉 고용주들은 산출 단위당 지불해야 하는 임금이 증가하면서 발생하는 손실보다 설비나 기계의 절약을 통해 더 큰 이득을 얻는 것이다. 실제로 미국에서는 다양한 유형의 보너스 제도가 '노동의 회전'(노동자들이 자신의 직업에 대한 불만이나 개인적인 상승욕구로 인해 기존의 직업을 버리고 다른 고용주에게서 일자리를 구하는 것을 가리키는데, 이 문제는 다음 장에서 다루게 될 것이다)을 높이는 데

5 작업속도가 빨라져서 생산기간이 단축될(실제로 그런 경향이 있다) 경우에는 유동자본에서도 이득이 발생할 수 있다. 달리 말해 작업산출량의 증가는 자본절약적인 결과와 결합될 수 있다. 이것은 이 책의 초판에는 들어 있다가 제2판부터는 빠져버린 이야기의 주요한 단서가 된다. 제2판부터 빠져버린 이야기란, "작업속도를 높이는" 방식은 성과임금률을 낮추는 경향이 있는데 이는 노동강도의 상승이 그만큼 노동공급을 늘리는 효과가 있어 노동의 가격을 낮추기 때문이라는 것이다.

들어가는 비용을 감소시켜 더 큰 이득을 볼 수 있다는 주장이 제기되어 왔다.

| 제4절 | 성과임금률의 인하

성과에 따른 임금지불에 노동조합이 반대해온 여러 이유 가운데 하나는 다른 무엇보다도 성과임금률이 인하되는 일이 발생했기 때문이다. 즉 성과급제도가 도입되어 노동자들이 임금소득을 높이기 위해 작업속도를 높이고 나자, 성과작업량에 대해 지불되는 임금률이 하락했던 것이다. 이런 일이 비록 자주 발생하는 것이 아니라 가끔씩 발생하는 것이라 할지라도, 그것은 이 제도에 대한 의구심을 확산시켜 그것의 도입을 반대하는 움직임을 가져올 수 있다. 노동자들은 당연히 이런 경우를 증거로 삼아 성과급제도의 주된 의도가 노동자들의 작업속도를 높이는 데 있으며, 따라서 일단 이 목표가 달성되고 나면 노동자들에게 지불되는 임금률을 낮춤으로써 늘어났던 노동자들의 임금소득을 제자리로 돌려버린다고 간주했다. 고용주는 고용주대로 자기 입장에서 자신의 행동에 대해 변론한다. 즉 나중에 보다 높은 산출량을 얻을 수 있는 작업이 '경제적'인 것으로 될 수 있는 수준으로 성과임금률을 사전에 미리 결정하는 일은 극히 어렵다는 것이다. 만일 처음에 성과임금률을 지나치게 낮게 설정하면, 성과급 노동자와 시간급 노동자의 상대적인 임금수준이 전자의 노동자가 감당하는 더 큰 노고를 보상하기에 충분할 만큼 격차가 나지 않아 불만이 생겨나기 쉽다. 반면에 성과임금률을 지나치게 높게 책정하여 산출물당 임금비용이 상승해버리면, 고용주는 임금률을 낮추거나 노동자 일부를 해고하지 않으면 안 될 처지가 될 것이다. 성과임금률을 책정하는 데 따르는 이런 어려움은 성과임금률의 책정 기준으로 이른바 '시간과 동작 연구'라고 부르는 것을 사용하도록 하는 특별한 유인이 되었다. 처음 성과임금률을 책정하는 데 따르는 불가피한 이런 어려움과는 별개로 고용주가 추후에 성과임금률을 인하하지 않으면 안 되는 이유가 있는데, 이는 개별 고용주로서는 거의 예상할 수 없는 것이다. 그것은 곧 생산물의 시장가격 변동이다. 사실 충분히 있을 수 있는 일로서, 만일 성과임금률의 도입으로 인한 산출량의 증가가 산업 전체에서 일반화되어버리면 판매가격은 하락할 것이다. 이런 사태가 발생할 가능성이 얼마나 될 것인지는 해당 산업의 생산물에 대한 수요가 탄력적인지 비탄력적인지 여부에 달려 있을 것이다(수요가 비교적 비탄력적일 경우보다 탄력적일 경우 그럴 가능성이 더욱 높을 것이다). 그 가능성은 또한 그 시점의 정부 재정정책과 다른 산업들에서의 생산정책에도 영향을 받을 것이다. 왜냐하면 이들 두 요인은 모두 사회 전체의 구매력과 수요의 변동을 결정할 것이기 때문이다. 그러나 어쨌든 '작업속도 증가'가 산업 전체에서 일반화되면 처음 정해졌던 성과임금률을 불가피하게 인하하지 않을 수 없는 경제적 환경이 조성될 수 있다는 것은 충분히 현실적으로 있을 수 있는 문제이기 때문에, 이런 사태가 발생할 수 있다는 의구심은 근거가 있으며 따라서 노동자들의 입장에서는 만일 성과임금률의 책정에 자신들의 참여가 충분히 보장되지 않으면 이 제도가 자신들에게 불리한 것으로 왜곡되리라고 두려워하게 될 것이다. 그래서 이런 의구심으로 인한 반대를 잠재우기 위해 미국 기업들에서는 성과임금률이 일단 도입되고 나면 일정 기간 동안 변동이 없을 것이라는 점을 보장해야만 했다.

| 제5절 | 초과상여금제도

노동자의 작업량이 얼마이든 간에 그가 수행한 모든 작업량에 정률로 임금이 지급되는 정률 성과임금제도는 고용주의 입장에서 볼 때 머지않아 만일 그가 지불해오던 임금률을 인하할 수 없다면 기존의 작업자 수를 그대로 고용하고 있는 것이 이익이 되지 않을 수 있는 상황을 낳게 될 것이다. 하지만 성과임금률의 인하는 노동자들 사이에서 이 제도 전체에 대한 적개심을 불러일으킬 것이다. 그리고 이런 적개심은 작업속도를 높이기 위해 유인을 제공하려 했던 고용주의 계획을 무산시켜버릴 것이다. 바로 이런 보다 명백한 이유 때문에 고용주들은 보다 복잡한 지불체계, 즉 처음에는 작업량의 증가에 대한 보상이 높게 이루어지다가 그 다음에는 그 보상이 작업량에 비례하여 증가하지 않는 지불체계를 선호하는 경향이 있다. 이것은 자동적으로 노동자 개인별 산출량의 증가에 따른 성과임금률을 낮추게 된다. 이처럼 보다 복잡한 구조로 이루어진 제도를 보통 초과상여제도라고 부른다. 이 제도는 일정한 작업량에 대해 '표준시간'을 정하고 이 표준시간보다 단축된 시간에 대해 상여금을 지불하는 방식으로 이루어져 있다. 1898년 데이비드 로언(David Rowan)이 글래스고에서 도입한 제도를 보면, 일정 작업량에 대해 표준시간이 주어지고 만일 노동자가 이 시간보다 해당 작업량을 일찍 달성하면 그는 단축된 시간과 같은 비율의 상여금을 지불받는다. 주의해야 할 점은 임금은 실제로 소비된 시간에 대해서 시간급으로 계산되고 상여금은 거기에 더해 표준시간에서 절약된 시간 만큼에 대해서 계산된다는 것이다. 따라서 만일 표준시간이 10시간이고 실제로 수행된 작업시간이 8시간이라면, 8시간에 대해서는 정상적인 시간급이 지불되고 거기에 추가로 20퍼센트의 상여금이 더해지는데 이것은 정상적인 시간급으로는 1.6시간에 대해 지불되는 액수와 같다. 또 다른 제도로는 1890년 미국에서 핼시(F. A. Halsey)가 도입한 것을 들 수 있다. 이것은 표준시간보다 단축된 시간에 대해 시간급의 3분의 1을 상여금으로 지불하는 것이다. 따라서 만일 표준시간이 10시간이고 작업이 7시간 만에 완료되었다면, 노동자는 7시간의 시간급 **플러스** 1시간어치의 임금에 해당하는 상여금을 받게 된다. 웨어 사(Messrs. Weir)는 이 제도를 영국에 도입하면서 상여금으로 지불하는 시간급을 **0.5시간**으로 올렸는데, 나중에 이 제도는 핼시-웨어 제도(Halsey-Weir System)로 널리 알려졌다. 로언과 핼시 제도 가운데 전자가 더 높은 비율의 상여금을 지불하고, 따라서 작업속도를 높이는 초기 단계에서 더 강력한 유인을 제공한다. 표준시간이 절반으로 단축되는 지점에서 두 제도는 동일해지고 둘 모두 '표준'산출량이 두 배로 늘어난 부분에 대해 50퍼센트의 상여금을 지불받게 된다. 이 지점을 지나면 실제 임금지불 비율은 하락하는데, 핼시 제도보다 로언 제도가 더 급속히 하락한다.

가끔 집단적 상여금을 주장하는 사람들도 있어왔고 몇몇 경우 실제로 사용되기도 했다. 이 방법은 노동자들이 '집단'을 이루어 작업하는 경우에 특히 적합하다. 예를 들어 보일러 제작 공장에서 리벳을 박는 집단적 작업처럼 개별 노동자의 작업량을 따로 측정하기 어려운 경우가 바로 그러하다. 이 제도의 사례로 들 수 있는 것이 프리스트먼 제도로서, 1917년에 프리스트먼 사(Messrs. Priestman)가 헐•에서 도입한 것이다. 이 제도는

• Hull: 잉글랜드 북부에 위치한 도시로서 정식 명칭은 킹스턴어폰헐(Kingston upon Hull)인데 헐로 약칭된다. — 옮긴이

노동자들이 우선 기본급을 통상적인 시간급으로 지불받고, 그런 다음에 작업자 집단 전체의 산출량이 일정한 산출량을 초과했을 경우에는 초과된 비율에 따라 집단상여금이 지불되고 이 집단상여금을 작업자 모두가 똑같은 비율로 나누어 갖는 방식이다.

| 제6절 | 목표상여금제도

좀 다른 원리에 근거하여 운용되는 '목표상여금제도'라는 것이 있다. 이 제도는 미국에서 과학적 관리•의 포괄적인 틀과 결합되어 사용되었다. 노동자에게 일정한 '목표'(task) 혹은 일정한 표준능률을 제시하고 이를 달성했을 경우에 상여금을 지불하는 제도로, 성과임금을 통상적인 기준임금으로 하고 거기에 추가로 지불되는 것이다. 갠트•• 제도에서는 이 목표를 매우 혹독하게 설정하여 정상 산출량의 두 배로 잡았고, 거기에 대해 지불된 상여금은 기준임금의 40~50퍼센트에 불과했다. 이 과업을 달성하지 못한 노동자는 추가적인 임금을 한 푼도 더 받지 못했다. 이것은 마치 당나귀의 코앞에 당근을 매달아놓은 것과 흡사하다. 당나귀는 결코 당근을 먹을 수 없지만, 그럼에도 불구하고 속도를 올리게 된다. 이 제도의 또 다른 변종인 에머슨(Emerson) 제도 역시 일정한 '목표'를 설정

• scientific management: 노동과정을 구상과 실행으로 분리하고 노동자에게서 구상 기능을 빼앗아 잉여가치를 증가시키는 기법으로 1900년경 미국의 프레더릭 테일러(Frederick Taylor)에 의해 창안되었다. —옮긴이

•• Henry Laurence Gantt, 1861~1919: 미국의 경영학자로서 과학적 관리 기법을 많이 개발한 것으로 유명하다. —옮긴이

했지만 여기에서는 목표를 그렇게 가혹하게 설정하지 않고 평균적인 노동자가 달성할 수 있을 정도의 수준으로 잡았다. 상여금은 갠트 제도와 마찬가지로 기준임금보다 적었지만 목표에 근접한 정도에 따라 차등을 두어 지불되었다. 이 경우에는 '당근'이 더 작고 덜 달긴 하지만, 그 대신 당나귀에게 지급되는 횟수는 좀 더 늘어난다.

여기에서 한 단계 더 나아간 차등성과급제도인 테일러 제도에서는 초과상여금제도와는 달리, 노동자의 작업속도가 증가하는 것에 비례해서 실제로 지불받는 성과급도 함께 **증가한다**. 예를 들어 1시간 동안의 작업량이 6다스일 때, 성과급이 1그로스(=12다스)당 1실링이라고 하자. 그러면 만일 1시간에 7다스의 작업량을 달성했다면, 성과급은 1그로스당 1실링 1펜스•가 되는 것이다. 이것을 창안한 테일러의 주장과 같이, 이 제도의 장점은 다른 어떤 제도보다도 작업속도가 느린 작업자에게 더 불리하게 작업속도가 빠른 노동자에게 더 유리하게 작용함으로써, 작업속도가 느린 노동자를 공장에서 밀어내고 그 자리에 작업속도가 빠른 노동자들을 끌어들일 수 있다는 점에 있다. 이런 방식을 통해 개별 고용주는 노동시장에서 자신을 위해 양질의 노동자만을 뽑아 사용할 수 있을 것이다. 그리고 그는 작업속도가 빠른 소수의 인원만으로 작업을 수행함으로써, 비록 이들에게 정상임금률보다 많이 지불하더라도 그 숫자가 적기 때문에 오히려 이익을 얻을 수 있을 것이다. 그러나 이런 이익은 **한 사람의** 개별 고용주나 한 업종에서만 얻을 수 있는 것이고 모든 고용주가 동시에 얻을 수 있는 것은 아니다. 이들 모두가 양질의 노동자만을 뽑아 쓸 수는 없기 때문이다. 그리고 만일 이 제도가 사회 전체에 확대되

• 12펜스=1실링 —옮긴이

어 적용된다면, 다른 어떤 성과임금제도보다도 임금률은 더욱 하락할 수 밖에 없을 것이다.

| 제7절 | 베도 제도와 점수급여제도

성과급과 상여금제도에서 주요 난점 가운데 하나는 같은 공장 내의 서로 다른 직무들 사이에서 임금률을 어떻게 조정할 것인지의 문제이다. 작업에 사용하는 기계의 종류가 서로 다르고 생산물도 각기 다른 유형일 경우에 산출량을 증가시키는 데 얼마나 힘이 들지는 매우 큰 차이가 날 수 있다. 즉 어떤 경우에는 노동자에게 육체적으로 별로 힘이 들지 않을 수 있고, 어떤 경우에는 육체적으로 매우 큰 노고가 필요할 수 있다. 이 문제는 임금률을 결정하는 데서 항상 중요한 문제가 되어왔다. 예를 들어 채탄작업의 경우에 난이도는 갱도 내에서 작업자의 위치(그가 채굴하는 석탄층이 작업에 용이한 층인지 어려운 층인지), 혹은 오늘날과 같이 채탄이 기계로 이루어지는지 수작업으로 이루어지는지에 달려 있다. 면방직공업에서도 방적된 실의 양은 사용되는 '뮬 방적기'의 유형과 방적되는 실의 번수•(이것은 실이 꼬이는 횟수를 결정하며 따라서 방적과정에서 방적기의 바퀴가 움직이는 속도를 결정한다)에 따라 매우 크게 차이가 난다. 이런 사실 때문에 면방직산업에서는 매우 정교하고 복잡한 성과임금제도를 고안해왔다.

제2차 세계대전 이전에 상당히 널리 알려진 상여금제도로 베도(Bedaux)

• 番手: 실의 굵기를 나타내는 단위로, 숫자가 클수록 가늘다. —옮긴이

제도라는 것이 있는데, 다른 상여금제도에 비해 이런 문제들에서 장점이 많다고 주장되던 것이다. 이것은 서로 다른 직무를 수행하는 노동자들이 각기 다른 임금률을 적용받는 문제에서 제기되는 불만을 해소하기 위해 서로 다른 직무들 사이의 임금률과 표준산출량을 모두 측정하는 방법을 제시했다. 1911년 뉴욕에서 샤를 베도(Charles Bedaux)가 고안한 이 제도는 미국 고용주들 사이에서 상당히 인기가 있었다. 1926년 런던에서 한 회사가 뉴욕의 샤를 베도 주식회사의 자회사로서 샤를 베도 주식회사라는 이름으로 등록했는데, 사업의 목적은 베도 제도를 도입하려는 영국의 기업들에 관련 기술인력과 자문을 제공하고자 하는 것이었다. 이후 10년 동안 대서양 연안에 위치한 상당히 많은 수의 기업들에서 이 제도가 도입되었다. 그러나 영국에서 베도 제도는 이 제도가 도입된 곳들에서 그다지 인기가 높지 않았다. 이 제도의 도입으로 당장 눈에 두드러진 현상은 노동자들의 파업이 대폭 늘어난 것이었다. 그리고 전국노동조합회의가 이 제도의 운영 실태에 대해 실시한 조사 결과에 따르면, 이 제도를 경험한 노동조합들은 거의 대부분 이 제도에 대해 적대적인 태도를 보였다. 노무관리 분야의 한 전문가는 이 제도가 미국의 모든 상여금제도 가운데 가장 낮은 시간당 임금을 지불하고 있다고 주장했다.[6] 이 제도의 일반적인 효과는 명백하게 산출량을 증가시키는 데 있었고, 산출량의 증가 비율이 그로 인해 발생하는 임금지불의 증가에 비해 훨씬 높도록 만드는 데 있었다. 미국에서 이루어진 조사에 따르면, 이 제도를 통한 생산의 증가는 평균생산에 비해 약 50퍼센트였지만 노동자들에게 지불된 임금은 고작 20퍼센트 정도의 증가에 머물렀다.[7]

6 노스콧(C. H. Northcott)의 글(*Unity*, March, 1932).

그 후에 이 제도를 변용한 것들이 여럿 만들어졌는데, 이것들을 대개 점수급여(Point-rating)제도라고 부른다. 이들의 공통점은 각각의 직무(혹은 어떤 직무의 한 부분)에 대해 일정한 점수(혹은 나중에 전문가들이 직무에 대한 '시간연구'•를 통해서 만들어낸 시간 단위)를 부여하는 것으로 이런 점수나 시간단위를 모두 '임금요율 단위'(rate-fixers)라고 부른다. 이들 점수나 시간단위는 하나의 직무에 배분되는 표준시간의 기준이 된다. 베도 제도에서는 '표준 분(分)'(standard minute)이 단위로 사용되었다. 이 표준 분은 실제로 작업이 이루어지는 시간과 동작 후 잠시 숨을 돌리는 시간을 모두 감안하여 만들어진 것이다. 이들 두 시간을 적절한 비율로 결합한 것을 별도로 B-단위라고 부른다. 그런 다음 하나의 직무는 표준 분, 혹은 B-단위로 계산된 점수로 매겨지고 노동자는 일정 기간 동안 이 표준을 초과하여 수행한 작업량(이들 시간 단위로 계산된)에 비례하여 상여금을 지불받는다. 예를 들어 어떤 직무의 표준이 20'표준 분'으로 계산되었다고 하자. 그럴 경우 이 말은 곧 목표과업이 1시간 동안에 이런 직무를 3개 수행하는 것으로 된다는 뜻이다. 노동자는 먼저 작업을 수행한 1시간에 대해서 통상적인 시간급 임금률을 지불받는다. 그리고 만일 그가 이 1시간 동안에 60표준 분의 가치보다 더 많은 작업량을 달성하면, 그는 거기에 상응하는 만큼의 상여금을 추가로 지불받는다. 이때 이

7 *Systems of Wage Payment*, National Industrial Conference Board, 1930, pp. 108~09.

• time study: 테일러주의에서 직무를 분해하는 기법으로 직무를 구성하는 각각의 개별 동작을 예를 들어 1,000분의 1초 단위로 환산해내는 내용으로 이루어져 있다. 이렇게 환산해낸 시간으로 각 직무를 동일한 시간 단위로 묶음으로써 직무와 직무 사이의 틈새시간을 없애고 각 직무를 연결한 전체 공정의 작업시간을 최단시간으로 재구성한다. —옮긴이

상여금은 초과한 '표준 분'에 대한 시간급의 비율(100퍼센트 혹은 그 이하)로 계산된다. 따라서 만일 하루에 8시간 작업하는 노동자가 500'표준 분'의 작업을 수행했다면, 그는 8시간(=480분)에 해당하는 통상의 시간급에다 초과된 20분에 대한 시간급(혹은 일부)만큼의 상여금을 추가로 받게 된다.

이 제도는 직무에 대한 표준시간의 평가에 토대를 두고 있다는 점에서 원칙적으로 초과상여금제도와 유사한 것으로 볼 수 있다. 단지 주어진 시간 내에 수행된 초과작업에 대한 상여금을 계산하는 실질적인 방법이 약간 다를 뿐이다(즉 이 제도는 이 초과작업을 시간 단위로 계산하고, '표준시간'과 '단축된 시간' 사이의 비율로 계산하지 않는다는 점뿐이다). 이 제도는 대부분의 통상적인 상여금에 비해 훨씬 더 복잡하고 보통 노동자가 자신이 받을 임금 총액을 계산해내기 쉽지 않다. 더구나 직무를 표준단위로 계산해내는 일이 전문가들(보통 공장이나 기업 외부에서 온)에 의해 이루어지기 때문에 상여금의 결정은 더 단순한 상여금제도에 비해 단체교섭을 통해서 이루어지기 어렵다. 이런 두 가지 이유 때문에 이 제도는 노동자들 사이에서 비록 반대까지는 아니라 하더라도 상당히 큰 불신을 받게 되었다.

| 제8절 | 성과급의 적용영역

얼핏 생각하기에 당연히 드는 의구심은 성과급이 이처럼 명백하게 고용주에게 이로운 것이라면 왜 이 제도가 전반적으로 통용되지 않을까 하는 것이다. 그러나 우리가 먼저 기억해두어야 할 사실은 고용주가 자신의 공장에서 작업속도를 높일 수 있는 방법이 오로지 이 성과급제도만 있는 것이 아니라는 점이다. 예를 들어 그는 작업반장이나 감독자를 더 많이 둠으로써 똑같은 결과를 얻을 수도 있다. 즉 작업의 형태가 감독을 하기에 매우 용이하고 노동자들이 작업반장의 말을 잘 들을 경우에 고용주는 작업반장이나 감독자의 수를 늘림으로써 더 낮은 임금을 주고도 더 많은 산출량을 노동자에게서 뽑아낼 수 있을 것이다. 실제로 작업장 전체의 성과에 비례하여 작업반장에게 상여금을 지불하는 제도를 우리는 여러 곳에서 찾아볼 수 있다. 또한 작업유형에 따라 성과급을 도입하기에 지나치게 비용이 많이 들고 또 실행하기 어려운 것들도 많으며, 때로는 성과급이 산출량에 끼치는 영향이 거의 무시해도 좋을 정도로 미미한 경우도 많다. 모든 경우에서 항상 고용주가 성과급제도의 적용을 선호하고, 노동자들은 그것의 도입에 무조건 반대나 방해를 하려 한다는 것도 사실이 아니다. 물론 우리가 지금까지 얘기한 바와 같은 이유로 노동자보다는 고용주가 성과급 도입에 더 관심을 갖는 것은 사실이다. 또 산업 가운데 많은 영역들, 특히 기계산업 같은 곳에서는 이 제도를 둘러싼 격렬한 싸움(고용주가 이 제도를 확대하려 하고 노동조합은 거기에 반대하는)이 있어왔던 것도 사실이다. 그러나 면방직 산업부문과 같은 곳에서는 이 제도가 수십 년 이상 운영되어왔고 고용주나 노동조합 모두가 아무런 문제제기 없이 이를 수용하고 있기도 하다. 심지어 자본가가 기계의 작동에 대한 자신의 통제력을 이용하여 강제로 작업속도를 높이는데 대한 보상을 받기 위해 노동자 쪽에서 성과급을 요구하는 그런 작업유형도 있다. 전통적으로 성과급에 대한 노동조합의 반대는 주로 이 제도가 마음대로 남용될 수 있다는 점에 있었다. 그리고 표준작업량이 지나치게 자주 상승하는(예를 들어 과거 하청제도의 경우에서 볼 수 있듯이) 착취형태에 대항하여 노동조합들은 그 대항수단으로 시간급의 도입을 생각했다. 새로운 임금지불 방법에 대한 노동자들의 반대는 대개 지불제도 그 자체에 대한 것이라기보다는 그것이 우려스러운 방향으로 사용되는 데 있었다. 노동조합의 힘이 충분히 강해서 임금요율의 인하나 과도한 작업속도 상승과 같은 남용을 가로막을 수 있는 안전장치를 갖춘 경우에 이 제도에 대한 반대는 사라지는 경우가 많다. 그리고 잘 알려진 사실이지만 소련의 사회화된 산업들에서는 성과급제도가 널리 사용되고 있다.

예를 들어 선반공이나 채탄광부의 경우처럼 작업율이 주로 노동자 자신과 노동자가 선택하는 작업속도에 의존하는 경우에는 성과급이 고용주에게 명백하게 이익이 될 것이다. 반면 작업율이 주로 기계의 속도에 의존하고 노동자는 상당 부분 규칙적으로 일정하게 작동하는 기계의 속도에 맞출 수밖에 없는 경우, 고용주로서는 성과급으로 지불하든 시간급으로 지불하든 별반 차이가 없을 것이다. 예를 들어 포드 자동차 공장에서 조립공은 계속해서 돌아가는 컨베이어 벨트 옆에 붙어 서서 몇 개의 너트와 볼트를 끼우는 작업만 수행한다. 그래서 결국 포드는 모든 작업자에게 성과급 대신 시간급을 지불하게 되었다. 우리가 이미 보았듯이 이런 경우에는 고용주보다는 노동자가 오히려 성과급을 더욱 선호하게 되는데, 작업속도가 상승할 경우 속도의 증가로 인해 더 힘들어진 만큼을 보상받을 수 있는 것이 성과급이기 때문이다. 어떤 유형의 작업에서는 양보다 질이 더 중요하다. 이때 노동자가 임금을 작업량에 따라 받는다면, 그는 작업의 질을 희생해서 작업속도를 높일 것이고 그 결과 작업은 질이 낮은 '조잡한' 것으로 되고 말 것이다. 물론 이럴 경우 고용주는 질이 낮은 작업을 단호히 거부하고 그것을 임금계산에서 제외해버릴 수도 있다. 하지만 그것은 곧바로 갈등과 쟁의를 유발해 대개 최악의 사태를 가져올 뿐이며, 그런다고 해서 이미 낮아져버린 평균적인 작업의 질이 다시 회복되지도 않을 것이다. 정원사가 자신이 가꾼 제라늄의 숫자에 따라, **주방장**이 자신이 구운 스테이크의 숫자에 따라, 농부가 자신이 판 이랑의 숫자에 따라 제각기 임금을 지불받아야 한다고 생각하는 사람은 아무도 없을 것이다. 산출량은 낮은데 임금비용이 많이 소요되는 모든 경우에서 성과급의 도입이 만병통치약이 될 수 있다는 생각은 맞지 않다. 그래서 이 문제에 대해 어떤 학자는 이렇게 말했다. "오늘날 과거에 비해 훨씬 더 충분히 인식되고 있는 사실은 산출량에 영향을 끼치는 요소들은 매우 많고 노동자들의 노력은 그들 요소 가운데 하나일 뿐이며, 이 하나가 언제나 가장 중요한 요소가 될 수도 없다는 것이다."[8] 낮은 산출량은 경영상의 잘못 때문일 수도 있고 원료와 도구, 설비 등의 공급이 불충분하거나 원활하지 못한 때문일 수도 있으며, 또 생산공정상 제각기 다른 부분들의 협력이 제대로 이루어지지 않았기(그로 인해 공정이 지연되고 혼잡을 일으키는 결과가 만들어진) 때문이거나, 기계가 잘 맞지 않고 고장을 일으키거나 사무작업이나 제도작업의 효율이 낮기 때문일 수도 있다. 이들 문제 가운데 성과급을 통해서 고용주가 해결할 수 있는 것은 하나도 없다.

성과급이 가장 실시하기도 좋고 운용하기도 쉬운 경우는 작업이 표준화되어 있고 작업성과가 규격화되어 쉽게 측정할 수 있으며 이 성과가 계속해서 변하지 않고 동일하게 유지될 경우이다. 그러나 작업성과를 쉽게 측정할 수 없거나 작업의 성격이 끊임없이 변할 경우에는 성과급제

8 J. E. Powell, *Payment by Results*, p. 57.

도를 운용하기가 매우 복잡해진다. 예를 들어 주물공장 같은 곳이 그러한데 여기에서는 제각기 다른 유형의 무수히 많은 주물들이 만들어지고 이들 다양한 유형이 매일 혹은 매주 바뀐다. 이런 경우에는 노동조합 측에서 성과급을 반대할 가능성이 매우 높다. 다음 장에서 보게 되겠지만 노동조합의 목표는 임금률에 대한 고용주와의 교섭을 하나의 집단으로, 즉 **단체**교섭을 통해 수행함으로써 조합원들의 임금소득을 증진하는 데 있다. 작업이 표준화되고 규칙적인 형태로 이루어질 경우에는 시간급은 물론 성과급도 노동조합과 고용주 사이의 교섭을 통해 곧바로 결정할 수 있다. 그리하여 양측에서 합의한 다양한 작업유형에 대한 임금률(성과요율표piece-list라고 부른다)이 작업장에 게시된다. 섬유산업과 제화산업 같은 곳의 대규모 노동조합에는 이런 '성과요율표'가 비치되어 있다. 물론 여기에서도 특정 직무를 다양한 범주들 가운데 어디에 넣을 것인지를 둘러싸고 해석상의 어려움이 존재하고 그로 인한 논란이 발생할 수 있다. 그런 경우에는 중립적인 중재자를 불러 들여야 하거나, 혹은 성과요율표가 극도로 복잡하게 되어 있는 면방직 산업의 경우처럼 고용주가 노동조합 간부(이런 목적을 위해 별도로 선임된)에게 결정권을 맡겨버릴 수도 있다. 그러나 작업의 성격이 제각기 다르고 새로운 유형의 작업이 끊임없이 만들어지는 경우에는 성과요율표를 만드는 것이 불가능하고, 성과임금률은 자본가와 개별 노동자 사이의 직접적인 교섭을 통해 모든 직무별로 따로따로 결정해야 할 것이다. 기계산업에서는 전통적으로 성과요율표를 집단적으로 교섭하여 협약으로 체결하는 대신에 성과임금률을 이런 개별적인 방식('상호성'의 방식이라고 알려져 있다)으로 결정해왔는데, 그 주된 이유는 다른 산업에 비해 기계산업의 노동조합들이 성과급의 도입에 훨씬 더 강력하게 반대해왔기 때문이다. 전쟁기간 중에는 특히 끊임없이 새롭게 도입되는 숱한 유형의 작업들과 고숙련 직무에 저숙련 노동자들을 대거 투입하는 사태('노동의 희석'이라고 부른다) 때문에 어려움이 가중되었다. 그럴 때마다 해당 노동자와 자본가 사이에 성과임금률을 둘러싼 새로운 교섭이 이루어져야만 했다. 그리고 이들 임금률의 결정에 '단체교섭'의 요소를 도입하기 위해 기계산업과 가구산업에서는 작업장마다 노동자들이 현장 대의원을 선출하고, 이들이 자본가들을 상대로 노동자들의 대변인 역할을 수행하도록 하며 각 작업장의 현장 대의원들이 모두 모여 사업장위원회를 구성하는 것이 관행으로 확산되었다. 그러나 전간기 동안 기계산업에서는 표준화된 작업이 대폭 확대되었고 자동기계의 도입도 크게 늘어나서 성과급을 적용하는 영역이 대폭 확대되었다. 노동조합이 단체교섭을 통해 성과임금률을 결정해줄 수 없는 경우가 발생하면 성과급 노동자들이 평균적인 시간급에 비해 더 적은 임금을 받는 사태를 막아줄 수 있는 안전장치가 마련되지 않는다는 것은 오늘날 어디에서나 쉽게 확인할 수 있다. 기계산업의 경우가 바로 그러하다. 일반적으로 자주 제기되는 주장에 따르면, 성과급 노동자들은 통상적인 시간급 노동자들에 비해 더 많은 임금, 즉 1시간당 '1시간 15분' 혹은 '1시간 20분'어치의 임금을 보장받아야 한다. 왜냐하면 성과급 노동자는 시간급 노동자에 비해 더 높은 노동강도로 작업을 수행하고 따라서 전자의 노동자가 후자의 노동자에 비해 실질적으로 더 많은 노동을 수행하는데도 후자보다 더 많은 임금을 받지 못한다면 불공정한 일이기 때문이다.

| 제9절 | 하청계약

노동자들이 취약하고 미조직 상태에 있을 경우에 성과급은 다음과 같은 단 하나의 이유만으로 숱한 착취방식의 가능성을 열어준다. 즉 임금의 지불방식이 보다 복잡하고 노동자들로 하여금 작업속도를 높이도록 유인하는 것일 경우에 노동자들의 무지와 취약성을 이용할 수 있는 기회가 훨씬 늘어날 것이기 때문이다. 과거에 이러한 방식으로 성과급제도를 남용한 대표적인 사례가 당시에는 극히 일반화되어 있던 이른바 '하청계약'이라는 것이다. 공장제가 본격화하기 이전에 가내수공업 제도의 유산으로 남아 있던 이 제도에서는 자본가가 소자본가(혹은 십장이나 하청업자)에게 일정 작업을 일정 가격에 넘겨주고 그런 다음에 이들 하청업자가 다시 그 일을 수행할 노동자를 고용하는 방식을 취했다. 하청업자는 자신의 고용주와 계약한 가격보다 낮은 가격으로 작업을 수행함으로써 자신의 이윤을 확보했다. 따라서 그는 자신이 지불할 임금을 최소한으로 낮추어야 할 특별한 유인을 가지고 있었다. 만일 고용주가 그에게 "하청가격을 깎아내리면", 그는 다시 자신이 고용한 노동자들에게 지불할 "임금을 깎아내렸다." 광산에서 이루어지는 작업은 종종 '채광 청부업자'(butty)라고 불리는 사람들에게 일정한 가격으로 대여되었다. 콘월의 주석광산에서는 '네덜란드식 경매'(Dutch Auction, 가격을 점차 깎아나가는 경매로서 처음에는 가격이 높게 시작되지만, 최종적으로는 가장 낮은 가격을 제시한 사람에게 낙찰된다) 과정을 통해 채광작업을 '삯일'(tut-work)이라고 부르는 형태로 '십장'(gang master)에게 대여했다. 19세기 중엽에는 철도건설의 대규모 작업들이 모두 하청계약 방식으로 이루어졌다. 이 제도는 여전히 남아 있다. 미들랜드의 탄광지역에서는 '채광 청부업자'

가 채탄부의 형태로 남아 있는데, 이들 청부업자는 어떤 탄층이 하나 개발되면 그 탄층에서 일정한 가격(자신의 '갱구'에서 채굴해내는 석탄의 톤당 가격)으로 하나의 '갱구'를 배정받는다. 그런 다음에 그는 다시 그 '갱구'에서 자신의 채탄작업을 도와줄 조수를 고용하는데, 이들 조수에게는 대개 성과급이 아니라 일당으로 임금을 지불한다. 그러나 오늘날에는 대개 '채광 청부업자'와 조수의 임금률이 모두 노동조합의 단체협약에 의해 결정되고 있다. 물론 이때 더 유리한 '갱구'를 배정받기 위해 '기름칠'(뇌물)을 하는 경우도 적지 않긴 하다. 이 제도는 또한 의류봉제업과 같은 많은 영세수공업 업종들에도 여전히 남아 있다. 지금도 작업이 하청계약 방식으로 주어지며, 일반적으로 가장 악랄한 유형의 여러 '착취' 사례들이 발견되는 곳도 바로 이 업종이다. 한때 경제학자 존 매컬러•는 현란한 언어로 하청계약에 찬사를 보내기도 했다. "이 제도야말로 진실로 부지런하고 영리하며 검약한 사람이 가난으로부터 벗어나 존경과 부유함으로 나아갈 수 있도록 만들어주는 가장 확실하고 용이하며, 또한 가장 안전한 통로이다. 따라서 이름을 떨치며 출세한 사람들이란 스스로 자신의 운명을 개척해낸 사람들이라는 사실이 강조될 필요가 있다. 그들이 그렇게 출세한 것은 오로지 쓸모없는 것들에 일절 관심을 기울이지 않고 그것들에 현혹되지도 않은 덕분이다." 그러나 오늘날에는 많은 보호장치들에 의해 주의깊게 규제되지 않으면 이 제도가 나쁜 제도라는 것이 일반적으로 널리 인식되어 있다. 노동조합이 점차 발전해나가면서 노동조합들은 대개 이 제도에 대해 적대적인 입장을 취해왔다. 또 이 제

• John Ramsey McCulloch, 1798~1864: 리카도 학파로 분류되는 스코틀랜드의 경제학자 — 옮긴이

도가 숱하게 남용되는 것을 막기 위한 안전장치로 그들이 원래 취했던 태도, 즉 이 제도를 시간급으로 되돌리려고 노력해왔다.

| 제10절 | 검량과 측정

법적인 보호장치나 노동조합으로부터 보호받지 못하는 성과급 노동자가 노동자의 약점을 이용하려고 마음먹은 고용주나 하청업자 혹은 십장으로부터 쉽게 희생당할 수 있는 특별한 방식에 두 가지가 있다. 첫째, 노동자들은 임금률에 대해 구두로만 전달받고 작업에 착수할 수 있다. 그런데 막상 임금을 지불받는 날에 그는 자신의 임금이 그가 알던 것보다 낮은 임금률로 계산되어 있다는 것을 알게 된다. 혹은 둘째, 그는 자신이 수행한 작업량에서 자신이 실제로 수행했다고 생각한 것보다 더 적은 양으로 계산되어 있다는 것을 알게 되기도 한다. 그래서 그는 고용주에게 항의를 한다. 그런데 만일 고용주가 자기가 맞다고 우기면 노동자는 자신이 옳다는 것을 입증할 방법이 없고 아무런 배상도 받지 못한다. 그래서 만일 노동자가 불만을 품고 일자리를 그만둬버리면, 고용주는 아마도 쉽게 그의 일자리에 다른 노동자를 채워 넣어버릴 것이다. 설사 그렇게 비어버린 일자리를 다른 노동자로 채워 넣을 수 없더라도 고용주는 단지 약간의 이익을 잃을 뿐이겠지만, 노동자는 다른 곳에서 그보다 더 좋은 일자리를 얻지 못할 수 있으며 때로는 아예 일자리를 다시 구하지 못할 수도 있다. 이처럼 부여되는 작업의 질이나 정확한 성격 혹은 '질이 낮은 일자리'의 해석을 둘러싸고 보다 미묘한 문제들이 자주 발생할 수 있다.

이들 문제를 다루기 위해 일련의 많은 법령들이 의회에서 통과되어왔다. 과거로 거슬러 올라가서 1824년 제정된 법에 따르면, 노동자가 1단위의 작업량을 수행할 때마다 매번 수행한 작업의 성격을 표시한 '표'를 끊어주도록 하고 이 '표'의 숫자에 따라 성과급을 지불하도록 했다. 이 '표'는 모든 분쟁에서 법적인 증거로 간주되었다. 하지만 이 방법을 사용할 것인지의 여부는 어디까지나 고용주의 선택사항으로 남겨두었다. 1845년 성과급제도의 남용이 특히 심하다고 지목된 메리야스 산업과 견직산업에서 '표'를 끊어주는 이 방법의 사용을 의무화하는 법이 통과되었다. 1891년 공장 및 작업장법에서는 모든 섬유산업 공장에서 이 표에 작업의 특성을 기록하는 것을 의무화했다. 1895년에는 특별명령으로 이 의무사항을 다른 산업부문으로 확대할 수 있는 권한을 내무부 장관에게 부여하는 법이 통과되었다. 1901년에는 성과급을 사용하는 모든 고용주에게 눈에 잘 띄는 장소에 임금률 목록을 게시하거나 매 작업량마다 제각기 별도의 '표'를 발급하는 것을 의무화했다. 수행한 작업량의 측정 혹은 검량과 관련하여 1872년 광산노동자들은 '입회 검량원'(광산에 근무하는 성과급 노동자들이 직접 선출하고 자신들이 스스로 보수를 지불하는 사람으로 광차가 갱도 입구에서 검량을 실시할 때 자신들을 대표해서 입회하는)을 지명할 권리를 확보했다. 그러나 이 명목적 권리는 단지 시작에 불과했다. 왜냐하면 광산주들은 원하기만 하면 입회 검량원의 '개입'을 속이고 심지어 이들의 선출에 압력을 행사할 수 있는 여러 방법이 있었기 때문이다. 그래서 이후의 법들은 입회 검량원의 권리가 단지 명목적일 뿐만 아니라 실질적인 것이 되도록 만들어나갔다. 입회 검량원은 "자신에게 부여된 의무를 수행하는 데 필요한 모든 편의를 제공받도록 했으며", 그 대신 그가 광산작업을 방해하거나 계량업무에 직접 개입하는 것은 불법으로 규정했다. 1894년의 법은 입회 검량원의 선출에 광산 소유주나 경영자가 '부당한 영향력'을 행사하는 것, 즉 협박과 매수, 해고 혹은 이런 선출에 필요한 편의를 제공하지 않으려 하는 행위들을 모두 위법한 것으로 규정했다. 최종적으로 1919년 법은 이 제도를 다른 산업부문(철강의 주조, 주물, 압연부문, 화물의 선적과 하역작업 부문, 백악 및 석회석 채석작업 부문, 시멘트 및 석회작업 부문)으로 확대했다. 내무부 장관은 자신이 생각하기에 적합하다고 여겨지는 산업부문은 어디든 모두 이 제도를 확대할 수 있는 권한을 부여받았다. 이 마지막 법에는 중요한 신규조항이 하나 들어갔는데, 그것은 검량이 실시되는 시간과 장소에 대해 고용주가 반드시 입회 검량원에게 '합리적인 방식으로 통지'하도록 규정한 것이었다.

| 제11절 | 현물급여제도와 공제제도

미조직 노동자들의 약점을 이용하는 또 다른 하나의 방법으로는 그의 임금에 갖가지 빌미의 공제 항목을 적용하는 것을 들 수 있다. 이들 공제 항목에는 작업능률이 낮다든가, 시간을 준수하지 못했다든가 혹은 작업규율을 어겼다든가 하는 데 대한 벌금의 형태를 취하는 것들도 있고, 혹은 노동자들이 사용하는 원료나 작업도구의 비용을 물리는 방식도 있다. 고용주가 상점이나 구내식당을 소유하고 있거나 공제조합을 운영하거나 혹은 노동자들의 주택을 임대해주고 있을 경우에 고용주는 노동자가 상점에서 구매한 물건 값, 공제조합 회비, 주택 임대료 같은 것을 노동자에게 지불하는 임금에서 공제하고 나머지 차액에 대해서만 노동자에게 현금을 지불하게 된다. 초기의 공업도시들에서는 이런 관행이 매우 일반적이었는데, 이런 관행들은 현물급여제도(truck system)라고 불렸으며 상당히 악용되고 남용되는 일이 잦았다. 때때로 고용주는 노동자에게 현금은 한 푼도 주지 않고 모두 물품으로 지불하는 일도 있었다. 그리고 그렇게 물품으로 받은 식료품의 품질이 낮고 거의 쓸모가 없거나 원래 노동자가 지불받기로 계약된 임금액에 비해 훨씬 못 미치는 가치를 가진 경우에도 노동자는 거의 아무런 배상을 받지 못했다. 또 다른 어떤 경우에는 고용주가 노동자의 임금 가운데 일부를 현금이 아니라 근처에 위치한 '공장 내 매점'('토미 숍'이라고 불렸으며 대개 고용주나 고용주와 제휴한 업체의 소유였다)에서만 사용할 수 있는 상품권이나 물표로 지불하기도 했다. 이런 상점에서 노동자들에게 터무니없이 비싼 가격을 받거나 불량품을 판매할 경우에도 노동자들은 일자리를 포기하지 않는 한 다른 상점으로 갈 자유가 없었다. 18세기 중엽 이후로 임금은 반드시 '상품이나 법정화폐'로만 지불하도록 법으로 강제했다. 하지만 이 법은 사실상 사문화되어 있었다. 이런 사악한 행위를 해소하고자 하는 최초의 진지한 시도는 1831년의 현물급여제법이었다. 이 법은 노동자가 자신의 임금을 현금이 아닌 다른 형태로 지불받거나 자신의 임금을 어떤 특정한 방식으로 소비하도록 구속하는 것에 동의하는 모든 계약을 금지하고 임금에서 벌금을 공제하는 것도 금지했다. 이후 1887년의 법은 임금을 소매상에 대한 상품권 형태로 지불하는 것을 완전히 금지했고, 노동자가 자신의 임금을 특정한 방식으로 소비하지 않는 것을 빌미로 고용주가 노동자를 해고하는 것을 불법으로 규정했다. 임금에서 벌금이나 작업도구 등의 사용비를 공제하는 문제는 최종적으로 1896년의 현물급여제법에서 다루었다. 이 법은 1831년의 법과는 달리, 만일 공제가 이루어지는 항목들을 미리 통지하고 공개된 장소에 게시할 경우에는 이런 유형의 공제를 합법적인 것으로 규정했다. 그리하여 오늘날 견지되는 입장은, 현금 이외의 다른 형태로 임금을 지불하는 것과 노동자가 자신의 임금을 소비하는 방법에 구속을 부여하는 것은 모두 불법이라는 것이다. 고용주가 고용의 조건으로 노동자가 고용주가 소유한 특정한 '공제조합'(혹은 우애조합이나 복지조합)에 가입할 것을 요구하는 것도 역시 불법이다(1902년의 공제조합법). 반면에 집세, 작업도구, 원료의 비용, 규율을 어긴 데 대한 벌과금을 임금에서 공제하는 것은 허용되고 있다. 그래서 이들 사례 가운데 몇몇은 지금도 여전히 살아남아 고용주가 자신이 지불한 임금을 간접적인 수단을 통해 '갉아 먹을' 수 있는 여지를 제공해주고 있다. 그래서 이런 공제 항목의 성격과 범위를 둘러싼 갈등과 분쟁은 지금도 여전히 계속되고 있다.

| 제12절 | 이윤배분

몇몇 고용주들은 통상적인 성과급에 덧붙여(혹은 그것을 대신하여) 노동자들 사이에 산출량을 늘리고 싶어 하는 집단적인 분위기를 불러일으키고 기업의 성공에 대해 노동자들이 재무적인 관심을 갖도록 할 목적으로 이윤배분이라고 알려진 제도를 선호한다. 때때로 이 제도는 공동출자제도와 함께 묶어서 시행되기도 하는데, 공동출자제도란 노동자들에게도 사업수익을 나누어주는 특별한 편의를 제공하고, 낮은 비율이긴 하지만 이사회에 노동자들의 대표를 보낼 수 있는 제도이다. 이 제도를 통해 드물지 않게 추가적인 이득을 기대할 수도 있다. 즉 노동자들을 노동조합으로 분리함으로써 경영진을 단체교섭과 파업 가능성의 압박에서 해방해주는 효과이다. 이 제도의 초기 사례로 노먼턴(Normanton) 탄광의 소유주인 헨리브릭스 자회사(Henry Briggs, Son & Co.)에서 1865년 도입한 것을 들 수 있다. 여기에서는 노동자들에 대한 특별이윤배분 권리를 부여하고 이사회의 한 자리를 노동자 대표에게 제공해주었다. 하지만 여기에는 한 가지 단서가 붙었는데, 즉 이윤상여금을 받기 위해서는 노동자가 노동조합 조합원이 아니어야 한다는 것이었다. 그러다가 나중에 임금 인하에 반대하는 파업이 발발하자, 이 이윤상여금제도는 중단되었다. 이 경우 상여금을 받을 수 있는 권리는 법적으로 보장되는 것이 아니라 주주들의 의지에 달려 있다. 1866년 미들스버러의 제철회사인 폭스 모회사에도 비슷한 제도가 도입되었다. 이보다 15년 전에 프랑스에서는 제네랄 보험회사(Compagnie d'Assurances Générales)에서 앞서 언급한 이윤배분제도를 흥미로운 형태로 도입했는데, 그것은 자기 회사의 우수한 노동자들에게 보다 높은 급여를 제시하여 다른 회사로 빠져나가는 것을 막으려는 목적을 명시적으로 표방했다. 이 회사의 이윤상여금은 곧바로 지불되는 것이 아니라 매번 준비기금(Provident Fund)에 계속 적립되었다가 근속 25년이 되는 해, 혹은 65세 이상이 되는 해에 한꺼번에 지불되었다. 영국에서는 더 최근의 사례로 1889년 사우스 메트로폴리탄 가스 회사에 도입된 유명한 제도가 있는데, 이것은 파업을 끝내기 위한 유인책으로 도입되었기 때문에 원래 이 제도의 혜택을 받기 위해서는 노동조합의 조합원이어서는 안 된다는 조건을 포함했다. 하지만 이 조건은 나중에 폐기되었다.

영국에서는 이 제도를 도입한 회사가, 제1차 세계대전 이후에 약간 증가하긴 했지만, 별로 많지 않다. 1936년에는 412개 회사에서 이 제도가 운용되었고 수혜자 수는 26만 명이었다. 평균적인 이윤상여금은 노동자 임금의 5~6퍼센트에 달했고, 총이윤의 10퍼센트를 넘는 경우는 거의 없었다. 한편 한두 차례 시행해보다가 중단된 회사는 400개 정도 되었다. 이 제도의 장점으로 자주 언급되는 것은 이윤과 관련된 정보를 노동자들에게 알려준다는 것이다. 그러나 이 점을 제외하고 이윤배분제도는 임금지불의 상여금제도의 한 특수한 형태 — 특정 노동자나 노동자 집단의 작업성과가 아니라 회사 전반의 재무적인 성과에 따라 지불되는 집단상여금 — 이외의 아무것도 아닌 것처럼 보인다. 어떤 점에서 본다면 이 제도는 다른 상여금제도에 비해 바람직한 성과를 얻기에는 더 어려울 수 있다. 왜냐하면 상여금이 노동자 자신의 노력과는 직접적으로 관련이 적고 노동자의 통제영역 외부의 여러 요인들(재무적 환경, 시장의 상황, 경영의 효율 등과 같은)에 주로 의존하기 때문에 노동자가 더 노력을 기울일 유인이 덜하기 때문이다. 만일 이 제도가 자신의 목표를 성공적으로 달성할 수 있으려면 다른 상여금제도와 똑같은 이유 — 즉 노동강도와 노동생산성을 높여서 지불된 상여금에 비해 산출량이 더욱 많이 증가하는 것 — 로만 성공할 수 있을 것이다. 그러나 노동조합은 일반적으로 이들 제도에 추가적인 목적이 숨어 있다는 의구심을 가져왔다. 곧 노동자들을 특정 기업에 보다 깊이 연루시켜 노동조합의 세력을 약화시킴으로써 단체교섭의 구속으로부터 고용주들을 벗어나도록 만들어준다는 것이다. 전통적으로 노동조합들이 이 제도의 도입에 적대적인 태도를 보이는 것은 대부분의 이윤배분제도에서 표방하는(명시적이든 암묵적이든 간에) 목적에 대해 바로 이런 의구심을 품고 있기 때문이다.

| 제13절 | 성과급과 임금소득

모든 임금지불 방법에서 거둘 실제 성과는 그것들이 사용되는 특수한 방법 못지않게 도입되는 환경에 따라서도 상당히 달라질 수 있다. 따라서 이들 방법이 고용주와 노동자의 이해에 어떤 영향을 끼칠 것인지를 판단하는 데서 우리가 주의를 기울여야 하는 부분은 방법 그 자체보다는 오히려 그것들을 둘러싼 환경이다. 어떤 제도도 그것들이 사용되는 환경을 무시하고는 그 제도가 좋다 나쁘다고 이야기하기 어렵다. 물론 우리는 임금지불 방법의 변화가 노동자의 작업노력의 변화와 어떤 관련이 있는지에 따라 각각의 방법을 분류할 수 있다. 그러나 우리가 노동자들에게 현재 지불되는 기본임금률이 얼마인지를 모를 경우에는 그것만으로 충분하지 않다. 예를 들어 어떤 성과급이 어떤 노동자에게 이익이 될지의 여부를 판단하는 데서 노동자가 10퍼센트의 노력을 증가시키면 임금을 10퍼센트 더 지불한다는 사실을 아는 것만으로는 충분하지 않다. 만일 기준 임금이 노동자가 기울인 노력에 비해 낮다면, 노동자는 노동을 증가시켜 산출량을 크게 증가시켜도 추가로 받는 임금은 겨우 몇 펜스 늘어날 뿐일 것이다. 그래서 성과급 노동자는 시간급 노동자에 비해 25퍼센트나 30퍼센트 더 빨리 작업을 수행하더라도 시간급 노동자에 비해 별반 다를 바 없는 소득밖에 올리지 못하게 될 것이다. 초과상여금제도의 경우에는 모든 것이 설정된 '표준시간'에 의존할 것이다. 만일 표준시간이 작업속도가 매우 빠른 사람에 맞추어 설정된다면, 표준시간보다 짧은 시간에 작업을 마치는 사람이 극소수에 불과할 것이고 상여금은 이들 극소수만 받게 될 것이다. **표준**을 초과한 작업량에 대한 성과급이 초과작업량의 증가비율보다 더 높게 증가한다 하더라도, 만일 표준작업이 매우 높게 설정되어 있다면 증가된 노동자들의 노고에 대한 임금의 증가분은 평균적인 작업자의 **통상적** 수준의 산출량에 대한 임금보다 더 적을 수 있다. 이윤배분제도의 경우도 이와 마찬가지로 노동자가 추가로 받는 이윤상여금보다는 그가 일상적으로 받는 기본임금이 아마도 더 중요할 것이다. 만일 고용주가 노동자들에게 1인당 매년 10파운드의 상여금을 지불하고 그와 동시에 주급을 4실링 인하해버린다면, 그가 노동자들에게 지불한 임금 총액은 과거에 비해 전혀 늘어나지 않을 것이고 이 제도는 그에게 전혀 손해가 되지 않을 것이다. 바로 이런 이유 때문에 노동조합은 새로운 임금제도의 도입에 대해 당장의 보다 높은 임금에 대한 약속보다 단체교섭에 더 관심을 기울인다. 또 노동자들은 자신들의 조직력이 이 제도의 운영방식을 통제할 수 있을 만큼 충분히 강력하다고 생각할 때보다 취약하다고 생각할 때 성과급에 대해 더욱 적대적인 입장을 취한다.

오해를 피하기 위해 기억해두어야 할 점은 성과급제도 가운데 실질적으로 단위 시간당 표준임금과 관련되어 있지 않은 것은 거의 없다는 사실이다. 달리 말해서 성과급은 대개 시간급제도의 틀 내에서 운영되고 있다. 그리고 이들 성과급제도의 실제 운영에서 부딪치는 많은 복잡한 문제들은 상당 부분 언제 어떤 조건에서든 단위산출량당 **균등한 임금률**을 유지하는 문제와 단위 시간당 **균등한 임금액**을 유지하는 문제 사이에서 다양한 유형의 절충안을 만들어내려다가 발생한 것들이다. 예를 들어 제화산업의 전국 임금협약은 전혀 직무가격체계로 이루어져 있지 않다. 단지 다양한 범주의 노동자들에 대한 일정한 주급액수만 명기해두었을 뿐이고, 성과급은 각 지역에서 평균적인 작업자가 정해진 임금률보다 25퍼센트를 넘는 임금액을 받도록 규정하고 있다. 이것은 곧 성과급이 항상 '평균적인 작업자'를 기준으로 균등한 임금소득을 유지하도록 조정되어야 한다는 것을 의미한다. 단지 여기에서 예외로 다루는 경우도 있다. 특별히 고도의 숙련이나 오랜 훈련기간이 요구되는 직무의 경우와 품질이 낮은 상품을 생산하는 외딴 지역의 경우이다. 그러나 이런 균등한 임금소득 정책에 대한 해석은 지역별로 상당한 편차가 있다. 노샘프턴 같은 몇몇 중심도시에서는 직무별 성과급이 각 기업마다 따로따로 결정된다.[9] 그 결과 조직과 설비가 잘 갖추어진 기업은 효율이 낮은 기업에 비해 신발 한 켤레당 임금비용이 낮아졌다. 왜냐하면 전자의 기업에서는 노동자가 하루에 더 많은 작업량을 달성할 수 있어서 성과급이 낮은 수준으로 조정되는 경향을 보였기 때문이다. 하지만 다른 중심도시들(예를 들어 노리치와 레스터 같은)에서는 모든(혹은 거의 모든) 기업에 적용할 직무별 단일 임금표가 만들어져 있다. 따라서 모든 기업에서 임금비용은 균등해져서 효율이 높은 기업에 근무하는 노동자들은 효율이 낮은 기업에 근무하는 노동자들에 비해 더 높은 소득을 얻게 되었다. 그래서 기계의 속도가 서로 다르고 이것이 산출량과 임금소득에 끼치는 복잡한 문제들을 해결하기 위해 기계와 결합된 노동의 임금가격을 전국적으로 단일한 형태로 만들 필요가 있다는 주장이 자본가들 사이에서 제기되어 왔다. 즉 모든 공업지역에서 동일한 기계를 사용하여 달성한 작업량에는 동일한 성과급을 적용하자는 주장이 바로 그것이다.

기계의 속도가 서로 다른 노동에 대한 성과급을 조정하는 문제는, 균

9 이른바 '작업장 명세서'라고 부르는 이것들은 접합부문, 제작부문, 마무리부문에 각기 적용된다. 그러나 단순 작업부문과 거친 작업부문에 대해서는 지역 명세서가 적용되는데, 이것은 지역 전체에 균등한 임금을 적용하고 이 임금은 작업의 종류, 만드는 신발과 사용되는 원료의 종류에 따라 등급이 매겨져 있다.

등한 임금제도로부터 지나치게 이탈하지 않으면서 동시에 효율이 높은 기계를 도입한 기업의 비용에 얼마간 이득이 돌아가게 만들어야 했기 때문에 섬유산업의 경우에서 볼 수 있는 것과 같은 엄청나게 복잡한 성과급제도를 만들어냈다. 면방적 산업에서 주어진 시간 동안 방적되는 실의 양은 방적되는 실의 품질(방적과정에서 실이 꼬이는 횟수)과 사용되는 기계가 새 것인지 낡은 것인지에 따라 달라진다. 전통적인 제도 가운데 이른바 볼턴 임금표(Bolton List)라고 부르는 것에서는 이들 두 요인 가운데 **전자**의 요인 때문에 발생하는 실 생산량의 변동은 감안했으나, 후자의 요인으로 인한 생산량의 변동은 고려하지 않았다. 반면에 올덤 임금표(Oldham List)라고 부르는 또 하나의 전통적인 제도에서는 방적된 실의 양에 대해 노동자에게 지불되는 임금이, **두 가지 요인 가운데 무엇에 의한 것이든 간에** 모든 방적속도의 변동에 따라 자동적으로 조정되도록 만들어놓았는데, 결과적으로 단일 임금제도와 거의 비슷해지고 말았다.[10] 그리하여 시간의 경과에 따라 이루어진 기계의 진보는 노동자들의 작업에 적용된 성과급제도에 따라 각 기업마다에서 기업의 비용과 노동자들의 임금소득 모두에 제각기 다른 영향을 끼쳐왔다. 이것과 비슷하게 서로 대조를 이루는 것으로 노스 랭커셔 면직공업 지역의 대부분에서 과거에 운영되던 기본 임금표(노스 랭커셔 면직산업 임금표)와 요크셔 모직산업

10 단지 다른 점이 있다면 기계속도의 증가로 인한 산출량의 증가에서 얻는 이익은 고용주와 노동자가 각기 반반씩 나누어 갖는다는 점과, 뮬 방적기의 길이(이는 즉 뮬 방적기당 달려 있는 방추(실을 자아서 감는 실패 구실을 하는 막대기 —옮긴이)의 숫자를 의미하고, 곧 방적기를 감시하는 노동자에게 요구되는 노동량으로 직결된다) 증가에 따른 산출량 증가의 이익은 노동자가 3분의 2를 가져간다는 점에 있다.

대부분에서 통용되던 기본 임금표(허더즈필드 모직산업 임금표)를 들 수 있다. 후자의 경우에는 기계의 진보로 인해 방직속도가 증가하면 성과급이 하락하도록 되어 있었지만, 전자의 경우에는 그런 조항이 없었던 것이다.[11] 따라서 임금지불제도가 노동자들의 소득에 끼친 세부적인 영향은 이런 자세한 사정들을 충분히 감안하지 않으면 알 수 없다.

| 제14절 | 연동임금제

많은 산업의 임금협약에서는 합의된 명목임금률을 연동표에 의거한 일정 지수에 연계시키고, 이 지수가 수시로 변동할 때마다 명목임금률도 함께 변동하도록 규정하고 있다. 세 가지 유형의 주요한 연동표가 사용되는데, 이것들은 생계비지수, 해당 산업의 생산물 가격, 해당 산업의 이윤지수 등에 연동시키고 있다. 우리가 앞서 이미 언급한 이윤배분제도는 바로 이 세 번째 유형의 한 변종이라고 이야기할 수 있다. 단지 차이가 있다면 상여금의 기준이 되는 것이 산업 전체가 아니라 개별 기업의 이윤이라는 점에 있다. 이윤연동제도의 대표적인 사례는 1921년 석탄산업에서 단체협약에 의해 도입된 임금확인제도이다. 여기에서는 해당 산업

11 조사에 따르면 1886년과 1913년 사이에 면직산업의 임금률은 겨우 18퍼센트밖에 오르지 않았는데, 임금소득의 상승은 거의 두 배로 상승했다. 이는 주로 기계의 진보와 그로 인한 방직속도의 증가 때문이었다. 반면에 전쟁기간 동안에는 기계의 성능이 저하되고 원료의 품질도 떨어졌으며 숙련 노동자의 숫자도 줄어들어 산출량이 감소함으로써 방직공들의 임금소득이 감소했다. 여기에다 임금률의 하락과 불완전고용까지 겹치면서 1930년대 동안 방직공들의 시간당 임금은 모든 산업의 남성 노동자들 가운데 거의 가장 낮았다.

전체의 총수입에서 임금 이외의 비용을 먼저 공제한 다음 임금과 이윤을 일정 비율로 분할했는데(이것은 각기 '표준임금'과 '표준이윤'이라고 부른다), 이렇게 한 의도는 임금과 이윤이 산업 전체의 총수입 변동과 함께 변동하도록 하기 위한 것이었다.[12] 그러나 계산은 각 탄광지역마다 제각기 독립적으로 이루어졌다. 그 결과로 임금의 수준과 변동은 사우스 웨일스, 더럼, 파이프셔 지역과 랭커셔, 더비셔, 요크셔 지역 사이에서 상당한 차이가 났다. 오늘날 생산물 판매가격을 기준으로 하는 연동임금제도의 대표적인 사례는 철강산업 부문에서 볼 수 있다. 그러나 과거 이 제도를 도입할 당시 노동자들은 격렬하게 반대하면서 파업을 벌이기도 했다. 대표적인 경우가 북부 탄광지대에서 19세기 말에 이 제도를 도입할 때 발생했는데, 수 년 동안 격렬한 투쟁이 전개되어 결국 이 제도를 철회시키고 말았다. 심지어 이 제도가 분쟁의 씨앗이 되어 노동조합이 분열되는 사태가 빚어지기도 했다. 즉 노섬벌랜드와 더럼(사우스 웨일스도 포함)과 같은 오래된 탄광지역의 노동조합들은 이 제도를 찬성했지만, 요크셔와 랭커셔 같은 새로운 탄광지역의 노동조합들은 이 제도에 반대하여 결국 새로운 전국연맹을 결성해버렸던 것이다. 생계비지수를 기준으로 하는 연동임금제도는 세 가지 유형 가운데 가장 널리 일반화된 것으로 철도, 메리야스, 제화산업 등을 포함하는 많은 산업에서 운영되고 있다.

---

12 그런데 총수입을 이처럼 임금과 이윤으로 분할하는 것은 임금소득자에게 일정한 액수의 최저임금을 지불하도록 하기 위한 것이었다. 그래서 만일 어떤 해에 이 총수입이 이 최저액을 지불하기에 충분하지 못할 경우에 고용주는 자신의 표준이윤의 일부를 포기해야 했다. 하지만 이 결손액은 다음해로 이월되어 거기에서 발생한 이익 가운데 최우선으로 보전되었다. 전간기의 대부분 기간 동안에는 이런 결손이 발생했고, 그 시기의 임금은 최저수준에 머물렀다.

몇몇 임금위원회[13]에서는 이런 연동임금제도를 그들이 결정하는 최저임금률에 연동시켜 노동부의 생계비지수가 변동하면 최저임금률이 자동적으로(극히 소액이긴 하지만) 함께 오르내리도록 하기도 한다.

주의해야 할 점은 우리가 지금까지 논의해온 임금지불제도와 연동임금제도 사이에는 근본적인 차이점이 있다는 사실이다. 무엇보다 연동임금제도는 임금이 지불되는 **기준**이 무엇인지와는 아무런 관련이 없다. 즉 임금이 성과를 기준으로 지불되든, 시간을 기준으로 지불되든, 혹은 시간의 길이나 산출량에 따라 어떻게 변동하든 상관이 없다는 것이다. 오로지 일정 기간에 걸쳐 경제적인 조건을 이루는 여러 양상이 변동함에 따라 임금률이 변동하는 것(이 임금률이 어떤 기준에 의해서 결정되든, 어떤 수준에서 결정되든 상관없이)하고만 관련되어 있다. 이 제도의 의도는 어떤 환경의 변화가 발생하여 임금의 재조정이 필요하다고 생각될 때, 임금이 자동적으로 재조정될 수 있도록 임금을 보다 유연하게 만드는 것에 있다. 그러나 이처럼 임금의 유연성을 추구하면서 이 연동임금제도가 또 다른 의도를 지향하고 있다는 점도 유념할 필요가 있다. 이윤이나 판매가격을 기준으로 하는 연동표는 경기가 변동하면 임금도 함께 변동하도록 설계되어 있는데, 이윤과 판매가격을 바로 이 경기의 지표로 취하고 있다. 그런데 이런 설계의도를 반영하는 변수로 사용되는 판매가격표는 그 자체만으로는 경기의 상태를 나타내는 지표가 아니라는 명백한 약점을 안고 있다. 왜냐하면 판매가격의 하락은 생산물의 수요 감소뿐만 아니라 몇몇 중요한 원료가격의 하락이나 기계의 사용을 통한 절약을 통해서도 똑같이 발생할 수 있기 때문이다. 19세기 석탄산업에서

13 이하 제8장을 참고할 것.

연동임금제도에 대한 반대가 극심했던 까닭은 경기가 나쁠 때는 임금이 '끝없이 하락할' 것처럼 보였기 때문이다. 이는 연동임금제도가 고용주들에게 석탄가격을 계속 인하할 수 있는 유인(임금을 더욱 인하함으로써)을 제공함으로써 과도한 정도로까지 석탄가격이 경쟁적으로 인하되도록 부추길 수 있기 때문이었다. 이런 어려움은 어느 정도까지는 이윤을 기준으로 하는 연동임금제도에도 해당될 수 있다. 물론 다른 면에서는(주로 이윤을 계산해내는 문제와 관련하여 이 제도 그 자체가 가지고 있는 현실적인 어려움을 제외한다면) 이윤연동제도가 그 의도를 달성하는 데에 판매가격연동제도보다는 더 성공적일 수 있기는 하다. 한편, 생계비는 분명 좀 다른 기준에 의해 판단될 필요가 있다. 이것은 특정 산업의 경기를 반영하는 지수로서는 분명 아무런 쓸모가 없다. 왜냐하면 해당 산업의 원료나 생산물을 전혀 포함하지 않은 다양한 상품들의 구매비용으로 이루어져 있기 때문이다. 이 지수의 변동이 해당 산업의 생산물의 시장가격이나 이윤의 변동과 일치할 수 있는 것은 오로지 우연적으로만 가능할 뿐이다. 생계비를 통해 얻을 수 있는 것이라곤 임금협약 기간 동안 **실질**임금이 어느 정도 안정적이었는지에 대한 것뿐이다. 이것은 특정 산업의 고용주가 경기변동에 따라 임금률을 맞추고자 하는 의도를 가지고 있을 경우에 거기에 별다른 도움이 되지 못한다. 그러나 만일 노동조합이나 최저임금 기관이 임금협약을 채결할 때 명목임금보다 실질임금의 일정 수준을 결정하고자 하는 의도를 가지고 있을 경우에 이 생계비지수는 그런 의도를 달성하는 데 가장 알맞은 것이라고 말할 수 있다. 바로 이 점은 생계비지수를 옹호하는 데 종종 이야기되기도 한다. 물가수준에 전반적으로 큰 변동이 발생했을 경우에 대부분 상품의 가격은 비록 정도의 차이는 있더라도 동일한 **방향**으로 움직일 가능성이 크다. 따라서 이

지수는 노동자에게 안정적인 **실질**임금을 보장해주는 반면, 그와 동시에 **명목**임금을 다른 어떤 경우보다도 더 유동적인 것으로(즉 다른 물가와 동일한 방향으로) 만들어버린다. 하지만 과연 이런 유형의 유동성이 추구해야 할 바람직한 목표일지에 대한 본질적인 문제는 여전히 남는다. 즉 만일 명목임금이 경기변동에 따라서 함께 변동한다면 과연 이것이 불황으로 인해 발생한 실업을 줄일 수 있을지, 혹은 경제 상태의 변동이 이 상태 내에 존재하는 어떤 불변의 요소(경직적인 명목임금) 덕분에 진정될 수 있을지에 대한 문제가 바로 그것이다.

| 제15절 | 노동시간

과거 고용주들은 단위 시간당 수행하는 작업의 강도를 높이는 것보다 노동시간을 연장하여 산출량을 늘리는 데 더 열을 올렸다. 그래서 100년 전만 하더라도 하루의 노동시간이 12시간을 넘고 심지어 16시간을 넘기는 일도 극히 일반적이었다. 이렇게 함으로써 고용주들이 도외시한 사실은 임금의 상승과 '노동시간 단축이 가져다주는 경제성', 그리고 장시간 노동을 통해서는 궁극적으로 원래 그들이 추구했던 목표가 달성되지 못한다는 점(장시간 노동으로 인한 피로의 누적은 노동자들의 건강과 작업능률에 영향을 끼쳐 노동자들이 작업과정에서 긴장을 유지할 능력을 해치기 때문이다)이었다. 물론 '고임금의 경제성'과 마찬가지로 노동시간 단축의 경제성도 어느 정도까지만 작용하는 것이기는 하다. 노동시간이 줄어들면 처음에는 시간당 산출량의 증가가 노동시간의 단축에 비해 더 높은 비율로 증가하는데, 이는 시간당 노동강도가 높아지기 때문이다. 그러나 일정한 지점에 도달하고 나면 이제 시간당 산출량의 증가비율은 더 이상 노동시간의 단축비율보다 커지지 않는다. 그리고 바로 이 지점에서 고용주는 자신의 총산출량이 최대치가 된다는 사실을 알게 될 것이다. 이 지점이 어디인지를 둘러싼 논쟁이 벌어지기도 했다. 어떤 사람들은 그것이 1일 6시간 이하의 어떤 지점이라고 주장했고 또 다른 사람들은 그것이 1일 9시간 이상의 어떤 지점이라고 주장하기도 했다. 작업유형에 따라 각 산업들 사이에서 이들 수치를 중심으로 아래위로 다양한 편차가 있기는 하겠지만, 대체로 대다수 직종들에서는 이 지점이 8시간 근처에 위치하는 것으로 생각할 수 있는 상당한 증거들이 존재한다. 그리고 대부분의 산업들에서 9시간 이상으로 노동시간을 늘리면 1일 총산출량이나 일주일 총산출량이 증가하지 않고 감소한다는 것은 거의 틀림없는 사실이다. 이 사실은 특히 제1차 세계대전 기간 중의 경험에 의해 더욱 힘을 받았는데, 이 시기에는 군수산업에서 산출량을 증가시키기 위해 노동시간이 증가하고 휴일도 줄였다. 그러자 산출량을 증가시키기 위한 이 방법으로는 의도했던 목표를 얻을 수 없다는 사실이 금방 드러났다. 오히려 반대의 방법, 즉 노동시간을 단축하는 것이 산출량을 늘리는 것으로 나타났던 것이다. 물론 이것은 단지 고용주가 관심을 갖는 문제, 즉 노동시간의 변화가 산출량에 끼치는 영향에 대한 것만을 이야기한 것일 뿐이다. 여가의 증가와 피로도의 감소가 갖는 장점이라는 관점에서 보면, 이 지점 이하로 노동시간을 단축하는 것이 사회적으로도 바람직하지 않다고는 이야기할 수 없다.

그리하여 근래에 접어들면서 고용주들은 자신들이 관심을 쏟아야 할 부분이 노동시간의 연장이 아니라 작업속도를 높이는 문제라는 것을 알게 되었다. 물론 이것도 어느 정도의 지점에 도달하고 나면 작업속도의 증가가 가져온 피로도가 작업능률을 해치게 되는 한계가 있기는 하다. 어쨌든 그 결과 고용주들은 노동시간의 단축에 대한 노동조합의 요구를 전반적으로 받아들이지 않을 수 없게 되었다. 그래서 오늘날 대부분의 산업들에서 주당 표준노동시간은 노동조합과 고용주 사이에서 체결된 단체협약을 통해 44~45시간으로 제한되고 있다. 만일 어떤 노동자가 이 노동시간보다 더 긴 노동시간으로 고용되어 있다면, 고용주는 그에게 초과된 노동시간에 대해 별도의 매우 높은 '초과노동' 임금률을 적용하여 지불해야 하기 때문에 고용주들은 자신의 노동자들에게 표준노동시간을 초과하여 작업을 시키는 것을 꺼리게 되었다. 어떤 경우에 건축업과 같은 부문에서는 '초과노동'을 시키려는 고용주가 사전에 노동조합 지부장의 승인을 받도록 단체협약에 규정하고 있기도 하다. 노동조합이 노동시간을 단축할 때는 대개 시간당 임금률을 인상하여 노동시간 단축으로 인한 주급의 하락을 막으려고 하는 것이 일반적이다. 이것은 노동시간 단축으로부터 얻는 고용주의 이익 가운데 상당 부분을 앗아가버리는 결과가 된다. 그러나 노동시간의 단축으로 시간당 산출량이 증가한다면 그만큼 시간당 임금률이 높아지는 것은 분명 정당한 일일 것이다.

여성과 아동의 이해를 보호하기 위해 입법을 추진하는 경우를 제외하고는 정부는 지금까지 노동시간을 제한하는 문제에 거의 관여해오지 않았다. 물론 대부분의 경우에 남성과 여성은 같은 공장에 고용되어 있고, 따라서 여성 노동자에 대한 노동시간의 제한은 자동적으로 남성 노동자들이 노동할 수 있는 시간에 제한을 가하기도 한다. 단지 예외적인 경우로 탄광업을 들 수 있는데, 여기에서는 지하에서 작업하는 시간을 1908년에 8시간으로 제한했고 1919년에는 다시 7시간으로 제한했다 (곧바로 다시 7.5시간으로 올라가버리긴 했지만 말이다). 상점 점원들도 상점

폐점법에 의해 법적으로 노동시간 제한의 적용을 받아왔다. 하지만 이들 경우를 제외하고는 남성 노동자에 대한 법적인 노동시간의 제한은 영국에서 도입된 적이 없다. 그리고 1920년 워싱턴 회의에서 모든 나라가 주당 48시간으로 노동시간을 법적으로 제한하자는 국제협약이 채택되었지만, 영국 정부는 이 협약을 발효시키지 않기로 결정했다. 지난 반세기 동안 이루어진 노동시간의 단축은 노동조합과 고용주들 사이에 진행된 단체교섭의 산물이었고 양측이 체결한 단체협약을 통해 실시되어왔다.

제 4 장

임금이론

| 제1절 | 임금이론이 추구하는 목적

경제학자가 임금이론을 세우려고 할 때, 그가 하려는 것은 노동력의 가격인 임금이 다른 가격이나 다른 경제적인 양적 지표들과 어떤 관련을 갖는지를 추상적인 그림이나 도표로 그려내는 것이다. 그가 그려내려는 그림은 한 점에서 일어난 변화가 그가 연구하는 전체 영역에 어떤 변동이나 변화를 만들어내는지에 대한 것과 같은 그런 유형의 상호관계로 이루어진 그림이다. 그의 그림은 그려내고자 하는 현실세계의 윤곽과 그림의 윤곽이 일치하는지의 여부에 따라 맞는 그림일 수도 있고 아닐 수도 있다. 동시에 그는 단순히 그림을 그려내는 것 이상의 무엇인가를 추구한다. 그는 자신이 중요하다고 생각하는 관련들을 강조하기 위해 그림을 어느 정도 단순화하려고 할 뿐만 아니라 상호 연관된 그림의 구조가 어떤 '핵심적인' 양적 지표들에 의존해 있다는 방식으로 그림을 그리려고 한다. 이때 이 핵심적인 양적 지표들은 나머지 다른 지표들과는 독립된 지위를 가지며, 이 지표들만 알면 다른 변량(지금 우리의 경우에는 임금)의 지위를 충분히 계산해낼 수 있는 것이다. 물론 현실에서는 완전히 독립적인 양적 지표란 있을 수 없고 모든 지표는 어느 정도 다른 지표들과 상호 관련을 갖는다. 그러나 '핵심적인' 요소들이 다른 변수들에 끼치는 일방적인 영향력이 충분히 지배적인 것일 경우에 다른 변수들이 이들 핵심적인 요소들에 끼치는 영향력은 무시할 수 있으며, 핵심 변수가 독립적이라는 가정은 여러모로 보아 '충분히 괜찮은' 것으로 간주될 수 있다. 그럴 경우에 우리는 이들 주어진 자료(혹은 핵심적인 요소들)만 알게 되면 곧바로 임금수준이 얼마가 될 것인지를 계산(혹은 결정)해낼 수 있는 이론을 세울 수 있다. 이것은 마치 역학에서 힘의 위치와 크기를 알면 정리•를 이용해서 어떤 균형점이나 운동경로를 상정해낼 수 있는 것과 꼭 마찬가지다. 이론도 역시 두 시기나 두 나라 사이의 임금격차에 대하여 이 격차가 궁극적으로 어디에서 비롯된 것인지를(어떤 특정 양적 지표가 모든 임금의 변동에 혼자서 끼치는 영향이라는 의미를 갖는다는 점에서) 알려줄 것이다. 이론의 출발점은 (그것이 진실된 이론일 경우에) 어떤 상황에서 일어날 수 있는 변동을 계산해낼 수 있는 기초로서 각 사물들이 현실에서 서로 어떻게 연관되어 있는지를 그려내는 것에 있다. 거꾸로 그런 계산은 사물의 현실적 변화가 어떻게 진행될 수 있는지를 보여줌으로써 거기에 대응할 행동의 지침으로 사용될 수 있다.

그러나 이론이 그려내고 있는 관련들이 현실세계의 참된 그림이 아닐 경우에(그것이 실제로 존재하지 않는 것이라서 혹은 가장 중요한 것이나 반드시 고려해야 하는 것을 빠뜨렸기 때문에) 이론은 거짓이 될 수 있다. 이론은 또한 어느 정도까지 진실된 것이라 할지라도 그것이 자신의 계산과 예

• 定理(theorem): 진리로 증명된 일반 명제 — 옮긴이

측의 기초로 선별해낸 '핵심' 요소들이 사실상 생각했던 것보다 다른 변수들로부터 그다지 독립적이지 않을 경우 그것이 원래 의도했던 사용 목적 — 그것이 제기한 문제에 대한 답변 — 에 적합하지 않은 것일 수도 있다. 사람들은 때때로 임금이론에 대해서, 노동시장이란 갖가지 힘들이 서로 뒤엉켜 있는 너무나 복잡한 것이라서 아무리 단순화한 이론이라도 특정 유형의 상황이나 특정 시기의 제한된 기간을 넘어서까지 상당한 타당성을 갖는 계산을 도출하기는 어렵다고들 말한다. 지금까지 임금이론의 발전은 임금이 실제로 어떻게 움직이고 이런 임금의 변동이 다른 요소들의 변동과 어떻게 관련되어 있는지를 알려줄 통계자료나 체계적인 자료의 부족으로 크게 방해를 받아왔다. 그래서 임금이론은 사물의 일반적인 윤곽에 대한 보편적인 지식이나 기타의 추론들에 기초하여 보다 뚜렷한 모습의 커다란 개요를 그려내는 방식으로만 현실 세계의 단순화된 그림을 만들어내야만 했다. 최근 이런 통계자료의 부족은 상당 부분 해결되기 시작하고 있으며, 그런 자료들로 이루어진 가치 있는 연구들이 조금씩 이루어지기 시작함으로써 우리의 그림에서 중요한 부분들이 채워질 수 있게 되었다. 그러나 여기에서도 역시 현실세계의 복잡성은 종종 심각한 장애가 되고 있다. 즉 현실세계의 변동과 변화가 너무 커서 한 장소나 한 시기로부터 도출한 자료에 기초한 어떤 일반적인 이야기도 모두 다른 장소나 다른 시기(상황이 변하고 서로 뒤엉킨 요소들의 상대적인 중요성이 달라진)에 적용하기에는 매우 제한적이라는 것이다.

| 제2절 | 전통적인 임금이론

전통적인 임금이론은 대개 매우 경직적인 유형들이었다. 즉 이것들은 임금수준을 결정하는 요인들에 대해 매우 단순하고 단정적으로 이야기하고 있다. 이들 중 대부분(비록 전부는 아니더라도)은 임금수준이 극히 예외적인 경우를 제외하곤 아무리 노동시장의 경제적인 힘들이 자유롭게 작용하면서 간섭(이런 간섭이 고용주들에게 노동조합이 일정 수준의 임금을 강요하는 행동을 하는 것이든, 아니면 정부가 최저임금을 법적으로 정하는 것이든 상관없이)한다 하더라도 그리 쉽사리 항구적으로 변할 수는 없다고(적어도 실업과 같은 형태로 임금소득자들에게 손해를 입히지 않는 채로는) 주장했다. 그동안 이들 이론에 대하여 때때로 이루어진 비판은 이들 이론이 많은 중요한 관계들(특히 주어진 요소들에 대하여 임금수준이 다시 거꾸로 끼치는 영향)을 도외시하고 있으며, 무엇보다 실제 임금이 결정되는 현실에 비해 자신들이 강조하는 요소들에 의해 지나치게 경직적으로 결정되는 것처럼 가정하고 있다는 것이었다. 최근 들어 이런 비판은 다시 힘을 얻어 몇몇 강력한 주장으로 집약되고 있다. 이에 대한 논의는 다음 장에서 다루게 될 것이다. 우선 우리는 전통적인 이론들이 견지해오던 논지에 대해서 살펴보도록 하자. 이들 이론은 그들이 강조하고 있는 임금 결정요소의 유형에 따라 크게 두 가지 부류로 나눌 수 있다. 하나는 임금을 주로 노동력의 **공급**(사실상 임금의 생산비설)에 영향을 끼치는 요소들에 의거하여 설명하는 이론들이다. 그리고 다른 하나는 임금을 주로 고용주의 노동**수요**에 영향을 끼치는 요소들(자본공급이나 노동생산성)에 의해 결정되는 것으로 간주하는 이론들이다. 어떤 경제학자들은(가장 유명한 사람으로는 마셜[1]) 이들 두 가지 유형의 설명을 종합하여 두 종류의 결정요인 사이에 균형을 잡아보려고 노력하기도 했고, 그 결과 일종의 절충적인 이론을 만들어냈다.

| 제3절 | 생계비설

임금이론 가운데 최초의 이론은 공급이론이었다. 이는 여러 가지 점에서 가장 단순한 이론이기도 했다. 이 이론은 노동의 가격이 노동자의 생계비에 의존한다고 단순하게 주장했다. 즉 임금은 노동자와 그의 가족을 먹이고 입히는 데 필요한 상품량과 같은 것으로, 이 상품량은 "노동자가 생계를 영위하고 자신의 종족의 대를 이어나갈 수 있도록 만드는"(데이비드 리카도David Ricardo) 사회적 비용을 나타낸다는 것이었다. 이 말은 곧 노동자가 임금제도 아래에서 받는 임금이 노예제도나 농노제도 아래에서 노동자들이 받던 것(두 경우 모두 노동자의 '마모'(즉 노동자의 종족의 대가 끊기는 것)를 보전하기에 충분할 정도)과 똑같다는 것을 의미한다. 실제로 상당수의 학자들은 애덤 스미스의 생각에 동조하여 "자유로운 노동자가 먹고 입는 비용은 노예제도에서와 마찬가지로 그의 주인이 부담하기는 하지만, 일반적으로 그 비용은 주인 쪽에서 볼 때 노예에게 들어가는 것보다 훨씬 적은 편이다"라고 주장했다. 왜냐하면 자유로운 노동자는 자신의 식탁을 차릴 때 노예의 식사를 관리하던 감독자보다 훨씬 더 검소하게 절약할 것이기 때문이다. 그러면서도 동시에 자유로운 노동

1 마셜의 이론은 다소 덜 경직적이며, 다른 경제학자들의 이론보다 노동조합의 행동에 좀 더 주의를 기울인 것이었다.

자의 노동은 아마 노예보다 더 능률이 높고 생산적일 것이다. 또한 이들의 주장에 따르면 생활필수품의 가격이 상승하거나 하락하면 명목임금도 곧이어 상승하거나 하락할 것이며, 만일 임금에 세금이 부과된다면 임금도 그 액수만큼 상승해야 할 것이고 따라서 결국 그 세금의 부담은 고용주에게 전가될 것이다.

이 이론이 논리적 근거로 삼고 있는 것은 유명한 토머스 맬서스(Thomas Malthus)의 인구법칙으로, 19세기 초반 경제학자와 일반인들 사이에서 널리 받아들여지고 있었다. 후대 경제학자들의 말로 표현한다면, 그 법칙은 노동공급을 무한히 탄력적인 것으로 본다. 즉 노동에 제시된 가격이 일정 수준 이상으로 상승하면, 노동의 공급은 언제나 무한히 증가한다는 것이다. 만일 임금이 노동의 공급을 유지하는 데 필요한 수준을 넘어서 상승한다면, 노동자들의 가족 수가 증가하여 노동공급이 증가한다. 노동공급이 증가하면 일자리를 얻기 위한 경쟁이 치열해지고 그 결과 임금은 어쩔 수 없이 다시 하락한다. 거꾸로 임금이 생계수준 이하로 하락하면 아이들이 굶어 죽거나 더 이상 출생하지 않게 되고, 이것은 결국 다음 세대에서 노동의 공급을 감소시킬 것이다. 그러면 감소한 노동자 수를 놓고 고용주들 사이의 경쟁이 치열해져서 임금은 다시 상승할 것이다. 이것은 마치 역학적인 균형이 이루어지는 경우와 동일하다. 즉 시계추처럼 '정상' 위치에서 조금만 벗어나도 그것을 '정상' 위치로 되돌리려는 힘이 작용하는 것이다. 사물은 균형 상태로 자리를 잡기까지 어느 정도 시간이 걸리지만('시장가격'은 상당 기간 '정상가격' 주변에서 변동한다) 충분한 시간이 지나고 나면 균형을 회복한다.

임금제도의 초기 단계에서는 이 법칙이 거의 맞는 것처럼 보였다. 그러나 그렇게 보였던 까닭은 농촌에서 도시로 일자리를 찾아 새로운 노동력이 계속해서 유입되었기 때문이다. 이는 농촌부락의 빈곤, 인클로저 운동, 농업의 변동과 수공업의 와해 등으로 인한 것이었지 인구의 증가를 통해 임금이 생계비 수준 이상으로 상승하는 것을 억제하는 '자연' 법칙 때문이 아니었다. 오늘날의 경험에 비추어보면, 임금이 상승하면 인구가 자동적으로 증가한다고 생각할 만한 근거는 확실히 존재하지 않는다. 사실은 그 반대의 경우에 대한 증거들만 있을 뿐이다. 그러나 노동자들이 생활수준이 매우 낮아서 빈곤 때문에 미래에 대한 아무런 희망도 갖지 못하고, 아이들이 영양실조로 계속 죽어나가기 때문에 가족 수가 결코 늘어나지 못하고 줄어들기만 하는 그런 경우에는 임금과 인구 사이의 밀접한 관련이 다시 현실에 조금 접근하는 것으로 드러날 수도 있다.

| 제4절 | 습관과 관습의 영향

그런데 생계비설을 주장하는 사람들 자신이 인정하고 있는 사실 가운데, 생계비설이 임금에 대한 완벽한 설명이 되지 못함을 사실상 보여주는 것이 있다. 예를 들어 리카도는 노동자들의 식단에서 반드시 '필요한' 것이 무엇인지를 결정하는 데 습관과 관습이 매우 중요하게 작용한다고 주장했다. 즉 임금을 결정짓는다고 생각되는 생계비 수준에는 단지 물리적인 생활필수품뿐만 아니라 약간의 기호품도 포함된다는 것이다. 매우 명시적으로 밝히고 있지는 않지만, 리카도는 이에 대한 이유로 두 가지를 언급하고 있다. 한 잔의 맥주나 한 개피의 담배 같은 약간의 기호품을 오랫동안 익숙하게 즐겨오던 노동자는 만일 자신의 임금이 감소하면 이들 기호품의 소비를 줄이는 것이 아니라 오히려 물리적인 생활필수품의 소비를 줄인다는 것이다. 달리 말해 습관이 이들 기호품을 '관습적인 생활필수품'으로 바꾸어버린 것이다. 게다가 노동자가 언제 결혼하는 것이 현명할지, 자녀는 몇 명쯤 낳는 것이 바람직할지를 결정할 때 수행하는 경제적인 계산에는 그가 반드시 필요하다고 **생각하는** 생활수준이 분명히 포함된다.

습관과 같은 변수를 중요하게 받아들이는 것은 이론의 완벽성에 상당히 큰 구멍을 내는 일이었다. 그것은 절대적인 형태의 생계비설이 습관과 관습을 인정하고 일정 수준의 관습적 필요를 생계수준에 포함하는 것으로 가정할 경우에만 올바른 이론이 될 수 있다는 것을 의미한다. 그러나 습관은 변하기 때문에 이 말은 결국 그 이론이 습관과 관습이 변하지 않는 상태라고 여겨지는 제한된 기간 동안에만 적용될 수 있다는 것을 의미한다. 즉 이 이론으로는 관습이 눈에 띄게 변화할 정도의 기간을 넘어서는 장기간의 예측은 할 수 없다. 더구나 임금의 변동 그 자체가 습관의 변화를 유발하는 **원인**이기도 하다. 새로운 임금수준이 임금소득자를 새로운 생활수준에 익숙하게 만들기 때문이다. 이 경우에 영향을 끼치고 받는 인과관계가 뒤집어져버린다. 즉 인구법칙에 따른 노동공급의 필연적인 변동에 의해 임금이 생계비 수준에 어쩔 수 없이 맞추어지는 것이 아니라 임금수준 그 자체가 노동의 공급 조건에 영향을 끼치게 되고 임금의 상승이 임금을 결정짓는 조건을 변화시키는 것이다.

리카도가 습관과 관습의 이런 영향을 중요한 요소로 생각하지는 않았던 것은 분명해 보인다. 왜냐하면 그는 습관의 영향을 대체로 단기(10년 혹은 기껏해야 20년 정도)에만 국한되는 것으로 간주했고, 인구법칙(이 법칙은 언제나 임금을 생계비 수준으로 밀어붙이는 경향이 있다)이야말로 장기간에 걸쳐 충분히 영향력을 발휘하는 강력한 요소이며 습관의 영향까지도 무력화해버리는 요소로 간주했기 때문이다. 일시적으로 임금수준은 상승 경향을 보일 수도 있다(꼭 마찬가지로 임금수준은 순수한 생계수준 이하에 상당 기간 동안 머물 수도 있다). 이런 경우는 경제성장이 급속히 이루어져 자본이 계속해서 축적되고 산업이 확대됨으로써 노동에 대한 수요가 노동의 공급보다 더 빨리 증가할 때 발생한다. 임금이 상승하면 노동계급의 생활수준에 새로운 기호품들이 도입되면서 노동계급에게 새로운 습관이 형성된다. 이런 시기에는 "노동자들의 생활이 풍요롭고 행복하다. 노동자는 더 많은 생활필수품과 기호품들을 누릴 수 있는 능력을 갖고 따라서 그의 가족들도 건강하고 숫자가 불어난다." 그러나 이런 발전에는 언제나 곧바로 출산의 증가라는 필연적인 압박이 뒤따른다. 그리고 경제발전이 둔화되면서 곧바로 임금인상에 유리한 조건은 종말을 고한다. 노동의 공급이 수요를 따라잡는 것이다. 임금수준이 다시 하락하기 시작하면 습관은 앞서 그것이 상향조정될 때와 마찬가지로 쉽게 하향조정될 것이다.

리카도가 과연 경제성장이 계속 이루어지는 기간에도 인구법칙이 전반적으로 이처럼 임금을 생계수준으로 도로 되돌릴 만한 충분한 힘을 발휘하는지, 혹은 생계비설을 하나의 '정태'(靜態, static)이론•으로 간주했는지, 즉 일정한 변동기간이 지나서 성장이 다시 정체 상태로 가라앉으면 임금이 원래의 수준으로 되돌아간다고 봄으로써 어떤 균형수준을 가정하는 이론으로 간주했는지의 여부는 모두 분명하지 않다. 그는 "경제가 계속 성장하고 있는 사회에서는 시장(임금)율이 무기한 계속해서

• 시간의 흐름과 무관한 현상 그 자체의 법칙을 추구하는 이론 ―옮긴이

생계비 수준 이상에 머물 수 있다"라고 말함으로써 후자의 입장을 보이기도 한 반면에, 인구가 정체된 나라에서는 생계비 그 자체가 급속히 상승하는 경향을 갖는다고 강조함으로써 전자의 입장을 취하기도 했다. 이 둘의 차이는 의자앉기 놀이•에서 음악이 연주되고 있을 동안 놀이 참가자들의 자리와 음악이 멈추었을 때 참가자들의 자리 사이의 차이와 같다. 그런데 현실세계에서는 음악이 멈추는 법이 거의 없다(변화는 끊임없이 일어난다). 만일 리카도가 생계비설을 단지 두 번째 의미로만 생각했다면, 그것은 계속해서 변동하는 현실세계의 문제에 극히 제한된 의미로만 적용될 수 있을 것이다. 그럼에도 이 이론이 여전히 갖는 의미는 다음과 같다. 즉 노동계급의 상태가 개선될 수 있는 유일한 희망은 자본축적과 산업성장의 속도를 유지하고 임금소득자의 인구 증가율을 억제하는 데 있다는 사실이다. 그러나 이후의 경제학자들(예를 들어 나소 시니어 Nassau Senior, 그리고 어느 정도까지는 존 스튜어트 밀••도 포함된다)은 리카도보다 관습의 변화가 끼치는 영향을 더욱 강조하는 경향을 띠었고, 그럼으로써 '인구철칙'•••의 필연성을 포기하고 그 대신 수요와 공급이 혼합된 몇 가지 형태의 설명을 끌어들였다.

• musical chairs: 음악에 맞추어 의자 주위를 돌다가 음악이 멈추면 의자에 앉는 놀이로서 의자에 앉지 못하는 사람은 탈락하게 된다. — 옮긴이

•• John Stuart Mill, 1806~73: 영국의 사회학자, 철학자, 경제학자. 마지막 고전경제학자로 손꼽힌다. — 옮긴이

••• iron law: 인구법칙이 관철되는 경향을 강조하는 말 — 옮긴이

| 제5절 | 마르크스와 단체교섭력

카를 마르크스(Karl Marx)는 특히 습관과 관습이 끼치는 이런 영향을 강조했다. 그는 이런 영향력을 강조하면서 임금이론을 실천적인 의미에서 새로운 형태로 만들었다. 마르크스는 리카도의 생각을 따라 자본주의에서 노동력이 상품인 한, 그리고 그것의 공급과 가치가 다른 상품과 비슷한 방식으로 이루어지는 한, 노동력의 시장가격이 노동력을 유지 보존하는 데 요구되는 생계비 가치로부터 오랫동안 떨어져 있을 수 없다고 보았다. 동시에 그는 노동력이 다른 상품과는 다른 차이점을 가지고 있다고 생각했다. 즉 그것은 인간이라는 존재에 부속되어 있으며, 그로 인해 그것의 공급은 인간인 노동자의 생계에 필요한 것이 무엇인지를 결정짓는 '역사적·사회적 요소'에 의해 지배를 받는다는 독특한 의미를 갖는다는 것이다. 그는 이렇게 말한다. "노동력•의 가치는 두 가지 요소에 의해 형성된다. 하나는 순전히 물리적인 요소이고, 다른 하나는 역사적 혹은 사회적인 요소이다. 노동력 가치의 **최저한도**는 **물리적**인 요소에 의해 결정된다. 노동력 그 자체를 유지하고 생산하기 위해, 즉 노동력의 물리적 존재를 지속시키기 위해 노동자계급은 생계를 유지하고 종족을 번식하는 데 절대적으로 필요한 필수품을 공급받아야 한다. …… 이런 순전히 물리적인 요소 외에 노동력••의 가치는 모든 나라에서 **전통적인 생활수준**에 의해 결정된다." 서로 다른 나라, 서로 다른 시기, 심지어 같은

• 원본에는 '노동'이라고 되어 있는데, 나중에 마르크스가 사용하는 개념에 비추어 보면 '노동력'이 맞아서 임의로 수정했다. — 옮긴이
•• 이것도 원본에는 '노동'이라고 되어 있으나 수정했다. — 옮긴이

나라의 서로 다른 지역들 사이의 임금의 격차를 설명해주는 것이 바로 이 후자의 영향력이다. 따라서 노동조합이 단결된 행동을 통해 임금수준을 높이려고 노력할 때, 그들은 장기에 걸쳐 관철되는 '임금철칙'에 대항하여 헛된 싸움을 벌이는 것이 아니다. 오히려 반대로 그들의 행동은 그 자체로 '사회적 요소'의 한 부분을 이루며, 그들이 획득한 이익은 그 자체 미래의 '전통적 생활수준'을 만들어나가는 데 참여하고 있는 것이다. "이 문제는 결국 싸우는 두 당사자의 상대적인 세력의 문제로 귀결된다."[2]

마르크스는 이처럼 교섭력의 영향을 강조했고, 그래서 그의 관점은 그동안 교섭설 혹은 임금 '세력'설의 **범주**로 분류되어왔다. 하지만 그러면서도 그는 이 문제를 전적으로 불확정적이고 예측 불가능한 것으로 간주함으로써 리카도와 크게 다르지 않았다. 예를 들어 그는 자본주의 임금제도가 존속하는 한, 노동조합이 집단행동을 통해 임금을 무한히 인상하고 이윤을 압박하는 일이 가능하다고 생각하지 않았다. 고전적인 법칙의 상당수는 계급갈등이라는 '사회적 요인'으로 그 영향력이 대폭 축소되기는 했지만, 여전히 그에게 그대로 받아들여졌다. 하지만 리카도와 달리 마르크스는 맬서스의 인구법칙은 받아들이지 않았고 사실상 그것을 명시적으로 거부했다. 따라서 그것과는 다른 어떤 요인이 노동공급을 결정하는 요소로 대체되어야 했다. 그의 이론에서 이렇게 새롭게 도입된 요소가 바로 그가 '산업예비군'이라고 불렀던 것이다. 그것은 그가 '상대적 과잉인구'의 법칙이라고 바꾸어 부르기도 했던 이론이다. 이 이론에 따르면, 일자리를 구하고자 하는 노동공급은 자본주의 임금제도의 특

2 Karl Marx, *Value, Price and Profit*, ed. Eleanor Aveling, 1898, p. 85 이하.(이 책을 편집한 엘리너 에이블링은 마르크스의 셋째 딸이다. —옮긴이)

수한 성격 때문에 노동에 대한 수요를 항상 초과하는 경향이 있다. 그 특수한 성격이란 곧 임금이 상승하면 갖가지 방법으로 그것을 저지하려는 저항의 강도도 함께 높아지는 성향을 가리킨다.[3] 이런 방법에는 노동력을 기계로 대체하는 것, 주기적인 경제위기의 발생(이것은 대량의 실업을 발생시켜 임금수준의 상승에 압박을 가한다), 그리고 더 값싼 노동력을 조달하기 위한 자본의 수출 경향 등이 포함된다.

| 제6절 | 임금기금설

리카도가 생계비설에서 유보시켰던 한 가지 조건, 즉 "경제가 계속 성장하고 있는 사회에서는 계속해서" 임금이 생계비 수준 이상으로 상승할 수 있다는 것은 수요의 측면을 강조한다. 이처럼 수요 측면을 강조한 이론으로 널리 알려진 것이 임금기금설(Wage-Fund Doctrine)이다. 이 이론은 공급 측면에서 수요 측면으로 강조점이 이동한 것을 대표하면서도 정작 이론의 주창자들은 이 이론이 리카도 이론을 대체하는 것이기보다는 리카도 이론을 발전시킨 것으로 간주했다. 이제 여기에서는 일반적으로 단지 자본만이 노동자들에 대한 '임금의 선대(先貸)'•를 구성하는 것

3 이렇게 되는 이유 가운데 중요한 한 가지는 현재의 경제제도 아래에서는 자본수익률에 신경을 집중시키는 경향이 있고, 이 자본수익률을 떨어뜨리는 경향에 대해서는 어떤 것에 대해서도 강고하게 저항하는 성향이 존재한다는 것이다.

• advance: 미리 이루어지는 지출을 뜻하는데, 자본주의 생산양식에서는 자본가가 생산을 위해 생산요소를 미리 구입하면서 지출하는 것을 가리킨다. 말하자면 투하자본에 해당한다. —옮긴이

으로 간주되었다. 이 말은 생산물을 완성하여 판매하기 전에 먼저 노동력을 구매하기 위해 임금을 지불하는 데 사용되는 총액이란 뜻이다. 따라서 노동에 대한 수요는 자연히 기존 자본의 재고량으로부터 제공되는 것으로, 혹은 적어도 자본의 축적량에 따라 곧바로 변동하는 것으로 간주되었다. 그렇기 때문에 임금수준은 간단한 나눗셈을 통해서 산출된다. 즉 자본가가 임금의 선대 형태로 지출하려고 하는 자본총액(임금기금)을 일자리를 구하는 임금소득자 인구의 수로 나누면 되는 것이다. 밀은 이렇게 말했다. "임금은 자본과 인구의 상대적인 양에만 의존하는 것이지, 경쟁의 법칙이라든지 하는 다른 어떤 것으로부터 영향을 받을 수 있는 것이 아니다."

그런 점에서 이 이론은 과거의 이론이 갖던 경직성에서 약간 벗어나 있다. 아마도 결정론적인 장기이론 혹은 '정태'이론을 제시하려 했던 기존의 노력을 포기하고, 그 대신 하나의 변화하는 세계 속에서 임금의 변동을 설명하려 한 것이라고 말할 수 있겠다. 임금이 어쩔 수 없이 반드시 복귀하고야 마는 단 하나의 균형수준(노동력의 생산비에 의해 결정되는)은 이제 더 이상 존재하지 않게 되었다. 그 대신 이제는 계속 변동하는 자본과 인구 사이의 비율에 의해 결정되는 가변적인 '자연임금률'이 존재한다. 물론 이 이론의 주창자들이 맬서스 인구법칙에 대한 믿음을 아직 버리지 않았던 것은 사실이다. 그러나 전반적으로(모두가 똑같았던 것은 아니지만) 이 법칙이 임금에 끼치는 모든 영향을 기각해버린다는 교조적인 입장은 상당히 완화되었다. 그래서 **만일** 인구의 증가 속도가 늦추어져서 자본의 축적 속도보다 더 느리게 진행될 수 있기만 하다면, 임금수준은 상승할 수 있다는 것이었다. 이런 일이 일어날 수 있을지에 대해 그들이 확신한 것은 아니었지만[4] 적어도 더 이상 그 가능성마저 부인하지는 않게 되었던 것이다.

그럼에도 이 이론이 자신의 주장을 펼치는 방식은 매우 경직적이다. 단체교섭력이나 노동조합의 행동으로는 전반적으로 임금수준을 변동시킬 수 없으며, 자본축적을 방해하는 어떤 조치(예를 들어 부자에게 과세하여 가난한 사람들에게 보조금을 지급하는 따위)도 임금기금을 감소시킴으로써 결국은 임금을 더욱 낮출 뿐이라는 것이 이 이론에서 원칙적으로 굽히지 않은 주장이었다. 노동자들의 상태를 개선할 수 있는 유일한 희망은 노동자들 자신의 가족 수를 줄이고 자본가들의 부를 늘리도록 돕는 것뿐이다. 빅토리아 시대의 대부분 기간에 걸쳐 경제학자들은 이런 방식으로 노동자계급과 노동조합 지도자들에게 그들의 행위가 얼마나 어리석은 짓인지를 가르치고 충고했다. 만일 노동자 가운데 일부가 법이나 노동조합의 행동에 의해 임금인상을 쟁취하면, 이것은 필연적으로 다른 노동자들에게 사용할 임금기금을 줄임으로써 다른 노동자들의 임금이 하락하거나 실업 상태가 되도록 만들 것이 틀림없다는 것이었다. 거꾸로 만일 노동자 가운데 일부가 비정상적으로 낮은 임금을 받도록 강요당할 경우에도, 이것은 사실상 노동자계급 전체의 손실을 유발하는 것이 아니다. 단지 다른 노동자들에게 사용할 임금기금을 조금 더 늘릴 뿐이다. 결국 노동조합이나 국가의 행동은 만일 그것이 자본축적을 방해하거나 노동자들의 출생률을 과거보다 더 높이는 것일 경우에 그것이 의도했던 것과는 반대의 효과를 얻을 가능성이 더 높은 것이다. 제인 마르세의 유

4 예를 들어 밀은 자신의 저서 『경제학 원리』(*Principles of Political Economy*, 7th ed., vol. I, 1871, p. 425)에서 곡물법의 폐지가 정말로 노동자계급에 조금이라도 이익이 되는 것으로 계산된 것인지에 대해 의문을 제기했다.

명한 대중적 소개서에서 B부인은 자신의 학생 캐롤라인에게 이 문제를 다음과 같이 설명하고 있다. "(임금률은) 그 나라의 노동자 수와 자본의 비율에 달려 있다. …… 자연적인 상태로 내버려둘 경우 임금률을 결정하는 것은 단지 이것뿐이다. 단지 이것만이 노동에 대한 수요를 창출하기도 하고 없애버리기도 한다. …… 노동자의 수가 변하지 않을 경우 임금률은 자본의 증가에 따라 상승하고 자본의 감소에 따라 하락한다. 만일 자본의 크기가 불변이라면 임금률은 노동자의 수가 늘어나면 하락하고 노동자의 수가 감소하면 상승한다. 혹은 수학자들의 표현방식을 빌린다면 임금률은 자본량에 정비례하고 노동자의 수에 반비례한다. …… 자본이 존재하는 곳에서는 가난한 사람들이 항상 일자리를 구할 수 있을 것이며, 따라서 노동에 대한 수요는 자본의 크기에 비례한다."[5] 그렇기 때문에 만일 부자들에게 세금이 부과되거나 혹은 그들의 자산이 감소한다면, 그만큼 노동자들에게 일자리를 제공할 수 있는 자본도 감소할 것이다. "빈민들을 위한 이런 제도(빈민구제법을 통해서)가 만들어내는 가장 나쁜 죄악은 그것이 바로 노동의 가격을 하락시킨다는 점이다. 자본가들이 구빈세로 지불해야 하는 액수는 반드시 그만큼 노동자들의 임금을 하락시킬 것이다. 왜냐하면 만일 구빈세가 존재하지 않는다면, 그의 자본은 그만큼 더 커질 것이고 그에 따라 노동에 대한 수요도 그만큼 더 커져서 결과적으로 노동자들의 임금도 더 커질 것이기 때문이다."[6] 자선이나 빈민구제는 그것이 공적인 것이든 사적인 것이든 간에 경제학의 이 냉엄한 법칙을 바꿀 수 없다.

5 Jane Marcet, *Conversation on Political Economy*, pp. 109, 117～18, 130.

6 같은 책, p. 164.

습관과 관습의 변화가 필요한 생활수준이라고 간주되는 것에 영향을 끼치고, 따라서 노동의 공급에 영향을 끼친다면 이것은 생계비설에서 그랬듯이 임금기금설(적어도 이 이론에 의해 도출되는 얘기들)에도 수정을 가할 수밖에 없다. 관습의 영향이 중요하다면 노동공급을 변동시키고 노동력의 '자연가격'을 변동시키는 한 가지 방법은 임금을 인상하는 것이다. 그리고 이것을 목표로 하는 노동조합의 '개입'은 임금이 계속해서 상승할 수 있는 바로 그런 조건을 낳게 될 것이다. 그러나 맬서스의 인구법칙에 대한 믿음이 계속 지배하는 한, 사람들은 생계비를 초과하는 부분이 출생률을 높여서 증가한 인구가 그 부분을 먹어치우지 않을 것이라고는 믿지 않으려 했다. 그래서 사람들은 관습의 영향이 기껏해야 인구의 증가를 지배하는 자연법칙을 조금 지연시키는 것일 뿐이라고 생각했다. 그러나 19세기에 접어든 지 얼마 되지 않아 분명하게 드러난 사실은 생활수준이 높은 사람들 사이의 출생률은 높아지는 것이 아니라 낮아지는 경향이 있다는 것이었다.[7] 그래서 덜 빈곤한 사람들에게서 유아사망률이 낮다는 점을 감안하더라도 인구 증가율은 생활수준의 상승에 따라 실제로 감소했던 것이다. 따라서 임금의 상승은 맬서스주의자들이 생각하던 것과는 반대 방향으로 노동공급에 중요한 영향을 끼친다고 이야기할 수 있다.

다음 장에서 이야기할 고임금의 경제(Economy of High Wages)라고 하는 원리는 임금기금설의 중요한 두 번째 수정요인을 제공한다. 왜냐하면 이 원리는 노동생산성이 상당한 정도로 임금수준에 의해 결정된다는

7 이례적으로 이런 주장을 한 사람은 시니어였다. 그는 매우 일찍이 이것을 근거로 임금수준의 꾸준한 상승을 예견했다.

것을 보여주었기 때문이다. 만일 임금의 상승이 노동의 효율을 높일 수 있다면, 아마도 그것은 노동의 구매에 더 많은 기금을 지출하도록 고용주들을 자극함으로써 당연히 노동에 대한 이들의 수요를 증가시킬 것이다. 따라서 임금의 상승은 노동의 공급조건은 물론 임금기금 그 자체의 규모에도 영향을 끼칠 수 있을 것이고, 따라서 임금기금설의 지지자들이 생각했던 것과는 반대방향으로 노동수요를 이동시킬 것이다. 이런 수정요인과 자본의 성질에 대한 견해의 변경으로부터 영향을 받아 19세기 말이 되자 경제학자들은 노동을 고용하고자 하는 자본이 (마셜의 이야기를 빌려 말한다면) "기금•이 아니라 하나의 유량••"으로 구성되어 있다고 말하기에 이르렀다. 산업생산물의 잉여와 이 잉여로부터 축적된 자본의 증가를 통해 매우 느리게만 증가할 수 있는 경직된 기금이 아니라 이제 유량으로 분류된 유동자본은 신속하게 양적으로 변동할 수 있는 것으로 간주되었다. 그것은 투자자계급이 당장의 향락을 위해 소비하는 것보다 미래의 수익을 위해 투자하는 것이 더 낫겠다고 생각하는 바에 따라 늘어날 수도 있고 줄어들 수도 있는 것이었다. 만일 소비와 투자라는 두 배출구의 상대적인 수준이 변하고 자본의 흐름을 어느 쪽으로 돌릴지에 대한 유인이 변한다면, 소득은 신속하게 그 흐름을 바꿀 수 있다. 어떤 경우에도 수개월이나 1년 정도의 단기간에는, 앞으로의 식품 공급이 당분간은 양적으로 엄격히 제한되어 있다는 의미에서, 임금으로 지불될 수 있는 **실질적인** 기금이 고정될 수 있는 게 사실일 것이다. 그 때문에 임금 소득자들에게 지불되는 **화폐**액수가 늘어난다 하더라도, 이것이 당장 생

• fund: 고정된 크기라는 의미 ―옮긴이
•• flow: 변동될 수 있는 크기라는 의미 ―옮긴이

활필수품의 공급을 늘리지는 못할 것이므로 결국 명목임금의 지출 증가는 단지 생활필수품의 가격만 상승시키는 결과를 가져올 뿐이라고 주장하는 사람들도 종종 있다. 그러나 1865년 마르크스가 임금기금설을 옹호하는 사람들에게 답하면서 지적한 것과 같이, 이런 임금기금의 경직성은 단기간에만 해당된다. 잠깐의 단기간이 지나고 나면 생활필수품에 대한 수요 증가는 과거에 부자들이 구매하던 사치품의 생산을 줄이고 그 대신에 이들 생활필수품에 대한 공급의 증가를 불러올 것이다. "자본과 노동은 수익이 낮은 부문에서 수익이 높은 부문으로 이전될 것이다. 이런 이전 과정은 한 산업부문에서 공급이 증가된 수요에 비례하여 증가할 때까지, 그리고 다른 산업부문의 공급이 감소한 수요에 맞추어 감소할 때까지 계속될 것이다."

| 제7절 | 한계생산력설

앞서 이야기한 수정사항들이 중요하다는 것을 인식함으로써, (대부분의) 경제학자들은 19세기 말경에는 임금기금설을 포기하고 그보다 덜 경직된 유형의 수요이론으로 주의를 돌렸다. 몇몇 경제학자들에게서(그 중 가장 대표적인 사람이 마셜이다) 이 새로운 견해는 노동에 대한 수요를 바라보는 방향이 대폭 이동한 것을 의미했다. 즉 이들은 노동의 수요를, 투자하고자 하는 액수에 대해 자본가들이 사전에 내려놓은 결정으로부터 도출하던 과거의 관점에서 이제 노동생산물로부터 도출하는 새로운 관점으로 이동했다. 유동자본을 이제는 더 이상 고정된 기금이 아니라 가변적인 유량으로 간주함으로써, 이 관점은 노동생산성의 증가(노동 그 자체의 효율의 변동에 의한 것이든, 다른 요인에 의한 것이든 상관없이)는 모두 자본의 흐름을 즉각적으로 촉진하고 노동에 대한 수요를 증가시킨다고 강조했다. 그러나 내가 생각하기에 이 새로운 관점과 전통적인 관점 사이의 차이를 지나치게 강조하는 것은 그다지 현명한 일이 아닌 것 같다. 그리고 많은 경제학자들에게서 한계생산력설은 그것의 새로운 관점을 부각하기보다는 과거의 전통적인 이론의 본질을 그대로 견지한 상태에서 받아들여진 것으로 보인다. 노동에 대한 수요가 더 이상 고정된 기금으로 이루어진 것이 아니라 노동생산성의 변화에 신속하게 영향을 받는 가변적인 것으로 간주된 것은 사실이다. 이 수요와 노동생산성의 변동 사이의 관계가 더 엄밀하게 정의된 것도 사실이다. 그러나 '고임금의 경제'가 진실이라는 것이 받아들여졌는데도 전통적인 이론에 따른 많은 결론은 약화되기보다는 오히려 강화되었다. 예를 들어 노동에 대한 수요가 탄력적일 때 임금을 그것의 '자연적 수준' 이상으로 올리는 인위적인 개입은 (만일 이것이 생산성의 증가를 수반하지 않을 경우에) 노동자의 고용에 투입될 기금을 불변인 상태로 유지하는 대신, 실질적으로 감소시킴으로써 더 손실이 되는 결과를 가져올 것이라는 주장이 그런 것이다.

이 새로운 이론이 취한 형태에 주로 기여한 것은 19세기 마지막 사반세기 무렵 경제학자들 사이에서 점차 관행으로 확산되고 있던 한계개념• 이었다. 이 시기의 경제학자들은 상품의 가격을 주어진 공급의 마지막 한 단위를 소비할 때 소비자가 얻는 추가적인 효용(혹은 만족도)을 통해 설명하려고 했다. 즉 밀의 공급이 x부셸로 주어져 있을 때, 부셸당 가격은 구매자 누군가에게서 x번째의 1부셸이 제공하는 효용으로 측정된다.

• 어떤 한계치에서 추가되거나 감소하는 단위량과 관련된 개념 —옮긴이

따라서 노동력의 가격도 이와 비슷한 방식으로 노동력의 구매자에게 노동력 한 단위가 제공하는 효용으로 설명될 수 있을 것이다. 그런데 노동력은 가사노동에 고용되어 있는 경우를 제외하고는 소비자의 욕망을 직접 충족해주지 않는다. 그것은 단지 어떤 생산물을 만들어냄으로써 간접적으로만 소비자의 욕망을 충족한다. 따라서 일정량의 노동공급이 주어져 있을 때, 노동의 가격은 그 공급의 마지막 한 단위가 만들어내는 추가적인 생산물에 의해 결정되는 것으로 간주되었다. 고용주에게서 그가 구매하는 노동력의 가치는 단지 그 노동력이 자신에게 만들어주는 생산물로만 구성된다. 추가로 10명의 노동자를 고용하면서 그가 지불해야 하는 가치가 얼마일지를 결정하는 데서, 고용주는 자신이 추가적인 10명을 고용함으로써 자신의 공장의 총산출량이 얼마나 더 늘어날지를 계산할 것이다. 이 '순생산물'(추가적인 노동자를 고용하는 데 들어가는 추가적인 원료와 같은 기타 비용을 모두 공제한 다음에 남는 것)이 그에게는 추가적인 노동자의 가치일 것이고 이들 노동자에 대한 그의 **수요가격**(demand price)이 될 것이다. 즉 그가 추가적인 임금으로 지출하고자 하는 액수가 될 것이다. 그리고 이것이 그가 자신의 유동자본의 유량을 확대하여 이익을 볼 수 있는 범위를 이룰 것이다. 그러므로 일자리를 구하는 노동의 공급량이 주어져 있다면 노동을 구하고자 하는 고용주들 사이의 경쟁은 임금을 바로 이 '순생산물'(노동공급의 마지막 한 단위가 총산출량에 추가하는 생산물)의 가치와 일치시키는 수준으로까지 상승시킬 수 있을 것이다. 만일 임금이 이 수준을 넘어서면 추가적인 노동의 공급은 반드시 실업을 유발하게 될 것이다. 왜냐하면 이 경우 추가적인 노동 한 단위에 드는 '비용'은 그것의 '가치'보다 더 높을 것이기 때문이다. 고정된 양의 설비나 장치를 가지고 작업을 하는 경우에 추가적인 한 사람의 노동자가 생산하는 추가적인 생산물은 일반적으로 기존에 이미 고용되어 있던 노동자 수가 많을수록 더 적어질 것이다. 달리 말해서 고정된 설비로부터 추가로 노동자를 고용하여 더 많은 산출량을 얻어내려고 할 경우에는 (일정한 지점을 넘어서면) '수확체감의 법칙'의 적용을 받게 된다. 그렇기 때문에 하나의 기업이나 하나의 산업, 혹은 한 나라 전체에서 주어진 자본과 자연자원을 가지고 주어진 임금으로 상당 기간 고용할 만한 가치가 있는 노동량에는 언제나 정해진 한계가 있다. 자본의 공급이 주어져 있고(혹은 한발 물러서서 투자자들이 희망하는 자본수익률이 주어져 있고) 자연자원의 공급과 기술수준 그리고 노동생산성이 주어져 있을 경우에 모든 사람이 일자리를 얻을 수 있는* 임금수준은 경직적으로 결정되어 있다. 만일 노동자들이 이 수준을 넘어서는 임금을 요구하면 반드시 실업이 발생하게 된다.

이것은 분명 과거의 어떤 이론보다 훨씬 더 정교하고 잘 다듬어진 이론이다. 그래서 많은 경제학자들은 이것을 하나의 완벽하고 최종적인 이론(임금에 대한 이론뿐만 아니라 소득분배 일반의 이론으로서도)을 제공한 하나의 발견으로 환호하면서 추종했다. 이 이론의 최초의 주창자 가운데 한 사람인 존 클라크**는 심지어 이것을 모든 시대와 모든 공간을 뛰어넘어 적용되는 임금의 참된 '자연법칙'이라고 선언하기까지 했다. 그리고 윌리엄 제번스***는 심오한 의미를 담은 함축적인 말로 노동자들이

- * 완전고용을 달성할 수 있는 — 옮긴이
- ** John Bates Clark, 1847~1938: 미국의 신고전파 경제학자. 한계혁명의 창시자 가운데 한 사람으로 제도주의 경제학에 대한 반대파였다. — 옮긴이
- *** William Stanley Jevons, 1835~82: 영국의 경제학자로 한계효용학파의 창시자 가운데 한 사람이다. — 옮긴이

받는 임금은 "그가 생산한 생산물의 정당한 가치"라고 애매모호하게 표현했다. 확실히 많은 사람들에게서 노동자들의 임금이 노동의 '생산성'에 따라 변동한다고 하는 말은 만족스럽고 최종적인 것처럼 보였다. 이런 생각으로부터 우리가 너무나 자주 듣게 되는 이야기는 임금이란 것이 주어진(그리고 아마도 변동 가능한) 조건에서 시장이 노동에 부여하는 가격이라기보다는, 좀 더 근본적인 어떤 의미에서 노동이 수행한 봉사가 사회적으로 얼마만 한 '가치'를 갖는지를 측정한 것이라는 이야기이다. 그러나 '생산성', '봉사', '가치' 등과 같은 단어는 애매모호한 것들이다. 조금만 주의를 기울여보면 이 이론이 그 자체만으로도 완벽한 임금이론이 아니라는 것을 금방 깨달을 수 있다. 이 이론이 불완전한 이유는(이것은 수요 측면에 의존하는 다른 이론들에도 똑같이 적용된다) 그것이 노동의 공급이 어떻게 결정되는지에 대해서는 아무 말도 하고 있지 않다는 점에 있다. 이것은 곧 이 이론에서 노동의 순한계생산물이 얼마인지를 알기 위해 노동량을 주어져 있는 것으로 가정해야 한다는 것을 의미한다. 이 이론은 또한 자본의 공급이 어떻게 결정되는지와 관련된 많은 문제들에 대해서도 아무 말을 하지 않는다. 이 이론은 임금과 생산성의 관계에 대해 훨씬 엄밀한 정의를 내리면서도 이 생산성을 좌우하는 요인들의 상호작용에 대한 지식을 거의 제공하지 않는다. 마셜은 이렇게 말한다. "이 이론은 때때로 임금이론으로 내세워지곤 한다. 하지만 그것을 임금이론이라고 내세울 만한 어떤 타당한 근거도 존재하지 않는다. 노동자의 보수가 그의 노동의 순생산물과 일치한다는 이론은 그 자체로서 아무런 현실적 의미가 없다. 왜냐하면 순생산물을 측정하려면 그가 노동한 상품의 생산에 들어간 임금 이외의 다른 모든 비용을 당연히 감안해야 하기 때문이다."[8]

노동의 '순한계생산물'은 노동의 공급뿐만 아니라 생산의 다른 모든 요소들의 공급에도 의존한다는 사실을 언제나 명심할 필요가 있다. 그리고 이 말을 하는 순간에 이 이론을 단순하고 최종적이라고 이야기할 근거는 금방 사라져버린다. 만일 노동이 상대적으로 희소한 요소이고 다른 요소들은 풍부하다면, 노동의 순한계생산물은 클 것이다. 따라서 노동을 구하려는 수요 측의 경쟁 때문에 노동의 가격은 높을 것이다. 예를 들어 아직 미개발 상태의 자원이 풍부하고 인구는 매우 희소한 새로운 개척지에서는 새로 이주한 사람들이 자신의 노동만으로 매우 큰 부를 생산할 수 있을 것이다. 그러나 자연자원이 이미 충분히 개발되고 인구도 많이 늘어나고 나면 새로운 이주민들이 자본의 도움 없이 토지로부터 생계를 영위하는 것이 훨씬 어렵게 될 것이고 그 결과 노동의 가격은 낮아질 것이다. 또한 만일 자본에 대한 이자율이 매우 높고 자본이 희소하다면, 이것은 노동의 순한계생산물과 임금수준을 낮추는 방향으로 압박하는 요소가 될 것이다(특히 쥐꼬리만 한 임금이라도 얻고자 일자리를 구하는 사람들이 풍부할 경우에는 더욱 그러하다). 그밖에 산업이 얼마나 효율적으로 조직되어 있느냐도 노동생산성에 영향을 끼칠 것이다. 그리고 기존의 기술수준 역시 인간의 노동력이 얼마나 필수불가결한지 어떤지(즉 기계의 동력이 얼마나 쉽게 인간의 노동력을 대체할 수 있는지)를 결정할 것이기 때문에 영향을 끼칠 것이고, 또한 서로 다른 생산물(즉 생산에 노동이 많이

8 Alfred Marshall, *Principles of Economics*, 1890, p. 518. 하지만 마셜은 자신의 이런 비판이 "이 이론이 임금을 지배하는 많은 요인들 가운데 한 가지 요인의 변동을 밝혀내고 있다는 점마저 부인하는 것은 아니라"고 덧붙이고 있다. 이 책의 초판에서 그는 이 이론이 "임금의 법칙 가운데 일부분, 하지만 극히 작은 일부분만"을 포함한다고 말한다.

요구되는 상품과 적게 요구되는 상품) 사이에 소비자의 수요가 어떻게 배분되는지도 마찬가지로 영향을 끼칠 것이다. 노동의 순한계생산물은 노동 그 자체에 내재하는 효율성뿐만 아니라 이런 온갖 요소에도 영향을 받는다. 결국 이들 다른 요소 가운데 어느 하나에서라도 변동이 발생하면 크든 작든 그것은 어느 정도 노동의 순한계생산물에 영향을 끼칠 것이다.

| 제8절 | 마셜과 수요공급설

마셜은 경제 세계 내에서는 모든 것이 '상호작용'의 지배를 받는 복잡성으로 이루어져 있다는 것을 누구보다 더 생생하게 인식하고 있던 경제학자였다. 그는 노동의 공급에 영향을 끼치는 힘과 노동의 수요에 영향을 끼치는 힘을 결합한 하나의 종합적 견해를 만들어내려 했다. 결국 그가 전반적으로 도달한 이론은 전통적인 이론들보다 덜 경직적이었다. 예를 들어 그의 이론은 노동조합에 의한 단체교섭이 임금에 끼치는 영향에 대해 약간의 여지를 허락했는데, 즉 단체교섭이 노동의 효율은 물론 노동의 '공급가격'에도 영향을 끼치는 부분을 인정했다.

우리는 고용주의 노동에 대한 수요가 많은 요인들로부터 영향을 받는다는 것을 이미 보았다. 그런 요인들 가운데 가장 중요한 것으로는 자본의 공급, 즉 기존의 사업이나 앞으로 새롭게 벌일 사업에서 자본이 얼마나 풍부하고 값싸게 공급될 수 있는가를 들 수 있다. 마셜은 일정 기간에 걸쳐 이 자본의 공급을 결정하는 요인이 자신들의 소득을 곧바로 소비하지 않고 저축했다가 투자하려고 하는 투자자들의 능력과 의지에 있다고 간주했다. 어떤 경우에도 가용자본은 과거 투자자들의 행동에 의해 만들어진 고정된 크기라는 것은 분명한 사실이다. 그러나 그 양은 시간의 경과에 따라 투자자들이 새로운 저축을 보태어 증가할 수도 있고, 지출을 늘리는 데 일부를 사용해버림으로써 감소할 수도 있다. 그런데 이 자본량은 시간의 경과에 따라 탄력적이기는 하지만 일정한 한계가 있다. 그 한계는 투자자들의 선호도, 즉 그들이 화폐를 곧바로 소비하는 것과 미래의 소득을 얻기 위해 소비를 유보하는 것 사이의 선호도에 의해 결정된다. 구두쇠를 제외한 대부분의 사람들은 (물론 약간의 논란이 있을 수 있지만) 100파운드가 1년 후에 101파운드, 혹은 105파운드나 106파운드가 된다는 약속보다는(심지어 이 약속이 절대 신뢰할 수 있고 확실히 지켜질 것이라고 하더라도) 지금 당장 그것을 소비하는 것을 더욱 선호한다. 이처럼 현재의 즐거움을 더욱 선호하는 것을 그들의 '시간 선호'(time preference) 혹은 '미래 할인'(discount of the future)이라고 부른다. 그리고 이것이 곧 마셜이 '유보'(waiting) 혹은 저축으로 인한 비용이라고 간주했던 것이다. 저축으로 인한 이러한 '비용'은 자본의 유량이 산업투자로 흘러들어가는 것을 가로막는 장애요인으로 작용하고, 투자자의 입장에서 이처럼 내키지 않는 장애요인을 극복하는 데 필요한 것을 화폐액으로 나타낸다면 그것이 곧 자본의 '공급가격'을 이루게 될 것이다. 저축이나 유보로 인한 장애요인을 극복하고 자본을 산업투자로 유인하는 데 필요한 이런 '공급가격'은 일반적으로 연간 저축액이 적을 때보다는 많을 때 더욱 높을 것이다. 그리고 당연히 새로운 자본의 양이 적을 때는 자본의 공급가격이 낮아질 것이다. 이럴 경우는 부자들이 투자를 통해 얻을 수 있는 수익이 매우 적거나 거의 없어서 그들의 소득 가운데 지출할 곳을 찾지 못한 부분을 저축할 것이기 때문이다. 따라서 각기 다른 양의 신규자본(기존 자본량에 추가되는 자본의 양이 각기 다른 경우를 가리킨다)의 공급가격을 마셜이 '공급가격표'(schedule of supply prices)라고 불렀던 것 혹은 공급곡선(각기 다른 양의 자본에 대해서 각기 다른 공급가격을 서로 짝지어 연결한 곡선)을 통해 나타낼 수 있다.[9] 이 견해를 임금기금설과 대비해 본다면, 이런 유형의 공급표가 시간의 경과에 따라 임금기금이 변동하는 범위를 결정한다고 말할 수 있을 것이다. 그리고 이때 임금기금은 탄력적인 것으로 간주되어, 그것이 증가할 경우는 이윤에 대한 전망이 밝아서 투자자가 자신의 소득에서 더 많은 부분을 임금기금으로 돌리는 때이고 감소할 경우는 거꾸로 이윤에 대한 전망이 어두울 때라고 말할 수 있을 것이다.

노동의 공급과 관련해서도 마셜은 분명 이와 비슷한 조건이 적용된다고 생각했다. 그는 특정 유형의 노동공급과 구별되는 노동 **일반**의 공급에 대해 이야기할 때 매우 신중한 입장을 취했지만, 이 노동공급을 어느 정도 탄력적인—임금수준의 변동에 따라 함께 변동하는—것으로(전통적인 경제학자들에 비해 이 탄력성을 훨씬 낮게 생각하긴 했지만) 간주했던 것이 분명하다. 그리하여 이제 임금수준은 노동의 수요조건과 공급조건이라는 두 가지 요소에 의해 결정되는 경향을 보인다. 그리고 경쟁조건 아래에서 임금은 장기적으로 사용 가능한 노동공급의 순한계생산물이 그것의 한계공급가격과 일치하는 수준에 머무는 경향을 갖는다. 그러나 "임금은 수요가격이나 공급가격 가운데 하나에 의해서만 결정되는 것이 아니라 수요와 공급을 지배하는 요인 전체에 의해 영향을 받는다."[10]

---

9 올바른 정의를 내린다면, 이것들은 주어진 투자**율**의 공급가격이라는 점에 유념할 필요가 있다. 서로 다른 자본**량**의 유지가격도 있을 수 있다. 그러나 이런 유지가격은 일반적으로 지배적인 자본수익에 비해 훨씬 낮을 것이며, 그런 점에서 별 의미를 갖지 못할 것이다.

| 제9절 | 노동의 공급

임금수준이 변동하면 산업 전체(특정 산업부문이나 특정 지역이 아닌)에 걸쳐 노동의 공급이 곧바로 변동할 것인지의 여부는 그동안 매우 중요한 논란거리가 되어왔다. 물론 '노동의 공급'이라는 말은 여러 가지 의미로 사용될 수 있다. 첫째, 그것은 일자리를 구하는 **노동자의 수**를 의미할 수 있다. 이 수는 인구 전체의 변동뿐만 아니라 전체 인구 가운데 프롤레타리아로 된 사람의 비율, 혹은 다른 생계수단을 갖지 못해 노동시장을 찾아 임금을 얻을 수 있는 일자리를 구할 수밖에 없는 상황으로 내몰린 사람의 비율의 변동에 의해서도 변할 것이다. 둘째, 여기에는 한 사람의 노동자가 노동하고자 하는 **노동시간의 길이**가 포함될 수 있다. 이 경우 노동 한 단위는 하나의 작업 '공수'(工數)•로 이루어지는 것으로 간주되고, 노동공급의 증가는 노동일•• 혹은 노동주•••의 길이가 늘어난 것으로 간주된다. 셋째, 이것은 **노동강도**까지 포함하는 개념으로 확대될 수 있다. 이 경우 노동 한 단위는 작업에 소요되는 에너지의 지출을 표현하는 단위가 되고, 만일 노동자가 이전에 비해 더 열심히 일하면 노동공급이 증가된 것으로 간주된다. 한편, 작업에 사용되는 **숙련**의 변동은 노동강도의 변동과는 달리(이 둘을 서로 구별할 수 있다면), 노동의 양보다는

10 Alfred Marshall, *Principles of Economics*, 8th ed., p. 532.

• man-hour: 한 사람이 한 시간 동안에 수행하는 노동량 — 옮긴이

•• working day: 하루의 기준 노동시간. 우리나라의 경우 근로기준법에서 정하고 있는 8시간이 해당된다. — 옮긴이

••• working week: 일주일의 기준 노동시간. 우리나라의 경우 근로기준법에서 정하고 있는 40시간이 해당된다. — 옮긴이

노동의 질에 영향을 끼치는 것으로 간주하는 것이 더 좋을 것 같다.

얼핏 생각할 때 임금이 상승하면 일할 수 있는 능력과 유인이 더 커질 것이고, 따라서 노동공급도 증가할 것이 틀림없어 보이고 **그 역의 경우도 마찬가지일 것이다**. 그러나 이와 다른 방향으로 움직이는 경우도 있다는 것을 반드시 고려해야만 한다. 즉 임금을 얻기 위해 일자리를 찾아 노동시장으로 유입되는 인구가 지나치게 많아지는 이유는 노동자들의 빈곤 때문(즉 다른 생계수단을 찾을 수 없기 때문)인 경우가 그러하다. 임금소득자 계급이 가난하면 가난할수록, 노동자들이 비축해둔 예비 재원이 적으면 적을수록 그들이 자신들의 노동력을 판매하고 싶어 하는 가격은 더욱 낮아질 것이며, **그 역의 경우도 마찬가지일 것이다**. 소득이 낮을수록 한 푼이라도 더 벌고자 하는 희망과 의지는 더욱 커질 것이다. 달리 말해 화폐 등으로 표현되는 그들의 노동공급가격은 더욱 낮아질 것이다.[11] 앞서 제3장에서 보았듯이, 이 요소의 영향은 매우 커서 임금수준과 노동공급 사이의 관계를 만들어낼 정도이다(얼핏 보면 이것은 반대로 생각될 수 있다). 임금의 하락은 세 가지 방식으로 노동공급의 증가를 가져온다. 첫째, 그것은 많은 부녀자와 청소년들이 빈곤의 압박에 밀려 일자리를 찾아 나서게 만든다. 둘째, 그것은 기존의 임금소득자들이 더 장시간 노동

11 이 말은 곧 소득의 크기에 따라 '소득의 한계효용'이 변동할 것이라는 의미이다. 이것을 기울기가 **마이너스**(-)인 하나의 공급곡선 형태로 표현할 것인지, 아니면 소득의 한계효용이 변동함에 따라 소득곡선 전체가 통째로 이동하는 형태로 표현할 것인지는 이론적인 문제이기보다는 편의상의 문제이다. 구체적인 자료에 의한 통계적 연구를 목적으로 할 경우에는 전자의 방식이 더 편리할 것이다. 그러나 변동의 원인을 하나씩 분리해서 분석하고 싶을 경우에는 후자가 좀 더 편리할 것이다. 공급의 변동을 표현하는 이들 두 가지 유형의 차이점이 이런 의미를 갖고 있다는 점을 아는 것은 매우 중요하다.

하게 만든다. 셋째, 보다 높은 노동강도로 작업을 수행하게 만든다. 물론 이들 과정에는 일정한 한계가 있을 것이다. 예를 들어 노동시간의 길이와 노동강도가 일정한 수준을 넘게 되면 노동자들의 건강을 해치고 평균수명을 단축함으로써, 그 결과 점차 시간이 지남에 따라 노동공급의 감소를 가져올 것이다. 반대로 임금의 상승은 노동자들로 하여금 소득을 더 늘리기보다는 여가시간을 늘리고 노동강도가 보다 낮은 작업을 선호하게끔 만들 것이다. 우리가 이미 보았듯이, 임금수준의 변동은 비슷한 방식으로 출생률에 영향을 끼침으로써(적어도 산아제한 방법에 대한 지식의 보급에 힘입어) 총인구에도 변화를 가져올 영향을 끼칠 것이다.

| 제10절 | 발명과 임금

지금까지 거의 언급되지 않은 것으로 노동수요에 중요한 영향을 끼치는 요인으로 산업기술의 상태를 들 수 있다. 만일 이 기술 상태가 불변이고 기계에 필요한 노동자의 숫자가 고정되어 있다면(예를 들어 엔진 한 대에 두 사람, 뮬 방적기 한 대에 한 사람의 기능공과 두 사람의 직공), 임금기금설이 상정하는 경우와 마찬가지로 노동수요의 변동은 전적으로 자본량의 변동에 의존할 것이다. 자본의 증가는 기계의 증가를 의미하고 **그것은 곧** 기계에 투입되는 노동자의 증가를 의미하기 때문이다.[12] 그러나 기술

12 비록 그렇다고 할지라도 노동에 대한 자본의 비율이 모든 산업에서 동일하지 않는 한, 자본에 비해 노동이 상대적으로 많이 들어가는 생산물과 상대적으로 적게 들어가는 생산물들에 대한 상대적인 수요의 변동은 자본공급의 변동과는 별도로 노동에 대한 수요에 영향을 끼칠 것이다.

조건이 이처럼 완벽하게 고정된 상태라는 것은 어떤 특정 시점에는 일시적으로 그럴 수 있지만, 기계의 유형이나 운전방식의 변화가 일어나기에 충분한 장기간에 있어서는 지속될 수 없을 것이 분명하다. 물론 더 큰 선반과 더 큰 기관차가 도입되어도 여전히 그것을 운전하는 사람의 숫자는 변하지 않을 수 있고, 자동방직기의 도입으로 한 사람의 방직공이 운전하는 방직기의 수가 늘어날 수도 있다.

산업 전반에 걸쳐 투자된 자본은 크게 두 갈래의 흐름으로 나누어진다. 하나는 고정자본으로서 공장이나 기계에 투입되는 것이고, 다른 하나는 유동자본으로서 원료와 노동력의 구매에 투입된다. 이 두 번째 흐름은 다시 두 갈래로 나뉜다. 하나는 원료에 소비되고 다른 하나는(마르크스가 가변자본이라고 불렀던 것으로 회전하는 임금기금에 해당된다) 노동을 고용하는 데 사용된다. 이들 각 흐름으로 자본이 배분되는 방식은 각 흐름이 끝난 지점에서 이윤의 '수준'이 거의 일치하도록, 즉 임금에 지출된 마지막 한 단위의 자본이 생산물에 부가하는 가치와 기계에 지출된 마지막 한 단위의 자본이 생산물에 부가하는 가치가 동일하도록 하는 것이다(이윤율은 부가된 가치를 투하자본 전체로 나누어서 산출되기 때문이다).• 이 경향은 특정 산업부문과 모든 산업부문에서(다른 산업부문들에 사용될 기계를 생산하는 기업들을 포함하여) 함께 언제나 적용된다.

이들 각 흐름에 자본을 어떻게 배분하는 것이 가장 높은 이윤을 올릴 수 있을지는 각 산업부문의 생산과정의 기술적 특성에 따라 차이가 있다. 그러나 기술수준이 주어져 있을 경우에 산업 전체에서 가장 이윤이

• 이윤율 = 부가가치/(고정자본 + 유동자본), 마르크스의 표현으로는 이윤율 = 잉여가치/(불변자본 + 가변자본) —옮긴이

많이 나는 일정한 비율은 존재한다. 그리고 새롭게 투입되는 모든 신규 자본은 바로 이 비율에 따라 각 흐름에 배분된다. 만일 기계를 더 값싸게 생산하거나 혹은 기계의 효율을 높일 수 있는 어떤 발명이 이루어진다면, 그것은 기계에 대한 투자가 과거에 비해 더 높은 이윤을 얻을 수 있는 결과를 가져올 것이고 따라서 자본가가 동원할 수 있는 재원 가운데 기계에 **보다 높은** 비율로 투자하고 이 기계를 움직이는 데 필요한 노동자를 고용하는 데 **보다 낮은** 비율로 투자가 이루어질 것은 너무도 분명한 일이다. 마르크스가 노동에 대한 수요가 자본의 축적 속도에 비례하여 증가하지 않는다는 사실, 그리고 자본의 축적에 따른 노동의 수요가 상대적으로 하락한다는 사실을 보여주려고 했던 것은 바로 이 때문이었다. "그것은 여전히 증가하기는 하지만 자본의 증가에 비해 계속 감소하는 비율로만 증가한다."

그러나 전통적인 생각에 따르면, 이런 유형의 대체 관계(어떤 시점에 노동의 구매에 투하된 자본이 기계나 다른 형태의 고정자본에 투하되어 묶이는 자본으로 대체되는 것)는 임금의 상승으로 인한 결과일 것이다. 이 견해의 근거로 주장되어온 것은 노동비용의 상승으로 기계에 투하된 자본의 수익성에 비해 노동자의 고용에 투하된 자본의 수익성이 감소하여 전자의 흐름으로 들어가는 자본이 증가하고 후자의 흐름에 들어가는 자본이 감소하기 때문이라는 것이었다.

그러나 이런 식의 논리에는 곧바로 다음과 같은 반론이 제기될 수 있다. 즉 기계도 역시 노동생산물이 아닌가?(마르크스는 '살아 있는 노동'과 대비해 기계를 '축적된 노동' 혹은 '죽은 노동'이라고 불렀다.) 그리고 이것이 만일 사실이라면 임금의 상승은 기계가 대체하는 노동의 비용과 꼭 마찬가지로 기계의 비용에도 영향을 끼칠 것이고, 그 결과 자본이 흘러가는 두 갈래의 흐름에서 어디에도 상대적인 우위가 발생하지 않을 것이 아닌가? 그러나 이런 반박은 다음과 같은 사실을 간과하고 있다. 즉 일정 비율의 임금인상은 생산된 총가치에서 임금이 차지하는 비중이 작을 경우(따라서 이윤은 그만큼 더 큰 비중을 차지한다)에 비해 거꾸로 그 비중이 더 클 경우(따라서 이윤의 비중은 그만큼 작을 것이다) 상대적으로 이윤을 더 많이 떨어뜨릴 것이다. 자본이 적게 사용되는 경우보다 많이 사용되는 경우 생산된 총가치 가운데 이윤에 돌아가는 몫이 더 많을 것이므로, 임금의 인상은 상대적으로 자본 사용적인 기술방법을 선호하는 경향을 만들어낼 것이다. 물론 이런 효과는 임금인상에 의해 야기된 이자율의 상승에 의해 상쇄될 수 있다.[13] 그러나 고용주가 자신의 자본을 모두 자본시장에서 조달하지 않는 한 이런 상쇄효과는 부분적인 것 이상이 될 수는 없을 것이다. 따라서 로버트슨의 다음과 같은 얘기는 바로 이 점을 올바로 지적한 것으로 보인다. "그러한 상쇄효과는 보통의 경우라면 [임금인상이] 노동을 자본으로 대체하는 유인이 될 것이라고 추론하는 근거들을 파괴하지는 못할 것이다."[14]

우리가 지금까지 이야기한 발명의 유형은 일반적으로 '노동절약적'이라고 부르는 것이다. 하지만 모든 기술적 변화가 이런 유형인 것은 아니다. 어떤 것들은 '자본절약적'인 것도 있고, 그럴 경우에는 노동수요와 자본수요에 대한 영향과 관련하여 그 결과가 우리가 위에서 이야기했던 것과 반대일 수도 있다. 그러나 경험적으로 볼 때, 발명의 영향은 **압도**

---

13 근대의 이자이론에 따르면 임금의 상승은 화폐에 대한 '거래수요'를 증가시켜 이자율을 상승시키는 효과를 일으킬 수 있다.

14 Dennis Robertson, *Lectures on Economic Principles*, Vol. II, 1957, p. 133. 이 인용문은 제3판에 수록된 것을 수정한 것이다. 수정은 로버트슨의 지적에 따랐다.

적으로 '노동절약적'인 것이 대부분이다. 이런 종류의 기술 변화는 **상대적으로** 임금을 감소시키는 경향,[15] 즉 생산물 전체에서 노동에 돌아가는 몫을 줄이는 경향이 있다. 하지만 중요한 쟁점이 되어왔던 문제 가운데 하나는, 노동자 전체의 실질소득을 감소시킨다는 의미에서 기술 변화가 과연 **절대적으로** 임금을 감소시키는지 여부이다. 만일 이런 종류의 기술 변화가 일정 산출량을 생산하는 데 필요한 노동량을 감소시키는 결과를 가져온다면, 이 기술 변화는 일자리를 감소시키거나 혹은 (일자리를 유지하기 위해 필요한) 임금률을 감소시킬 것이 틀림없다. 그러나 과거에 경제학자들은 대개 기술 변화가 이런 결과를 상쇄하는 두 가지 효과를 수반하고, 이들 효과 때문에 **처음에는** 명백히 노동에 대한 수요를 감소시키지만 장기간에 걸쳐서는 노동자의 총실질소득이 상승할 것이라고 생각했다. 이 두 가지 효과 가운데 하나는 새로운 기술로 인해 상품의 가격이 하락함으로써 주어진 명목임금의 실질구매력이 상승하고, 그 결과 명목임금률의 하락 경향을 그만큼 혹은 그보다 더 상쇄해버린다(노동자계급 전체의 소득에 관한 한)는 것이다. 또 하나의 효과란 더 발전된 기술방법을 사용함으로써 산출물의 생산비가 저렴해지고, 그 결과 산출물의 양이 증가한다는 것이다. 만일 수요가 충분히 탄력적이라면 산출물의 증가는 장기간에 걸쳐 일자리의 수를 새로운 기술이 도입되기 전만큼(혹은 그보다 더 많이) 만들어낼 것이다.

첫 번째 효과에 대해 살펴보면, 이 효과가 발생하기 위해서는(만일 노

15 하지만 최근 칼레츠키가 노동소득 분배율에 끼치는 독점의 효과를 분석하면서 사용한 (단기간의 비용이 불변이라는) 특수한 가정 아래에서는 이런 효과가 전혀 나타나지 않을 수도 있기는 하다(앞의 책, p. 24).

동수요에 대한 초기의 감소가 상쇄되기 위해서는) 발명으로 인해 더 값이 저렴해진 상품을 통해 임금소득자가 **무엇인가** 이익을 얻을 수 있어야 한다. 그뿐만 아니라 이처럼 값이 저렴해진 상품은 임금소득자의 소비 가운데 **중요한** 부분을 이루는 것이라야만 할 것이다. 만일 우리가 과거에 노동자계급의 지출 가운데 3분의 2가 건축업과 농업 부문의 생산물이었다는 사실을 기억한다면, 기계의 발명이 실질임금에 끼치는 이런 상쇄 효과는 경제학자들의 생각보다 훨씬 미미할 것이다. 아마도 소비자**로서의** 임금소득자에게 가장 많은 이익을 안겨준 기술 진보는 해외 농업국가들을 연결해준 증기선의 발명과 철도의 부설이었을 것이다. 왜냐하면 이들 발명 덕분에 식료품 가격이 저렴해지는 바람에 19세기 후반 실질임금이 대폭 상승할 수 있었기 때문이다. 그러나 이런 종류의 상쇄 효과는 **가끔씩만** 발생할 뿐이다.

두 번째 효과에 대해 살펴보면, 최근 들어 경제학자들 가운데 상당수는 이 효과에 대한 낙관론, 즉 거의 모든 경우에서 이 효과가 충분히 발휘되어 노동절약적 기계에 의해 노동이 대체된 처음의 효과를 충분히 상쇄한다는 믿음에 의문을 제기해왔다. 이들은 상품 전체에 대한 수요의 탄력성(개별 상품에 대한 탄력성과는 달리)은 국민 전체의 총소득이 변하지 않는 한 별로 클 수 없다는 점을 지적했다. 즉 수요(따라서 산출량)는 이들 국민 전체의 소득이 먼저 증가할 때에만 증가할 수 있다는 것이다. 만일 기술의 발명으로 인해 우선 고용이 감소하고 나면 판매량과 산출량이 증가해야만 나타나는 이 효과가 얼마나 발휘될 수 있을지에 대한 의문이 제기될 수 있다. 이런 의문에 대한 일반적인 대답으로 주어져 있는 것은 기술 변화가 **투자**를 유인하는 중요한(그리고 즉각적인) 효과를 가지고 있다는 것이다. 노동절약적인 발명은 '사람의 일손을 덜어주는' 경향이 있기 때문에 이런 발명의 첫 번째 효과는 노동에 대한 기계의 비율을 높이기 위해 기계에 대한 수요를 증가시킨다는 것이다. 만일 이것이 기계산업 부문의 고용이 늘어나서 이 산업에 종사하는 노동자들의 소득이 증가하는 것을 의미한다면, 다른 상품에 대한 수요가 증가할 것은 당연하다는 것이다. 그렇기 때문에 기술 변화가 진행되고 있는 한, 설비자본의 양이 계속 증가하는 이런 과정은 고용과 소득을 증가시키는 효과를 가져오게 마련이라는 것이다. 그러나 반드시 기억해두어야 할 사실은 투자를 유인하는 이런 효과는 이런 확대과정이 계속되는 동안에만 발휘된다는 것이다. 이런 의미에서 이는 '단 한 번'의 일시적인 효과일 뿐이지 지속적인 효과는 아니다. 일단 이 효과가 지나가고 나면 일정한 산출량을 생산하는 데 필요한 노동량이 이전에 비해 줄어든다는 사실만 남는다. 그리고 만일 투자와 사람들의 소비지출을 증가시키는 지속적인 영향이 얼마라도 나타나지 않는다면, 최종적인 결과는 결국 고용수준의 하락만 남을 것이다.[16]

16 이에 대한 보다 자세한 내용은 Joan Robinson, *Essays on the Theory of Employment*, 1937, pp. 132~36.

제 5 장

임금과 교섭력

| 제1절 | '자유방임주의적' 견해

제4장에서 이야기한 임금이론들의 차이점의 근저에는, 우리가 이미 보았듯이, 보다 근본적인 문제가 놓여 있다. 즉 임금수준은 전부이든 일부이든 간에 고용주와 피고용인의 교섭력에 의존하는 것인지, 아니면 두 계약 당사자의 힘과는 무관한 어떤 경제적인 요인, 즉 교섭력만으로는 영향을 받지 않는 어떤 요인에 의해 궁극적으로 결정되는지의 문제이다. 물론 교섭력은 다양한 의미로 사용되는 매우 모호한 개념의 단어다. 여기에는 서로 담합하여 독점적 행동을 꾀하는 것에서부터 시장 상황에 대한 정보의 소유 혹은 또 교섭과정에서 각자의 입장을 강화하기 위한 예비적인 장치들의 확보에 이르기까지 다양한 요소들이 포함된다. 이들 요소들 가운데 어느 것 하나 교섭력에 영향을 끼치지 않는 것이 없다는 점을 부인할 사람은 아무도 없을 것이며, 마찬가지로 이들 요소 가운데 어느 것 하나라도 그것만 무한한 만능의 힘을 가지고 있다고 생각할 사람도 거의 없을 것이다. 단지 차이가 있다면 이들 가운데 어느 요소

를 더 강조하고, 또 얼마만큼 강조하는지에 대한 것뿐일 것이다. 그러나 대체로 보아 우리는 임금문제를 다룬 학자들이 다음과 같은 직접적이고 현실적인 문제를 둘러싸고 크게 두 진영으로 나뉜다고 말할 수 있다. 즉 노동조합이 단체교섭과 파업을 통해 행사하는 **지속적인** 영향력과 정부가 법정 최저임금을 설정하여 행사할 수 있는 **지속적인** 영향력이 거의 무시해도 좋을 만큼 미미한 것인지(이것들이 생산을 방해할 정도로 지나쳐서 해로운 방향으로 영향을 끼치지 않을 경우), 아니면 이것들이 충분히 중요한 것이어서 이것들을 무시하고서는 어떤 임금이론도 현실 문제에서 아무 쓸모없는 것이 되고 말 것인지가 바로 그것이다.

이들 두 견해 가운데 전자 — 그런 행동의 지속적인 영향력을 무시해도 좋다고 간주하는 — 를 우리는 **자유방임주의**(laissez faire) 임금이론이라고 부른다. 이것은 일반적으로 19세기 중반 무렵의 경제학자들이 가지고 있던 견해로서, 이 시기에는 점점 세력이 강화되고 있던 노동조합이 주목과 우려를 동시에 받고 있었다. 예를 들어 밀은 국가가 최저임금을 확정하는 것은 출생률을 함께 억제하지 않을 경우에 아무런 쓸모가 없을 것이라고 주장했다(그는 나중에 이 견해를 수정했다). 제번스는 맨체스터의 오언스 칼리지 취임강연에서 내용의 상당 부분을 노동조합을 공격하는 데 할애했고, 자신이 집필한 대중적 입문서에서 "대다수 산업부문에서 노동조합이 임금인상에 조금이라도 지속적인 영향력을 행사했다고 생각할 이유는 어디에도 존재하지 않는다"[1]고 단언하기도 했다. 심지어 저임금 노동은 "카푸아의 향락이 한니발 병사들의 전력을 떨어뜨렸

1 William S. Jevons, *A Primer of Political Economy*, 1878, p. 64; 그의 또 다른 저작인 *Importance of Diffusing a Knowledge of Political Economy*, 1866도 참조.

던• 것과 똑같은 영향을 (고용주들에게) 발휘할 것"이라고 신랄하게 비판했던 토머스 브래시••조차도 노동조합은 임금을 인상하는 데 주력할 것이 아니라 조합원들에게 일자리에 대한 정보를 널리 알려주는 것이 더 낫다고 설파했다. 그러나 빅토리아 시대의 이 이론이 갖는 경직성은 이후 많이 완화되기는 했지만, 아직 이 견해는 그 본질적인 강조점에서 오늘날까지도 여전히 강력한 지지자들을 가지고 있다. 다음의 예가 그것을 보여준다. 라이어널 로빈스•••는 이렇게 말한 적이 있다. "대부분의 경우에 노동조합이 조합원들의 임금을 항구적으로 높일 수 있다는 생각은 좀처럼 사라지지 않고 있다. …… 적어도 대부분의 경우 이런 믿음은 실망만 안겨줄 뿐이다. 장기간에 걸쳐 노동조합이 경쟁가격 수준 이상으로 임금을 항구적으로 올릴 수 있는 경우는 거의 없다." 그리고 그는 다시 이렇게 말한다. "사회 전반에 걸쳐 최저임금을 경쟁가격 수준 이상으로 설정하는 것은 실업의 증가와 생산의 감소를 가져올 뿐이다."[2] 허버트 핸더슨도 비슷한 견해를 보인다. 그는 이렇게 단언한다. "장기간에 걸쳐 임금수준은 매우 경직적으로 결정된다. …… 그래서 노동조합이 노동자

• 제1차 포에니 전쟁에서 칸나에 회전을 통해 로마의 주력군을 궤멸시킨 카르타고 장군 한니발은 로마로 곧바로 진군하지 않고 지원군을 기다리며 로마 남쪽 약 170킬로미터 거리에 위치한 카푸아(Capua)에 머물렀다. 로마는 시간을 벌어 전열을 정비했고, 한니발이 고대한 지원군은 제대로 오지 않아 결국 한니발의 군대는 패전하게 된다. 이 이야기의 배경이 된 역사적 사실이다. —옮긴이

•• Thomas Brassey, 1836~1918: 영국 자유당 정치인. 런던 상공회의소 의장을 지내고 영국 왕립통계협회 회원이었다. —옮긴이

••• Lionel Robbins, 1898~1984: 런던경제대학(London School of Economics, 흔히 'LSE'로 약칭한다)을 대표하는 경제학자. 제번스, 발라, 파레토 등 한계효용학파를 추종했고 마셜에 대해 비판적이었다. —옮긴이

2 Lionel Robbins, *Wages*, pp. 67~69, 72~73.

들의 능률을 증진하거나 혹은 우연히 고용주들의 능률 증진을 유인하지 않는 한, 노동조합의 행동으로 전반적인 임금수준이 괄목할 만큼 그리고 항구적으로 증가할 수 있다는 생각은 …… 환상에 지나지 않는다."[3]

| 제2절 | '정상적인' 경쟁 임금

이 자유방임주의 임금이론이 의지하고 있는 첫 번째 근거는 노동의 가격을 산업이 지불할 수 있는 최고수준으로 유지하는 경쟁의 효과이다. 밀은 이렇게 말한다. "경쟁이 임금을 떨어뜨리기만 한다고 생각하는 것은 잘못이다. 경쟁은 똑같이 임금을 올리기도 하는 수단이다." 제번스도 이렇게 말했다. "어떤 자본가도 1년이나 2년 이상 계속해서 정상이윤 이상의 이윤을 얻을 수 없다. 왜냐하면 만일 그런 일이 벌어지면 다른 자본가들이 틀림없이 그 사실을 듣고 똑같이 따라하려 할 것이기 때문이다. 그러면 결국 이 산업부문에서 노동의 수요는 증가하게 될 것이다." 존 힉스• 는 자질이 더 우수한 노동자를 확보하고 싶어 하는 고용주들은 다른 고용주들보다 더 높은 임금을 지불하고자 하는 경향을 보일 것이라고 주장했다. 왜냐하면 더 높은 임금을 준다는 평판을 얻으면 해당 산업부문에서 가장 우수한 노동자들이 그에게 몰릴 것이라고 생각하기 때문이다.

그러나 노동조합이나 정부의 행동에 의해 임금이 이런 경쟁가격 수준

3 Herbert Henderson, *Supply and Demand*, 1922, p. 145.

• John Richard Hicks, 1904~89: 영국의 경제학자. 수요이론과 일반균형 이론에 중요한 기여를 한 것으로 평가되며, 1972년 노벨경제학상을 수상했다. — 옮긴이

이상으로 인상될 경우, 임금이 그 수준에서 지속될 수 없도록 만드는 요인은 무엇일까? 그럴 경우 고용주들의 이윤은 감소하고 산업생산물 가운데 임금으로 돌아가는 몫이 더 커질 것이다. 하지만 그것이 어쨌다는 말인가? 여기에서 두 번째 주장이 등장한다. 즉 노동수요의 탄력성이 이것을 가로막는 요인이라는 것이다. 오해를 피하기 위해 덧붙여두어야 할 것은 이 말이, 만일 노동조합이나 정부의 행동이 충분히 강력하다면, 임금이 이처럼 높은 수준에서 항구적으로 유지될 **수도** 있음을 부인하는 것은 아니라는 점이다. 단지 이 두 번째 주장에서 말하고자 하는 것은 임금이 이처럼 경쟁가격 수준 이상으로 계속 유지되면, 장기적으로 노동에 대한 수요가 대폭 감소하여 실업이 발생함으로써 임금소득자들이 고임금으로 얻는 이익보다 더 큰 손실을 입게 될 것이며, 이것은 다시 임금을 인하하는 압력(늘어난 실업자들이 일자리를 얻기 위해 경쟁하게 됨으로써)으로 — 예를 들어 최저임금의 보호를 받지 못하는 산업이나 직종, 노동조합이 조직되어 있지 않은 곳에서는 — 작용하게 될 것이라는 점이다.

오늘날 일반적으로 받아들이는 견해로는 임금을 인상하는 행동이 그에 비례하여 능률의 증가로 이어질 경우에는 성공할 수 있다는 것이다. 물론 이럴 경우에는 고용주들이 자신의 이해를 위해 아예 미리 임금을 인상한다는 이야기도 종종 있기는 하다.[4] 또 한 가지 부인할 수 없는 사

4 존 로어(John W. F. Rowe)는 자신의 저서 『임금의 이론과 실천』(*Wages in Practice and Theory*, 1928)에서 임금의 상승이 노동자들의 능률이 아니라 고용주들의 경영조직 능률을 증진하는 경우를 중점적으로 다루는데, 이것이 실업을 유발하지 않고도 임금을 상승시킬 수 있을지는 상당히 의심스러워 보인다. 왜냐하면 임금비용의 상승 때문에 이루어지는 경영조직의 재구조화는 노동절약적인 방향으로 기울어질 것이기 때문이다.

실은 노동에 대한 수요가 매우 비탄력적인 특수한 산업들이 존재한다는 것이다(예를 들어 생산물에 대한 수요가 비탄력적인 경우, 노동이 기계로 대체될 수 없는 경우, 생산에 들어가는 다른 요소들의 공급이 매우 비탄력적이어서 잉여나 지대가 상당 부분을 차지하는 경우 등이 여기에 해당된다). 이런 경우에 노동자들의 소득은 다른 산업부문의 실질임금을 감소시키지 않고도 증가할 수 있다. 물론 이런 상태가 모든 산업이나 대다수 산업에 걸쳐 존재할 수는 없다. 즉 노동 **전반**에 대한 수요가 비탄력적이라고 말할 수는 없다. 노동 전반에 대한 수요가 매우 높은 탄력성을 갖는다고(즉 노동력의 가격이 조금이라도 변동하면 노동에 대한 수요가 상당 부분 즉각적으로 감소하거나 확대된다고) 생각할 만한 근거는 두 가지다. 첫 번째 이유는 자본의 공급이 그 자체로 탄력적이라고 생각되기 때문이다. 이는 곧 만일 임금비용의 상승으로 인해 자본이 얻게 될 수익이 감소할 것으로 예상될 경우에 자본가들이 축적을 통해 미래에 투자하고자 하는 신규자본의 양은 감소할 것이라는 의미이다. 이런 감소는 자본가들이 투자한 것으로부터 얻어내는 소득이 줄어들기 때문이기도 하고, 또한 그 소득에서 그들이 투자로 돌리려는 부분이 감소할 것이기 때문일 것이다. 두 번째 이유는 대개 '변분원리'•라고 부르는 것이다. 즉 (다음 장의 마지막 부분에서 보게 될 것인데) 자본 가운데 점점 더 많은 부분이 고정자본으로 공장이나 설비에 투하되고, 미국 사람들의 표현에 따르면 "사람의 일손을 덜어주는" 방향으로 점점 더 적은 부분이 사람의 노동력을 고용하는 임금기금에 돌아감으로써, 자본 그 자체가 자신의 형태를 바꾸어가는 현상을 가

• 變分原理(Principle of Variation): 수학에서 함수의 함수인 범함수의 최소, 최대 등 극값을 찾아내는 방법을 가리킨다. —옮긴이

리킨다. 이렇게 되는 방식에는 두 가지가 있는데, 둘 모두 생산에 대한 임금비용의 증가로 인한 것이다. 하나는 각 산업에서 기계가 노동을 대체해나가면서 기술방식이 변하는 형태로 이루어지고, 다른 하나는 서로 다른 산업들 사이의 상대적인 중요성이 변하는 형태로 이루어지는데, 즉 고정자본에 사용되는 노동량이 많은 생산라인이 상대적으로 감소하는 반면에 노동의 사용이 줄고 기계를 훨씬 많이 사용하는 생산라인이 확대되는 형태가 바로 그것이다. 이들 두 변화는 모두 노동이 고용될 수 있는 영역을 축소시킴으로써 임금수준을 다시 '정상적'인 수준으로 떨어뜨리는 압력으로 작용한다.

물론 단기간에 이런 유형의 변화들이 발생하지는 않을 것이다. 그런 단기에는 자본의 크기나 그것이 투자되는 형태 모두 매우 경직적으로 고정되어 있을 것이고, 따라서 노동에 대한 수요도 비탄력적일 것이다. **자유방임주의** 견해도 이 점을 부인하지는 않는다. 그럼에도 이 이론은 능률의 증가를 동반하지 않는 임금의 상승은 **어느 정도**의 고용감소를 일으킨다는 것을 계속 주장한다. 왜냐하면 똑같은 노동력을 보다 높은 임금으로 고용하기 위해서는 한 나라의 총임금액이 실질적으로 증가해야만 하는데, 그런 경우는 기술조건이 절대적으로 고정되어 있거나(예를 들어 노동자 한 사람을 해고하는 것이 곧 기계 한 대를 놀리게 되는 결과를 가져오는) 경기가 극히 유례없는 호황을 이루어서 고용주들이 노동자들에게 파격적인 계약조건을 앞다투어 내걸고 금융시장에서 신용조건이 매우 완화되어 경기 전망에 대해 유례없는 낙관론이 팽배해 있지 않으면 있을 수 없기 때문이다. 그러나 기술 변화가 이루어질 수 있는 기회가 발생하는 것은 물론 연간 신규투자 흐름의 변동으로 총자본저량에도 변동이 발생하게 되는 장기(長期)에 있어서는, 임금이 공급과 수요의 조건에 의해 결정되는 정상적인 경쟁가격 수준에서 머물 경우에 비해 노동에 대한 수요가 분명히 감소할 것이다.

| 제3절 | 두 가지 수정요인

최근 들어 **자유방임주의** 견해의 이런 경직성에 대한 많은 비판이 경제학자들 사이에서 제기되어왔다. 그리고 이 문제를 둘러싼 많은 논쟁적 문헌들이 쌓여왔다. 물론 19세기에도 노동조합주의자와 그 지지자들은[5] 이 이론의 많은 아류들에 대해 반대했고, 때때로 여러 경제학자들도 이 이론에서 수정되어야 할 중요한 몇 가지 요소들을 강조해왔다. 그러나 오늘날에는 이 이론에 대한 비판이 더 일반화되어 있다. 과거의 주장을 더욱 발전시킨 것은 물론 완전히 새로운 많은 주장들이 이 견해를 의심하는 진영에 합류했다.

이들 논의 가운데 몇몇에 대해 살펴보기 전에 먼저 알아두어야 할 것으로 두 가지가 있는데, 거의 쟁점이 된 적은 없지만 쉽게 간과되어온 것들이다. 첫째, **자유방임주의** 견해가 우리가 대충 그려본 바와 같이 극히 경직된 형태 그대로 진실이라 할지라도, 이 이론에서 정의하고 있는 임금의 '정상적' 수준이 곧 '자연적'(사물의 자연적 질서에 의해 부여된 것이라는 의미의) 임금수준이라고 할 수는 없으며, 또한 어떤 사회형태나 사회제도 아래에서도 반드시 통용되는 것은 아니라는 점이다. 그리고 이

---

5 물론 이 가운데 가장 잘 알려진 것으로 웹 부부(Mr. and Mrs. Webb)의 『산업민주주의』(*Industrial Democracy*)를 들 수 있다.

임금수준이 노동의 독자적인 '생산성'이나 사회에 대한 '기여도'를 가장 잘 대표하는 것이라고 말할 수도 없다(이것은 임금수준을 단순히 주어진 조건에서 경쟁적 시장에 의해 결정된 것으로 간주한다든가 혹은 노동력이 상대적으로 풍부한지 희소한지에 의해 — 다른 생산요소들, 산업조직의 일반적 상태, 노동수요의 일반적 조건 등에 비해 — 결정되는 가격일 뿐이라고 보는 관점에 비해 보다 심오한 의미에서 바라본 것이다). 또한 설사 **다른 조건이 불변일 때** 임금이 이 수준 이상으로 인상되면 반드시 실업이 발생한다는 것이 사실이라 할지라도, 자본가들이 원하는 이윤이나 이자율의 수준이 너무 높은 것도 역시, 임금수준의 상승으로 인한 필연적인 결과와 꼭 마찬가지로, 또 하나의 실업의 '원인'이 될 수 있다는 것이 사실일 것이다.

둘째, 제3장에서 이미 본 바와 같이, 노동자의 총소득을 감소시키는 것이 모두 다 노동자의 복지에 반하는 것이라고 말할 수는 없다. 예를 들어 제번스가 확신에 차서 말했듯이, "우리는 부의 원천인 노동을 줄이면서 사람들의 복지를 결코 증가시킬 수 없다"[6]라는 것도 반드시 그런 것은 아니다. 일정한 조건에서 임금을 경쟁가격 수준 이상으로 올리는 인위적인 개입은 설사 그것이 고용의 전체 영역에서 이루어진다 하더라도, 노동자계급 전체의 복지를 높일 수 있다. 이것을 가장 잘 보여주는 사례는 초과노동 임금률의 인상이 노동시간의 단축을 가져오는 경우이다. 설사 이런 임금률의 인상으로 인해 소득이 감소한다 할지라도, 노동자들은 소득에서 잃은 것보다 훨씬 더 값진 건강과 여가를 얻게 될 것이다. 이른바 '저임금 산업부문'(sweated trades, 이 산업부문에 대해서는 다음 장에서 다시 다루게 될 것이다)의 경우도 이와 비슷하다. 즉 극히 열악한 조건에서

6 *The State in Relation to Labour*, 1894 ed., p. 74.

저임금으로 착취당하는 부녀자와 아동들이 이 부문에서 일자리를 잃음으로써 얻게 되는 이익이 장기에 있어서는 일자리의 상실로 인한 소득 감소의 손실을 훨씬 능가할 것이다. 이런 수정요인이 갖는 실제적인 중요성이 종종 간과되어온 까닭은, 이 경우에 발생하는 고용의 축소가 소득 감소로 인한 여가의 증대라는 측면보다는 그로 인해 절대적 빈곤을 만들어내는 측면에 더욱 가깝다고 생각하는 사람들이 제법 있었기 때문이다. 전자의 원인으로 인한 복지의 손실이 특별히 너무도 커서 그것이 더 중요한 것이라고 생각했던 것이다. 그러나 이하에서 이야기할 많은 이유들에 비추어보면 이것을 반드시 그렇게 볼 필요는 전혀 없다.

그런데 이 문제는 곧바로 더 일반화된 내용으로 이어진다. 즉 정상적인 경쟁가격 수준의 임금을 결정하는 요인들, 즉 노동의 공급조건이라는 것을 보면, 우리가 이미 앞서 보았듯이 이들 요인은 주로 기존 노동자들의 생활수준에 의존한다. 그리고 이른바 '정상' 임금이란 것은 사실상 얼마든지 변동할 수 있는 것으로서 사실상 하나의 중립적인(혹은 심지어 불안정하기도 한) 균형점에 불과하기 때문에, 임금의 하락은 바로 그렇게 낮아진 임금수준을 영속화하도록 계산된 생활수준의 변화(노동의 공급가격의 하락)를 만들어낸다. 그렇기 때문에 노동자가 받는 임금과 그가 제공해야 하는 노동량 사이의 비율은 교섭력과 같은 요소들에 의해 상당한 정도로 영향을 받을 수 있다. 그리고 설사 노동자들의 교섭력 증가가 노동자들의 총소득을 증가시킬 수는 없다고 할지라도, 그것이 임금과 노동의 거래조건을 노동자들에게 유리하게 바꿀 수 있는 여지는 충분히 존재한다. 마셜이 다음과 같은 사실을 강조했던 것도 이 점을 염두에 둔 것이었음이 분명하다. 즉 그는 노동자들이 노동조합의 단체교섭에 의지하지 않고 개별적으로 교섭할 경우에 노동자들은 대개 교섭에서 열세한 지위에 처할 것이고, 그로 인해 자신들의 노동력을 비정상적으로 낮은 가격에 판매하게 될 것이라고 했다. 그럴 경우에 생활수준의 하락은 임금수준을 낮게 유지하는 노동공급조건의 중요한 요인이 될 것이다. "가난이 가난을 낳는다"라는 말이 바로 그것이다. 그래서 임금소득자 계급의 사회적·경제적 조건에 영향을 끼치는 이와 비슷한 요인들은 모두 똑같이 임금계약에 영향을 끼칠 것이다. 예를 들어 자영농민이나 독립수공업자의 소멸과 같은 사회제도의 변화는 단지 노동시장에서 경쟁하게 되는 사람의 **숫자**를 늘리는 직접적인 영향뿐만 아니라 모든 임금소득자에게서 다른 생계수단의 선택 가능성을 제거해버림으로써, 경제적으로 과거에 비해 더욱 예속적인 상태에 놓이도록 만들 것이다. 결국 이런 요소들은 모두 임금계약에 근본적인 영향력을 행사할 것이다. 왜냐하면 제1장에서 이미 보았듯이, 예속적인 프롤레타리아의 창출이야말로 자본주의 임금제도가 성립하기 위한 역사적인 토대의 핵심적인 부분을 이루기 때문이다.

| 제4절 | 소비수준과 투자

전통적인 견해에 대한 비판들 가운데 하나로 장기에 있어서도 노동에 대한 수요는 이 견해가 생각하던 것보다 훨씬 더 비탄력적이라는 주장이 있어왔다. 왜냐하면 기존의 자본저량과 신규투자율은 모두 임금의 변동에 의해 거의 영향을 받지 않기 때문이라는 것이다. 아마도 여기에서 노동수요가 '비탄력적'이라고 표현한 데 대해 다소 오해의 소지가 있을 것 같다(왜냐하면 이 비판의 대부분은 변동하는 상황과 관련되어 있고 정태적인 조건과는 관련이 없기 때문이다). 그리고 더 단순하고 직접적으로 말해 전통적인 견해에서 생각하던 것보다는 투자와 고용에 불리한 영향을 끼치지 않고도 임금을 인상하고 다른 소득을 줄일 수 있는 여지가 상당히 많다. 첫째, 임금수준의 상승으로 인한 영향의 상당 부분이 다른 소득부문에서 지대나 독점수익을 줄이는 방식으로 흡수되면서도 이것이 직접적으로 생산과 고용의 축소를 유발하지 않는 경우가 바로 그러하다. 둘째, 이로 인해 투자자계급이 과거에 비해 좀 가난해진다고 하더라도(이것은 그들의 투자능력이 줄어든 것으로 볼 수 있다), 신규자본에 대한 그들의 투자를 감소시키지 않는 경우이다. 이것은 그들의 현재소득이 감소했다 할지라도, 미래소득은 감소해서는 안 되기 때문에 그들이 자신들의 소득 가운데 과거에 비해 더 많은 **부분**을 투자로 돌림으로써 그렇게 될 수 있다. 바꾸어 말해 자본가들의 소득 감소는 그들의 소비를 감소시키기는 하지만, 그들의 투자를 감소시키지는 않는 것이다. 그러나 여기에 대해서는, 부자들의 지출이 대체로 높은 소득수준 그 자체로부터 만들어진 관행과 소비수준에 의존하는 관습적인 성격을 띠고 있기 때문이라는 것이 좀 더 사실에 가까운 이야기일 것이다. 특히 국민소득이 증가하고 있을 경우에는 임금 상승이 자본가들의 소득과 그에 따른 그들의 보다 호화로운 계급적 소비지출 여력을 다른 경우보다 더 느리게 증가시킨다는 것이 더 사실에 가까운 이야기이다.

어쨌거나 경제이론이 (설사 명시적으로 단언한 것은 아닐지라도 과거에 종종 함축적으로 이야기했듯이) 저임금 산업부문의 임금을 인상하려 하거나 또는 가혹하게 혹사당하면서도 저임금에 시달리는 노동자들에 대한 착취를 근절하려는 어떠한 노력도 모두 그만큼 부자들의 소비지출을 감소시키기보다는 오히려 미래에 노동을 고용하는 데 사용될 임금기금을 반드시 감소시키고 말 것이라는 점을 보여줄 수 있다고 생각하는 것은 명백히 환상에 지나지 않는다.

그러나 여기에 덧붙여야 할 이야기는 이런 식의 논의에는 분명히 한계가 있다는 것이다. 일단 한번 받아들여진 소비지출 수준은 경직적으로 되는 경향이 있다. 그리고 이런 소비지출의 경직성 때문에 자본가계급의 소득을 상당 부분 잠식하는 임금 상승에는 분명 일정한 한계가 주어질 것이다(이것은 호황기에 임금 상승이 억제되는 것과는 의미가 다르다). 만일 자본에 돌아가는 몫이 갑자기, 큰 폭으로 감소하면 그것에 대한 반동으로 '자본의 파업' 같은 어떤 것이 나타날 수 있다. 이것은 생산과 투자에 대한 통제가 사적 개인의 수중에 놓여 있는 한, 반드시 고려해야만 할 하나의 가능성이다. 문제를 더욱 까다롭게 만드는 또 하나의 요인은 오늘날 산업에 대한 신규투자 가운데 점점 더 많은 부분이 새로운 주식발행을 통해 사적 개인으로부터 모금하는 방식이 아니라 대기업들이 오랜 기간 배당을 하지 않고 내부에 축적해둔 준비금으로부터 곧바로 지출되는 방식으로 이루어진다는 사실이다. 만일 이런 회사들에 축적되는 이윤이 대폭 감소한다면, 준비금을 축적해서 그 준비금으로부터 투자할 수 있는 이들 회사의 능력도 함께 감소할 것이 틀림없다. 그러나 총이윤이 감소할 때, 이들 회사가 총이윤에서 자신들의 주주들에게 배당할 부분을 줄여 투자규모를 유지하는 결정을 내린다는 것은 불가능하다. 그리고 투자에 대한 **유인**에서도 대기업들의 투자정책이 단순히 기대이윤율의 변동에 따라 그대로 움직이는 방식으로 이루어질지도 알 수 없는 일이다. 아마도 이와 관련하여 더 중요한 것은 제6절에서 언급될 것이지만, 그들 회사 노동자들의 명목임금 수준의 변동이 그들 기업이 벌어들일 수 있는 이윤량의 결정에 별로 중요한 영향을 끼치지 않으리라는 생각일 것이다. 또 한 가지 기억해두어야 할 것은 자신들의 준비금에 의한 기업들의 직접적인 투자뿐만 아니라 다양한 유형의 공공기관에 의한 투자도 오늘날 점점 더 중요해지고 있다는 사실이다. 이 후자의 투자는 이윤동기에 의해 움직이는 것이 아니다. 생산과 투자가 전적으로 국가에 의해 통제되는 사회주의체제에서는 우리가 이야기했던 것과 같은 투자자계급의 경직된 소비지출 형태에 의해 설정된 특수한 한계와 같은 것은 물론 더 이상 존재하지 않을 것이다.

| 제5절 | 노동시장의 불완전경쟁

앞서(제3장 제1절) 이미 우리는 완전경쟁 상태에서도 고용주들의 이해가 반드시 자신의 노동자들에게 장기에 걸친 건강과 능률을 유지해줄 만한 임금을 보장하고 그들의 경제적인 안정을 확대해나가는 데 있는 것이 아니라는 것을 언급한 바 있다. 그런데 최근 들어 가장 많이 들려오는 **자유방임주의** 견해에 대한 비판은 노동시장에서 완전경쟁이 존재할 수 없다는 것과, 따라서 밀이 이야기했던 "임금이 하락하지 않도록 유지해주는 수단"으로 작용하는 요인의 효과도 존재하지 않는다는 내용으로 이루어져 있다. 애덤 스미스는 일찍이 한 고전적인 구절 속에서 이렇게 지적했다. "자본가들은 언제 어디서나 임금을 현재의 수준 이상으로 올리지 않기 위하여 암묵적이면서 동시에 지속적이고 일치된 단결을 하는 법이다. 이 단결을 저해하는 행위는 어디에서나 가장 인망을 잃는 행위로 간주되며 그들의 이웃이나 동료들로부터 비난을 초래한다." 이것은 아마도 대기업과 독점적 담합이 대규모로 성행하는 오늘날 더욱 더 사실로 드러나고 있다고 말할 수 있을 것이다. 이런 상황에서는 한 고용주가 다른 고용주에게 경쟁적으로 대항하기 위해 임금을 '정상적인' 경쟁가격 수준 이상으로 올리려는 행위는 없을 것이다. 그리고 고용주들에게는 노동력을 **보다 적게** 고용하거나 **보다 낮은** 임금으로 고용하는 것이(노동공급이 비탄력적으로 주어져 있을 경우) 더 이익일 것이다. 바꾸어 말해 임금은 노동의 '한계순생산물' **이하**에 머물 것이다. 설사 스미스가 말한 그런 고용주들의 담합이 존재하지 않더라도 노동자들은 정보의 부족이나 다른 일자리로 옮아갈 때 들어가는 비용 때문에 함부로 직장을 옮겨 다닐 수 없고, 그로 인해 각 고용주들은 개별적으로 자신이 개인적으로 고용해놓은 노동에 대해 일종의 제한적인 독점력을 행사할 수 있다. 왜냐하면 이런 조건의 노동자들은 다른 고용주에게로 잘 옮아가지 않고, 특히 기존 노동자들이 다른 일자리로 빠져나가는 것을 막기 위해 제공되는 별도의 혜택이 제법 클 경우에는 다른 고용주들이 아예 이 고용주로부터 노동자들을 뽑아갈 생각을 하지 않게 될 것이기 때문이다. 노동자들이 특정 회사를 버리고 다른 일자리로 옮아가지 않도록 하는 갖가지 조치들도 이런 현상을 더욱 강화한다. 예를 들어 장기근속에 대해 승진을 부여하고 경영 참가나 기업단위에서 운영하는 연금제도 등이 바로 여기에 해당한다. 산업 내에서 '노동력의 이동'이나 노동자들이 직업을 바꾸는 속도를 줄이기 위한 각종 조치들에 대해서는 이미 앞서 언급한 바 있다. 노동력의 이동이 잦으면 해당 산업에서 노동에 대한 비용이 특별히 늘어난다는 것은 의심할 나위가 없다. 예를 들어 1929년경 소련에서 최초로 세워진 트랙터 공장 가운데 한 곳은 비슷한 유형의 다른 공장들이 잇따라 들어지자 한동안 급속히 신규노동자들의 훈련장소로 변모하고 말았다. 농촌에서 유입된 신규노동자들은 이 공장에서 작업을 배운 다음

빠른 승진을 노리고 아직 간부사원이 적은 새 공장들로 옮아가버렸고, 그 결과 이 공장의 인건비는 크게 늘어났고 생산계획도 달성할 수 없게 되었던 것이다. 그러나 이처럼 특별한 비용이 추가되기는 했지만 여기에는 또 다른 측면도 존재한다. 즉 이처럼 엄청나게 성행하는 노동력의 이동을(특히 미국에서 심했다) 줄이기 위해 고용주들이 고안해낸 갖가지 유인책은 거꾸로 고용주들 사이의 경쟁이 만들어낸 임금수준의 상승을 억제하는 효과를 분명히 발휘했던 것이다. 이런 경쟁이 전반적으로 상당히 제한적으로만 나타나고 있는 것은 하나의 계급으로서 고용주들이 노동력을 구하기 위한 자본가들 사이의 과도한 경쟁이 가져올 결과에 대해 명백히 인식하고 있다는 것을 보여준다. 예를 들어 1911년 영국에서 직업소개제도가 처음 도입될 당시, 고용주들 가운데 일부는 이 제도가 노동력의 이동을 지나치게 늘리지 않을까 하는 우려를 드러냈다. 그리고 전쟁기간 중에 노동력이 희소해지자 자본가들은 재빨리 법적인 규제를 도입하여 노동자들이 더 높은 임금을 찾아 다른 일자리로 옮아가는 것을 금지했다.[7]

7 제1차 세계대전 중에 실시된 제도는 한동안 '이직증명서'의 형태를 띠었는데, 이것은 군수산업에 종사하는 노동자가 일자리를 옮기려면 사전에 반드시 이 증명서를 획득해야 한다는 내용이었다. 제2차 세계대전 중에 이것은 주로 '기간산업 작업명령'의 형태로 바뀌었는데, 노동자가 공식적인 허가를 받기 전에는 자신의 일자리를 떠날 수도 해고될 수도 없다는 내용이었다. 하지만 이와 함께 노동자는 최저임금을 포함하여 일정한 대가를 보장받았다.

| 제6절 | 독점과 과잉 생산능력의 영향

최근의 경제학 문헌들에서는 임금문제에 대한 논의의 틀을 완전히 바꾸어버리는 두 가지 요소가 크게 부각되고 있다. 그 가운데 첫 번째 요소는 노동시장 그 자체(이것에 대해서는 마지막 문단에서 이야기할 것이다)에서 뿐만 아니라 경제체제의 다른 영역들에서도 모두 나타나고 있는 독점(혹은 적어도 불완전경쟁)의 광범위한 확대현상이다. 두 번째 요소는 경제체제 내에 존재하는(전쟁기간과 같은 예외적인 시기를 제외하고) 상당한 정도의 과잉생산능력(인력과 자본설비들 모두에서 사용되지 않고 있는 생산자원) 문제이다.

얼핏 보아 이들 두 요소는 모두 임금수준이 결정되는 방식이나 이 수준을 변화시키기 위한 단체교섭 능력과 그다지 깊은 관련이 없는 것처럼 보일 수 있다. 그러나 만일 우리가 실질임금에 대해 생각해보면, 금방 분명하게 드러나는 것은 경제체제 전반(즉 노동시장은 물론 상품시장도 포함하여)에 걸친 독점도는 상품가격과 비용(따라서 이 비용의 한 요소를 이루는 임금)의 관계에 영향을 끼침으로써 **실질**임금에 중요한 영향력을 발휘할 것이라는 사실이다.[8] 만일 독점 때문에 상품의 판매가격이 비용에 비해 더 많이 상승한다면, 이것은 주어진 모든 명목임금의 구매력을 떨어뜨릴 것이다. 거꾸로 만일 독점도가 낮아지면 주어진 **명목**임금 수준에 해당하는 **실질**임금 수준은 상승할 것이다. 어쨌든 독점이 임금소득자가

8 산업 전체를 살펴볼 때, 단기비용 혹은 본원적 비용은 '임금 + 수입된 원료'로 이루어진다. 만일 '폐쇄경제'의 경우를 상정한다면(즉 수출과 수입을 배제한다면), 이들 비용은 궁극적으로 어떤 형태이든 모두 임금으로 귀착될 것이다.

소비하는 상품—이것을 임금재(wage-goods)라고 부른다—에 영향을 끼치는 것은 분명한 사실이다. 심지어 어떤 경제학자들은 경제체제 전반의 독점도가 국민총생산에서 노동소득 분배율을 결정하는 주된 요인이며, 임금재를 생산하는 산업의 노동생산성과 독점도가 실질임금의 현행 수준을 결정하는 요인이라고 주장하기도 한다.

어떤 점에서 보면, 바로 여기에 근거하여 노동조합의 임금교섭이 노동소득의 실질분배율에 거의 아무런 영향도 끼칠 수 없고 전통적인 **자유방임주의** 견해가 결국은 옳았다고(몇 가지 새로운 근거만 댈 수 있다면) 이야기할 수 있을 것처럼 보인다. 그러나 이런 결론은 그다지 맞는 것 같지 않다. 왜냐하면 노동조합의 단체행동은 **노동**시장에서 구매자의 독점이 명목임금에 대해 직접 행사할 수 있는 영향력을 상쇄할 수 있을 만큼 충분히 강력한 요소일 수 있기 때문이다. 그리고 그런 한에서 그 단체행동은 임금과 상품가격의 차이를 좁힐 수 있다. 게다가 노동조합의 단체행동 그 자체가, 그들이 과거에 이미 확보한 명목임금 수준을 유지하는 것은 물론 상품가격(따라서 이윤의 크기)의 통제에 대해서도 관여한다면 그것은 총생산물 중 노동소득의 분배율에도 보다 강력한 영향력을 행사하게 될 것이다.

최근 경제학 이론에서 강조되고 있는 과잉생산능력과 관련된 문제는 우리가 방금 이야기한 독점 문제만큼 임금이론에 끼치는 영향이 그렇게 직접적이지는 않다. 그러나 그것은 전통적 이론에 있어서 일정 임금수준에서 앞으로 얻을 수 있는 일자리의 수를 결정하는 변수들 속에 몇몇 새로운 요소들을 끌어들이고 있다. 특히 그것은 소비재와 자본재의 수요상태(즉 소비량+투자량)에 따라 기존의 자본설비가 어느 정도 사용되고 있느냐 하는 것이 고용수준을 결정하는 중요한 요소라고 이야기하고 있다. 또 그것은 어떤 상황에서도(즉 기술, 자본저량, 자연자원 등의 조건이 어떻든), 그리고 임금수준이 어떻든 상관없이 고용수준은 무수히 달라질 수 있다고 말한다. 이로 인해 우리는, 앞서 우리가 전통적 이론의 핵심으로 보았던 부분, 즉 노동수요의 탄력성을 주장하는 견해와 그와 함께 주장되던 견해, 즉 명목임금 수준의 상승은 반드시 고용의 감소를 가져온다는 주장에 대해 의문을 갖게 되었다. 게다가 생산능력 문제를 강조하는 이런 새로운 견해는, 만일 노동소득이 총소득에서 보다 높은 분배율을 안정적으로 확보하는 데 성공하기만 한다면, 이것은 고용수준을 감소시키는 것이 아니라 실제로 **증가**시킬 수 있다(실제로 아예 증가시키기도 한다)는 것을 보여준다. 이런 놀라운 결론의 근거는 부자들이 자신들의 소득 가운데 상당 부분을 저축하는 데 반해, 임금소득자들은 보통 자신이 받은 소득의 거의 대부분을 소비하기 때문이다(필수적인 지출을 넘는 여분을 거의 가지고 있지 않기 때문이다). 결국 전자로부터 후자로의 소득 이전은 주어진 총소득에서 소비되는 양을 증가시킬 것이고, 따라서 그것은 상품에 대한 수요를 증가시키키고 그 상품을 생산할 노동에 대한 수요도 함께 증가시킬 것이다.

| 제7절 | 임금은 어디까지 상승할 수 있을까

그렇다면 이제 우리의 논의는 어디로 갈 것인가? 초기 경제학자들이 확신하던 비관론은 명백히 사라졌다. 우리가 마주하고 있는 경제 세계는 여러 요인이 마구 교차하는 너무나 복잡한 구조라서 전통적인 유형의 이론을 가지고는 이 세계로부터 아무런 확고한 예측도 끌어낼 수 없다.

이것은 단지 그 구조가 끊임없이 변화하고 운동하는 것이어서 '장기'(長期)나 장기적 '균형'이 채 성립하기도 전에 끊임없이 새로운 변화가 이어진다는 의미만은 아니다. 장기를 향한 운동과정이 장기적 경향 그 자체의 성격마저 바꾸는 변화를 만들어낸다는 의미이다. 마치 시계추가 수직으로 똑바로 설 틈도 없이 끊임없이 움직일 뿐만 아니라 추가 움직이는 힘이 너무 커서 때때로 시계 그 자체의 위치까지도 바꾸어버리는 경우와 마찬가지다. 우리가 지금까지 살펴본 바에 따르면, 전통적인 견해와는 달리 임금이론은 장기예측에서는 전혀 올바른 길잡이가 되지 못하지만 단기예측(혹은 적어도 단기와 장기의 중간 정도의 기간에 대한 예측)에는 더 잘 맞을 수 있을 것으로 보인다. 그러나 엄밀하게 말해서 **자유방임주의** 이론의 주요 가정들이 전혀 맞지 않았던 것은 바로 단기의 조건들이었다.

그렇다면 이제 우리에게 남는 것은 미래에 대해 아무런 예측이나 이해도 할 수 없다는 완고한 불가지론(不可知論)뿐일까? 우리가 노동시장에서 볼 수 있는 양태란 단지 서로 적대적인 세력들 간의 무질서한 난투극뿐일까? 아무리 경직적인 결정론적 견해를 거부한다고 해도 이처럼 회의적인 결론을 내릴 필요까지는 분명 없을 것이다. 우리는 임금문제의 양상을 지배하는 많은 핵심적인 관계들을 이제 알게 되었다. 그리고 아직도 매우 많이 부족한 상태에 있는, 현실 상황에 대한 구체적이고 통계적인 연구가 계속 진전을 이루어나감에 따라 임금문제의 보다 상세한 성질을 알아나가게 될 것이다. 우리는 특수한 행동 방향이 특수한 상황들에 끼치는 영향(예를 들어 어떤 특정 산업에서 임금의 변동에 대한 영향)에 대해 적어도 잠정적인 결론을 내릴 수 있는 몇몇 근거를 갖게 되었다(설사 이 결론에 대해 처음부터 끝까지 완벽하게 신뢰할 수는 없다 할지라도). 또

한 임금의 일반적 수준이나 장기적 전망을 다룰 경우에도 임금이 일정한 범위 내에서 움직인다는 사실을 알고 있다.

즉 우선 일반적인 임금수준은 순수한 물리적 생존수준 이하로는 장기간 하락한 상태로 머물지 않는다. 이 수준이란 우리가 이미 보았듯이 고정된 것이 아니다. 왜냐하면 그 생존수준이란 것은 노동이 얼마나 고되고 노력이 많이 들어가는지에 따라 달라지기 때문이다. 물론 만일 노동의 신규공급이 외부로부터 대량으로 이루어지면(예를 들어 농촌이나 해외로부터 이주민들이 몰려들어), 이 최저수준은 매우 낮아져서 당장의 순수한 물리적 필요만 겨우 충족할 뿐 정상적인 노동생활을 지속하거나 가족을 부양하기에는 부족한 상태가 될 수도 있다. 제2장에서 인용했던 통계수치들에 비추어보면, 우리는 임금이 사실상 평균적으로 이런 물리적 하한선보다 별로 높지 않았고(많은 경우 이보다 낮았다) 나라별 임금격차는 생계수준의 차이를 유발하는 노동강도의 차이와 거의 근접해 있다는 것을 알 수 있다.

임금이 어디까지 상승할 수 있는지를 찾아내는 일은 훨씬 더 어렵다. 얼핏 생각하기에 그 상한선은 임금이 자본가들에게 돌아간 잉여생산물 가운데 그들이 당장 **소비하는** 부분보다 더 많은 부분을 흡수할 정도까지는 상승할 수 없다는 말로 간단하게 정의를 내릴 수 있을 것처럼 보인다. 왜냐하면 만일 임금이 이 부분보다 더 많은 부분을 흡수해버리면, 임금은 자본의 공급부분을 잠식해 들어갈 것이기 때문이다. 만일 모든 생산과 투자가 국가에 의해 통제된다면, 총생산물에서 임금으로 돌아가는 몫은 이 범위를 넘어설 수 있을 것이다. 그러나 그런 경우에도 이 말은 임금의 몫이 순생산물 **전체**를 흡수해버릴 수 있다는 의미는 아니다. 왜냐하면 그렇게 되면 기존의 자본저량을 확대하기 위한 신규투자는 전혀 이루어질 수 없기 때문이다. 신규투자가 이루어지고 있는 한, 그 사회의 인력과 원료자원 가운데 일부는 임금소득자들이 상점에서 구매할 수 있는 소비재를 생산하는 대신에 새로운 공장을 건설하고 새로운 기계를 제작하고 설치하는 데에 투입되어야 한다. 임금이 구매력으로 사용되는 부분은 전자의 소비재 생산에만 한정된다. 그렇기 때문에 한 나라의 총임금액의 실질가치는 노동이 생산한 모든 상품의 (순)가치 가운데 **일부분**만으로 이루어진다.

또 한 가지 중요한 사실은 만일 경제체제 내부에 사용되지 않은 유휴생산능력이 실질적으로 남아 있다면, 바로 이 유휴생산능력에 의해 총생산물과 총실질임금소득을 모두 증가시킬 수 있다는 것이다. 즉 이들 유휴생산능력을 '활용하여' 이전에 아예 사용되지 않고 있거나 조금만 사용되고 있던 노동력과 원료자원을 생산에 투입함으로써 그렇게 할 수 있는 것이다.

그러나 생산과 투자가 개인 소유주의 수중에 있는 자본주의체제에서는 총소득에서 임금에 분배되는 몫이 증가할 수 있는 유일한 한계가 총소득에서 정상적으로 투자되는 부분의 크기라고 말하는 것은 틀린 이야기이다. 실제로 이 체제에서 임금이 상승할 수 있는 실질적인 한계는 명백히 이 부분보다 더 낮다. 이 한계가 어떻게 결정될 것인지의 문제는 아마도 경제이론의 문제라기보다는 정치학과 사회심리학의 문제에 더 가까울 것이다. 우리는 앞서 실질임금의 상승 가능성 가운데 상당 부분이 자본가계급의 관습적인 소비수준에 의존한다는 사실을 언급한 바 있다. 이 관습적인 소비수준은 일단 한번 받아들여지고 나면 전쟁이나 혁명과 같은 대재앙의 시기를 제외하고는 상승하는 방향보다는 하락하는 방향으로 바꾸기가 훨씬 어렵다. 시골 별장이나 하인, 그리고 수렵지 같은 것들은 받아들이는 것보다 포기하기가 훨씬 더 어렵다. 산업총생산이 계속 증가하는 호황기 동안에 임금소득자들은 만일 강력하게 조직되어 있기만 하면 자신들의 임금을 총액에서는 물론 총소득 가운데 자산소유자들에게 돌아가는 몫과 비교하여 상대적인 몫까지도 모두 높일 수 있는 유리한 위치에 있게 된다. 만일 그들이 충분히 강력하게 조직되어 있을 경우에는 경제성장의 성과를 거의 대부분 획득할 수도 있을 것이다. 물론 우리가 이미 앞서 보았듯이, 이것이 어느 정도까지 그렇게 될 수 있을지는 독점력의 확보와 발휘를 통해 고용주들이 명목임금 인상의 압력을 임금재의 가격인상으로 어느 정도까지 전가해버릴 수 있는지에 상당부분 달려 있을 것이다. 하지만 산업총생산이 정체하거나 증가세가 매우 완만한 불황기에는 노동조합이 아무리 강력하게 조직되어 있더라도, 실제 발휘할 수 있는 힘은 상당히 제한될 것으로 보인다. 이런 경우에는 다른 소득부분을 잠식하여 임금의 몫을 늘리려는 노력이 심각한 저항에 부딪칠 가능성이 높다. 즉 이런 경우에는 머지않아 자본가들이 자신들의 소비수준을 낮추는 대신에 투자를 줄일 것이고, 기업은 노동절약적인 기계의 도입을 통해 최대한 노동을 줄이려고 노력할 것이다. 게다가 물론 더욱 극적인 형태이지만 '자본의 파업'이 일어날 수도 있다. 노동조합의 행동이 독점력의 행사를 억제할 수 있는 한에서 노동자들이 자신들의 노고에 대한 임금의 비율을 높일 수 있는 것은 사실이지만, 자본주의 체제의 조건에서 총소득을 증가시킬 수 있는 노동조합의 힘은 경제체제 그 자체의 더 근본적인 제도적 변화가 없이는 아마도 그리 크지 않을 것이다.

제 6 장

임금격차

| 제1절 | 직급 간 격차

지금까지 우리는 한 사회에서의 임금 총액과 평균적인 임금의 **일반적** 수준에 대해 다루었다. 그리고 우리는 시간당 임금과 개수임금(성과급) 모두에서 존재하는 광범위한 임금격차들, 즉 서로 다른 직급들 사이에서, 서로 다른 지역들 사이에서, 한 나라의 서로 다른 산업들 사이에서, 그리고 서로 다른 나라들 사이에서 존재하는 임금격차들을 무시해왔다. 그러나 비록 부차적인 것이기는 하지만 임금이론 가운데 중요한 절반은 언제나 임금격차의 원인을 다루어왔다. 임금규제의 실천적인 문제를 다루는 데서 이 임금격차 문제는 두드러진 위치를 차지하고 있다.

이미 제1장에서 보았듯이, 실질적으로(물론 명목적으로도) 모든 사람이 자신이 원하는 직업을 평등하게 선택할 수 있으려면 경제제도의 성격이 지금과는 근본적으로 달라져야 한다. 하지만 이제 우리는 임금직업의 범주 — 다른 소득계급은 제외하고 — 내에서는 이런 선택권이 동등하게 주어져 있고 모든 사람들이 자신이 원하는 일자리를 얻을 수 있는 기회가 거의 균등하게 주어져 있다고 가정해보자. 이런 조건에서는 모든 곳에서 임금률이 똑같을 수 없을 것이다. 임금률은 갖가지 분명하고 확실한 이유로 제각기 다를 것이다. 그러나 우리는 이 차이가 단지 애덤 스미스가 각 직업들 사이의 '이익과 불이익'이라고 불렀던 것이 균등하게 상쇄되는 범위 내에서만 이루어질 것으로 예상할 수 있다. 이 **순이익 균등의 원리**(Principles of Equal Net Advantages)는, 마치 관으로 서로 연결된 두 개의 수조에서 수면의 높이가 같아지는 것과 마찬가지로 노동이 어떤 직업에서 다른 직업으로 이동함으로써 실현될 것이다. 만일 한 산업부문에서 임금소득을 포함한 모든 이익과 불이익을 서로 비교해서 계산한 결과 전체적으로 그것이 다른 산업부문에 비해 유리한 것으로 보인다면, 노동자들은 다른 산업부문을 기피하고 이 산업부문으로 몰려들게 되고, 이런 노동공급의 변동은 상대적 임금수준의 변동을 통해 두 산업부문의 순이익이 균등해질 때까지 계속될 것이다. 그러면 결국 임금의 차이는 단지 각 직업들의 혐오도나 힘든 정도의 차이의 범위 내에서만 이루어질 것이다. 스미스의 말을 인용한다면 다음과 같다. "노동과 자본이 투입된 여러 일자리들 사이의 총이익과 불이익은 동일한 지역에서는 완전히 균등하거나 아니면 끊임없이 균등해지는 경향을 가질 것이 틀림없다. 만일 동일한 지역에서 어떤 일자리가 다른 일자리보다 조금이라도 분명 나아보인다면, 사람들은 당장 다른 일자리를 버리고 이 일자리로 몰려들 것이고 그 결과 이 일자리가 갖던 이익은 금방 다른 일자리와 같은 수준으로 되돌아갈 것이다."[1]

예를 들어 첫째, 우리가 쉽게 예상할 수 있는 것은 오물처리작업이나

---

1 Adam Smith, *Wealth of Nations*, ed. 1826, p. 99.

채탄작업과 같이 혐오감을 주고 위험이 높은 직업들에서는 임금이 다른 직업들에 비해 이들 직업의 혐오감과 위험을 충분히 상쇄할 정도로 높지 않으면, 사람들이 이 직업을 기피할 것이라는 사실이다. 오물을 치우고 석탄을 캐는 작업은 일반적으로 대부분의 사람들이 싫어하기 때문에 이들 직업의 일자리를 구하는 사람들의 숫자는 다른 직업들에 비해 훨씬 귀하다. 그리고 이런 희소성 때문에 오물처리작업과 채탄작업 직종의 임금은 높아질 수밖에 없다. 실직의 위험이 높고 소득이 매우 불확실한 직업의 경우에도 비슷한 이야기를 할 수 있다. 반면에 어떤 직업이 매우 즐겁고 흥미로운 것인데다 거기에 종사함으로써 사회적인 명성이나 특혜, 혹은 특별한 우선권이나 출세의 기회를 잡을 수 있다면, 이 직업은 대중적인 인기를 얻어 일자리를 구하려는 사람들이 몰려들 것이고 그로 인해 이 직업의 임금수준은 다른 직업보다 낮아질 것으로 우리는 쉽게 예상할 수 있다.

둘째, 사람들이 기피하기 쉬운 직업은 교육이나 훈련에 비용이 많이 들고 오랜 기간 무보수로 견습이나 수습을 거쳐야 하는 일자리이다. 이런 일자리에는 다른 일자리보다 더 높은 임금이 형성되는 경향이 있다. 이때 예비훈련에 들어가는 비용은 자본 지출의 본질에 따라 미래에 받게 될 더 높은 임금이 당장의 지출에 비해 그만한 가치가 있다고 여겨질 경우에만 이루어질 것이다.

또한 기수(騎手)나 오페라 가수, 혹은 첨탑수리공 등과 같이 희귀한 천부적 소질이 요구되는 직업의 경우에는 이런 일을 수행할 만한 사람의 수가 적어서 이들을 필요로 하는 사람들 간의 경쟁이 매우 치열해짐으로써 임금이 비정상적으로 높아질 수 있다. 그러나 이 경우에 이런 혜택을 받는 사람들은 단지 이들이 자신들의 직업이 갖는 추가적인 불이익을 보상해주는 부분을 추가적인 임금으로 받는 것이 아니다. 그들은 자신들의 직업의 총이익(스미스의 말을 빌리면)이 다른 직업에 비해 훨씬 큰 우월적 지위에 있다. 그리고 그들은 희소한 천부적 소질에 대한 '희소가격' 혹은 '지대'•를 예외적인 형태로 지급받는 것으로 간주될 수 있다.

그러나 우리가 살고 있는 현실제도에서는 '순이익 균등의 원리'는 거의 실현되지 않고 있다(예를 들어 자산소득의 영역이 아닌 임금소득의 범주 내에서조차도 그러하다). 게다가 서로 다른 직업들 사이의 이익과 불이익에 따른 격차보다 훨씬 더 크게 벌어지는 임금격차의 정도는 우리가 위에서 언급한 마지막 요인에 의해 합리적으로 설명될 수 있는 것보다 훨씬 더 크다. 이 원리와 맞지 않는 임금격차가 현실에서는 너무도 많이 나타나고 있어 이 원리로는 현재 우리가 살고 있는 임금제도에서 나타나는 주요한 임금격차를 전혀 설명할 수 없다는 생각이 든다. 공동체에서 기피되는 일자리는 가장 높은 임금을 지불받는 것이 아니라 오히려 가장 낮은 임금을 지불받고 있으며, 건강과 생명을 해치는 대부분의 일자리 또한 마찬가지다. 낮은 임금을 지불받는 일자리는 일반적으로 불안정하고 지속적이지 못한 일자리들이다. 그리고 높은 숙련이나 전문적인 교육이 필요한 직업의 임금수준은 일반적으로 예비교육에 지출된 자본에 귀속되는 합리적으로 계산한 이자보다 훨씬 더 높다. 만일 완전고용을 유지하려는 정책이 성공적으로 운용된다면, 그것은 각 직업들 사이의 상대적인 임금수준에 급격한 변화를 수반하리라는 이야기들이 있어왔다. 왜냐하면 일자리가 일자리를 구하는 사람들의 숫자만큼 충분히 존재한

• 경제학에서 사용하는 넓은 의미의 지대로서, 독점적 성질에 대해 지불되는 보수를 가리킨다. 준지대(準地代)라고도 부른다. —옮긴이

다면 사람들은 혐오스럽고 위험한 일자리를 기피할 것이고, 따라서 이들 일자리의 노동자를 구하려는 고용주들 사이의 경쟁 때문에 이들 일자리의 임금수준은 기존에 비해 몇 배나 오를 수밖에 없을 것이기 때문이다. 이런 가능성을 약간 보여준 사례로는 제2차 세계대전 이후에 석탄 광부를 구하기 매우 힘들었던 때를 들 수 있다. 실업이 없고 직업선택의 기회가 균등하게 보장된 사회에서는 석탄 광부, 주물공장 직공, 환경미화원 등이 고임금군에 속할 것이며, 쾌적한 사무실에서 책상머리만 지키는 노동자들은 저임금군에 속할 것이다. 손을 더럽히는 직업은 임금도 높고 사회적인 존경도 받을 것이며, 손을 더럽히지 않는 직업은 '쉬운 일자리'로 간주되어 비교적 낮은 보수를 받게 될 것이다. 어쨌든 복잡하게 얽혀 있는 현재의 임금격차를 설명하기 위해서는 순이익 균등의 원리와는 다른 어떤 것으로 설명할 필요가 있다는 것은 분명한 사실이다.

| 제2절 | '비경쟁적 집단'

이 문제를 설명하기 위해서는 먼저 모든 임금소득자에게 어떤 직업이든 선택할 수 있는 기회가 균등하게 주어진다는 가정을 버려야 한다. 실제로 이 가정은 현실과 동떨어진 것이다. 그 주된 이유는 어떤 직업에 필요한 교육비용을 개별 임금소득자 자신의 호주머니에서 조달해야 하는 사회에서는 일단 한 번 형성된 임금격차가 스스로 그 격차를 영속화시키는 경향을 갖기 때문이다. 높은 소득을 누리고 있고 약간의 저축도 가지고 있는 사람은 자신의 자녀를 숙련도가 높은 직업으로 진입시키기 위해 필요한 교육이나 견습비용을 부담할 능력이 더 많을 것이다. 반면에 자신의 가족을 부양하기에도 힘든 미숙련 노동자들은 그런 비용을 전혀 부담할 수 없을 것이다. 그럭저럭 먹고사는 미숙련 노동자 가족들은 대개 장남을 숙련 직종의 견습생으로 넣으려고 노력한다. 그러나 그들에게 그 정도 이상의 능력은 거의 있지 않기 때문에 일단 장남이 견습생으로 들어가고 나면 동생들은 대개 학교를 마치자마자 곧바로 어떤 일이든 생업 전선에 뛰어들어야만 한다.[2] 이런 사실을 통해 알 수 있는 것은 서로 다른 직급의 노동의 공급조건이 이들 직급들 사이의 기존 임금격차에 의해 상당히 큰 영향을 받으며, 따라서 어떤 한 직급의 임금이 다른 직급의 임금에 비해 상대적으로 '공정'한지, 혹은 '정상적'인지를 이야기하려고 하면 그것은 곧바로 순환논리에 빠져 버린다는 것이다. 심지어 만일 숙련 노동자와 미숙련 노동자 사이의 임금격차가 축소되면(미숙련 노동자의 임금이 상승함으로써), 숙련 노동자의 공급이 사실상 **증가하여** 이 임금격차를 더욱 좁히는 역설적인 결과가 만들어질 수도 있다. 이른바 '중산층 전문직'이라고 부르는 직업들에서 이런 영향은 특히 두드러질 것이다. 즉 이들 직업에 해당하는 법률가와 의사, 대학교수 등의 잠재적인 공급은 육체노동자의 소득수준을 넘는 부모들의 자녀들에게로 거의 완전히 제한되어 있을 것이다(장학금이나 자선단체의 도움을 받는 경우를 제외하고). 따라서 이들 전문직에 대한 신참자의 공급은 극히 제한적일 것이고, 바로 이런 제한 때문에 이들 직업의 임금은 높게 유지될 것이다. 반면에 공사장 인부나 부두 하역노동자와 같이 단순한 육체적 체력만 있으면 되는 직업들에서는 자연히 노동의 공급이 풍부하고 임금도 낮다. 프랭크 윌리엄 타우시그•는 노동자들의 임금수준과 관련하여 크

2 E. L. Lewis, *The Children of the Unskilled*, 1924, pp. 15~16 참조.

게 다섯 개의 직급을 분류했는데, 각 직급의 낮은 직급에서 차상위 직급으로 이행하는 데는 다양한 조건들의 제약이 주어져 있다고 말한다. 상위 직급들은—그는 이들 직급을 '비경쟁적 집단'이라고 불렀는데, 존 엘리엇 케언스••의 명칭을 따른 것이다—외부로부터 이 직급으로 진입하는 데 제약이 많아 공급이 극히 제한된 직업들이다. 이들 직업군에 대한 노동력의 공급이 제한되어 있기 때문에 이들의 노동에 대한 가격은 상승하는 경향이 있다. 그가 분류한 직급들은 다음과 같다. 제1직급은 일반 노동자에 해당하는 미숙련 노동자들이다. 제2직급은 반숙련 노동자들이며, 제3직급은 기계공, 조립공, 기관사, 벽돌 조적공과 같은 숙련공들, 제4직급은 사무직 노동자, 제5직급은 '중산층 전문직들'이다. 이 마지막 직급의 우월적 지위는 매우 대단해서 우리가 제1장에서 정의한 임금소득자 계급에서 제외해 별도의 범주로 분류해야 할 정도이다.

특정 직급의 노동자가 누릴 수 있는 특혜적인 임금은, 만일 이 직급으로 신참자가 진입하는 데 법이나 관습 혹은 어떤 담합에 의한 규제 등으로 인위적인 장벽이 부과되어 있을 경우에는 더욱 상승할 것이다. 왜냐하면 이런 장벽은 이 직업에서 일자리를 구하는 사람들과 경쟁할 수 있는 사람의 숫자를 더욱 제한할 것이기 때문이다. 이것은 중세의 길드에서 실제로 이루어졌던 것으로(적어도 중세 후기에), 즉 길드에 새로 가입하려는 사람들에게 자격을 부과함으로써 그들 사이의 경쟁을 줄였던 것

• Frank William Taussig, 1859~1940: 미국의 국제경제학자이며 하버드 대학교의 교수를 지냈다. 임금과 관련된 저서로 『임금과 자본』(*Wages and Capital*, 1935)이 있다. —옮긴이

•• John Elliott Cairnes, 1823~75: 아일랜드의 경제학자로 종종 '최후의 고전경제학자'라고도 불린다. —옮긴이

이다. 이들 길드 가운데 비교적 강력한 몇몇 길드는 실제로 매우 배타적이어서 가입비만 수백 파운드에 달하는 곳도 있었다. 19세기에 숙련 직인들이 조직한 몇몇 노동조합에서는(제7장을 보라) 가입에 제한을 두었다. 이런 제한 가운데 매우 엄격한 도제제도와 같은 것은 지금도 여전히 남아 있는 곳이 많다. 변호사 규약과 결부되어 있는 관습인 입회비, 주식중개업에서의 분담금 등도 이와 비슷한 영향력을 행사하고 있다. 어떤 전문직에서는 특정 공공교육기관 출신인 사람들만 받아들임으로써 사실상 선발에 제한을 두는 반면, 또 다른 전문직에서는 사회적인 행동거지나 언행에 일정한 기준을 요구하기도 한다.

그런데 기존의 임금격차는 단지 교육비를 조달할 수 있는 능력을 가진 사람들의 숫자에 영향력을 행사함으로써 서로 다른 직급의 노동공급에 영향을 끼치는 것만이 아니다. 그것은 또한 어떤 직업이 사람들에게 '기피되는' 직업인지 아닌지에 대한 관습적인 견해에도 영향력을 행사함으로써 그런 노동공급에 영향을 끼친다. 물론 아마도 임금격차 그 자체가 그런 관습에 끼치는 영향은 단지 부차적인 것에 지나지 않을 것이고, 그런 관습은 주로 계급 사이의 광범위한 불평등이 만들어낸 산물일 것이다. 어쨌든 계급사회에서 전통적으로 임금이 낮은 직업은 사람들이 기피하는 직업으로 간주되는 반면, 고임금이 지급되는 직업은 사회적으로 더 존경을 받거나 명예로운 직업으로 간주되는 경향이 있다는 것은 분명한 사실이다. 이런 것들이 끼치는 영향은 결과적으로 노동의 '상향 이동'을 증가시키고, 사람들로 하여금 상당한 희생을 감수하고서라도 더 높은 직급으로 들어가려 하게 만든다. 그러나 이런 노력은 위에서 이미 언급한 다른 요인들의 작용 때문에 가로막히는 것이 보통이다. 하지만 그것은 또한 육체노동자 직급 바로 위에 자리한 직업들 가운데 비록 굉장한 액수는 아니지만 어느 정도 교육비용이 들어가는 직업들에 신참자들이 과도하게 몰려들어, 많은 경우에 이들 직업의 임금이 숙련 육체노동자들의 임금수준보다 오히려 낮아지는 이유를 설명해주기도 한다. 이런 직업들에 해당하는 것이 바로 사무직 노동자와 교사이기 때문에, 위의 관습적 견해는 왜 이들 직업에 유난히 사람들이 생각하는 것보다 더 '상향 이동'이 많은지를 설명해주기도 한다.

| 제3절 | 산업 간 및 지역 간 임금격차

노동의 이동을 가로막는 장애물은 노동의 직급들 사이에서와 같이 단지 수직적으로만(말하자면) 존재하는 것이 아니라 서로 다른 산업들이나 서로 다른 지역들 사이에서와 같이 수평적으로도 존재한다. 그리고 이것은 몇몇 경제학자들이 일컫는 지역과 산업 간 임금의 '불공정성'을 유발하게 될 것이다. 이때 이 '불공정'이란 말은 순전히 상대적인 의미로 똑같은 숙련과 효율을 가진 노동자가 어떤 경우에는 더 낮은 임금을, 어떤 경우에는 더 높은 임금을 받는다는 의미이다. 이런 장애물로 작용하는 요인으로는 다른 도시나 산업에 일자리가 있는지의 여부를 알지 못하는 정보의 부족, 집과 가족을 먼 장소로 옮길 수 있는 수단의 결여, 혹은 "언젠가 상황이 나아지겠지"라는 낙관론과 같은 여러 가지 이유로 기존의 일자리를 떠나지 않으려는 경향 등을 들 수 있다. 종종 이야기되는 바와 같이, 최근의 주택 부족은 노동의 지역 간 이동을 현저하게 감소시켰다. 이는 집이나 방을 가지고 있는 노동자가 다른 지역에서는 집이나 방을 구하지 못하리라는 생각 때문에 그 지역을 떠나기를 꺼리고 있기 때문이다. 이런 여러 가지 이유로 노동의 이동이 정체되면 어떤 지역이나 업종에서는 노동력이 비교적 남아도는 데 반해, 다른 지역이나 업종에서는 노동력이 부족해지는 현상이 동시에 발생할 수 있다. 이로 인해 전자에서는 임금이 하락하고 후자에서는 임금이 상승함으로써, 임금격차가 둘 사이에 노동의 이동을 유발할 정도가 될 때까지 크게 벌어질 수 있다. 게다가 더욱 심한 경우로 두 업종이나 두 지역 사이에 노동자들의 이동이 거의 없을 경우에는, 노동자들이 자신의 노동을 제공하려는 공급가격이 이들 둘 사이에 매우 큰 격차를 보이며 심지어는 노동자들이 명목소득을 지나치게 고평가하여 거의 무보수나 다름없을 정도로 임금수준이 낮아지는 일도 발생할 수 있다. 예를 들어 농업부문의 비교적 낮은 임금수준은 대개 농촌주민이 자신의 처지를 개선해보기 위해 도시로 옮아가는 속도가 매우 느린 데 상당 부분 그 원인이 있다.

노동 이동을 가로막는 이들 장애물이 지리적인 성격을 띠고 있을 경우에 똑같은 일을 하는 노동자들 사이의 임금격차는 지역적으로 서로 멀리 떨어져 있는 산업들 사이에서는 물론, 같은 산업이라 할지라도 서로 다른 지역들 사이에서도, 예를 들어 서로 다른 탄전들이나 북부와 남부의 농업지역들 사이에서 발생할 수 있다. 한편, 그런 장애물이 직업적 성격을 띠고 있을 경우에 임금격차는 같은 도시 내에서도 서로 다른 업종들 사이에서, 즉 우리가 제2장에서 언급했던 바와 같이 법적으로 '보호받는' 업종과 '보호받지 못하는' 업종 사이에서 발생할 수 있다. 전쟁기간 동안에는 남부 웨일스 지방의 빈곤한 광산촌에서 보다 임금이 높은 남부 잉글랜드 지방의 건축업이나 운수업으로 일자리를 옮기는 노동자나, 혹은 조선업에서 보수가 더 나은 인근 업종으로 일자리를 옮기는 노동자가 극히 제한적으로만 나타났다. 지금까지 언급한 요인 외에 또 하나 추가될 수 있는 장애물은 오늘날과 같이 임금이 노동조합의 단체협약에 의해 고정되어 있을 경우에 기존의 노동자들을 해고하고 더 낮은 임금의 노동자를 새롭게 고용할 수 있는 여지가 그다지 많지 않기 때문이다. 반면에 또 한 가지 부인할 수 없는 사실은 노동자들은 오래된 전통적 산업부문이나 자신들의 출생지에서 낮은 임금과 실업의 압박에 시달리면서 남기보다는 새로운 일자리도 많고 임금도 높은 성장산업 부문으로 일자리를 옮길 유인을 받을 가능성이 크다는 점이다. 달리 말해 노동의 이동은 몰락해가는 노동시장보다는 새롭게 성장해가는 노동시장에서 더 크다.

| 제4절 | '임시직' 고용

이런 노동의 이동을 더욱 가로막는 또 다른 장애물은 오래된 업종에서 실제로는 더 이상 이전만큼 일자리 수를 계속해서 노동자들에게 제공할 수 없는 상황인데도 "언젠가 상황이 나아지겠지"라는 희망을 부추기는 무엇인가가 있기 때문이다. "언젠가 상황이 나아지겠지"라는 이런 희망—이 희망이 더 나은 일자리를 찾아 노동자들이 다른 업종으로 이동하지 못하게 그들을 현재의 업종 주변부에 계속 묶어둔다—에 실질적으로 영향을 끼치는 것은 고용주들이 사용하는 고용방식이다. 만일 어떤 고용주가 자신의 공장에 정규직 노동자를 일정한 숫자로 고용하고 이 숫자가 특별한 사유가 발생하지 않는 한 거의 변동하지 않는다면, 여기에서 해고된 노동자는 거기에서 아무리 기다려봐야 '일자리가 생기지 않을 것'이라는 사실을 알 수 있을 것이다. 그러나 만일 고용주가 자신이 고용한 노동자들(혹은 그 일부)을 습관적으로 자주 갈아치운다면 — 특별한 기간 동안 임시직 노동자를 고용하거나, 혹은 어떤 특수한 직무에 노동자를 고용했다가 이들을 해고하고 다시 다른 직무에 새로 노동자를 고용하는 식으로 —, 사정이 달라질 것이다. 해고된 노동자는 가까운 장래에 자신이 다시 고용될 수 있으리라는(최소한 일시적인 기간 동안만이라도) 기대를 품게 될 것이다. 업종 주변부에서 맴도는 노동자들은 설사 그 업종에서 상시적인 일자리는 전혀 혹은 거의 얻지 못한다 할지라도, 약간의 기간 동안 일자리를 얻을 수 있는 기회는 가끔씩 얻을 것이다. 이 같은 이른바 '임시직' 고용방식의 극단적인 경우는 부두의 하역작업 같은 곳에서 찾아볼 수 있는데, 부두노동자들은 상시적으로 고용되는 것이 아니라 특정 화물을 싣고 부리는 데만 고용되었다가 작업이 끝나고 나면 해고된다.[3] 이런 고용방식은 이 업종 주변에 상시적으로 고용할 경우의 평균 일자리 수를 훨씬 초과하는 '예비노동력'이 머물도록 만든다. 그러나 부두 하역장에 아무리 많은 수의 노동자들이 몰려 있다고 할지라도, 이들 각자는 모두 일자리를 얻는 데 있어 똑같은 기회를 가지고 있다. 그렇기 때문에 거기에는 항상 한 번에 고용될 수 있는(심지어 가장 일손이 많이 필요한 경우의) 숫자보다 더 많은 수의 노동자들이 모여 있다. 이런 업종에서는 개별 노동자들의 평균소득이 고용의 불연속성 때문에 지나치게 낮을 뿐만 아니라 일자리를 얻기 위한 치열한 경쟁 때문에 임금률 또한 매우 낮다. 게다가 임시직 고용방식이 변하지 않은 상태에

3 이런 고용제도는 제2차 세계대전 기간 중 만들어진 '상용직화' 법령에 의해 완전히 바뀌었다. 이 법령은 1946년 부두노동자법(고용법)에 의해 영속적인 효력을 갖게 되었다.

서 이런 임금률을 조금이라도 올리게 되면, 그것은 이 업종으로 예비노동력을 더 많이 불러들이는 효과를 가져와 평균소득은 상승하기보다 오히려 더욱 감소하고 만다.

| 제5절 | '착취산업'

'착취산업'으로 알려진 것의 문제점은 이것이 '부당하게' 임금이 낮은 특수한 경우에 해당한다는 점에 있다. 원래 상원특별위원회에서 내린 정의에 따르면, '착취산업'은 "부적절한 임금, 비정상적인 장시간 노동, 비위생적인 노동조건"의 특징을 갖는다. 많은 경우에 이른바 이런 '착취산업'을 구성하는 부분은 가정집이나 소규모 작업장에서 이루어지는 수공업들이며, 종이상자 제작, 수공예, 매듭 작업, 세탁업, 싸구려 재봉업 등이 해당하는데 대개 제1차 세계대전 이전에 주로 성행하던 것들이다. 이들 산업을 존속시키고 기존의 작업방식을 살아남게 만든 것은 순전히 계속해서 값싼 노동력을 공급받을 수 있었기 때문인 경우가 많다. 만일 그렇지 않았다면, 이들 작업은 벌써 현대화된 공장들의 기계적인 작업방식으로 대체되었을 것이다. 따라서 이들 산업은 마치 기생식물처럼 값싼 노동력의 공급을 받을 수 있는 지역들에 몰려 있었다. 대부분의 경우에 이런 값싼 노동력은 여성들의 노동력이었는데, 이는 남자 가장이 죽거나 아프거나 일자리를 잃어 가족의 생계를 대신 떠맡을 수밖에 없는 사정 때문이었다. 만일 이때 이들 여성 노동자들이 충분한 정보를 가지고 있거나 혹은 당장의 절박한 생계의 위협에 덜 내몰렸다면, 그래서 다른 곳으로 더 나은 일자리를 찾아 이동할 수만 있었다면 이들은 이런 예외적으로 낮은 임금을 받아들이려고 하지 않았을 것이다. 따라서 만일 이처럼 '착취적인' 임금의 지급을 금지하려는 시도가 있었다면, 이 산업은 좋은 장비를 갖춘 기계화된 산업과의 경쟁에서 거의 살아남을 수 없었을 것이 분명한 사실이었다. 즉 값싼 노동은 이들 산업의 낮은 효율성을 보완해주는 작용을 했던 것이다. 그리고 이렇게 되었을 경우에 이 부문에 종사하던 노동자들은 실업으로 인해 소득을 완전히 상실함으로써 어려움을 겪었을 것이다. 따라서 완전한 해결책은 다른 곳에서 이들 잉여노동력을 흡수해주어야만 가능하다. 이 문제에 대한 전체적인 논의는 가난이 가난을 낳는 경향에 대한 특수한 설명을 필요로 하는데, 그것은 다음 장에서 다루게 될 것이다. 가족 가운데 여성들이 일자리를 구하러 바깥으로 나가게 만드는 요인은 대개 남성 임금소득자의 빈곤 때문이며, 이를 통해 창출된 값싼 노동력의 공급 덕분에 '착취산업'은 생존을 이어나갈 수 있다. 일단 노동의 가격이 상당 부분 하락하고 나면 노동의 공급가격이 떨어지게 되고, 그 결과 노동자들은 더 나쁜 조건의 일자리를 받아들일 준비를 하게 된다.

| 제6절 | 남성과 여성의 임금

'착취'노동 문제의 상당한 부분은 남성 노동자와 여성 노동자 사이에, 그리고 이들의 임금 사이에 존재하는 일반적인 문제가 극단적인 형태로 드러난 것일 뿐이다. 물론 비단 여성 노동자들뿐만 아니라 남성 노동자들의 착취도 있을 수 있고, 또 실제로 존재하는 것이기는 하지만 말이다. 만일 동일한 직무에 남성과 여성을 결코 대체할 수 없다면, 남성 노동자와 여성 노동자 사이의 문제는 케언스가 이야기했던 것과 같이 한 집단에서 다른 집단으로의 노동력의 이동이 불가능한 이른바 '비경쟁적 집단'의 한 순수한 경우에 해당할 것이다. 물론 어떤 여성 요리사가 파리의 **주방장** 행세를 할 수도 있고 어떤 남성이 보모나 여자 가정교사 행세를 하는 일이 있을 수도 있지만, 이런 경우는 분명 그리 흔한 일은 아닐 것이다. 그리하여 만일 한 노동자집단의 수요와 공급조건이 다른 노동자집단의 그것과 다르다면, 우리는 이들 두 집단의 노동의 가격이 서로 다를 것이라고 생각할 수 있을 것이다. 수요 측면에서 볼 때, 남성에게 적합한 일자리의 숫자보다 여성에게 적합한 일자리의 숫자가 더 적을 수 있다는 것은 사실이다. 면방적 작업이나 어린아이를 가르치는 일과 같은 부문에서는 여성이 명백히 남성보다 뛰어날 것이다. 반면에 채탄작업이나 주물작업처럼 근력이 많이 들어가는 작업의 경우에는 여성이 분명 적합하지 않을 것이다. 가끔 이야기되는 것으로 여성은 쉽게 아프고 또한 일시적으로만 고용되려 하는 경향이 많아서 이런 이유만으로도 고용주들에게 쓸모가 덜하다는 말도 있다. 여기에 더하여 어떤 직업들에서는 여성을 배제하는 관습이 영향을 끼치기도 한다.

그런데 대부분의 나라에서 남성과 여성의 평균적인 임금수준의 격차는 거의 50퍼센트에 달하는데, 이런 격차는 수요 측면의 요인으로만 돌리기에는 지나치게 커보인다. 다음 표[4]는 전간기 동안의 각 나라별 사정을 보여준다.

---

4 J. H. Richardson, *The Minimum Wage*, 1927, p. 136에서 인용.

	통계항목	기준일	남성임금에 대한 여성임금의 비율 (남성임금=100)
오스트레일리아	주급	1925. 9. 30	53
덴마크	시간급	1925. 4/4분기	58
프랑스	일급	1924. 10	52
영국	통상부 시간당 최저임금	1926. 1. 1	56
스웨덴	시간급	1924	61
미국	주급	1925. 6	59
뉴욕	주급	1926. 4	56
매사추세츠	주급	1926. 5	57

이처럼 임금격차가 큰 까닭을 설명해주는 데는 여성 노동자의 공급조건이 아마도 결정적인 역할을 하는 것 같다. 만일 여성 노동자들의 공급가격이 전반적으로 남성 노동자들에 비해 낮다면, 이 사실 자체만으로도 여성들의 직종에 지급되는 임금률이 낮다는 사실을 설명해줄 수 있을 것이다. 이것은 실제로 그런 것 같아 보인다. 일자리를 구하러 나가는 미혼 여성은 대개 '용돈'을 벌기 위한 목적이거나 혹은 가족의 생계에 조금이라도 보탬을 주려는 목적을 가지고 있고, 그래서 그녀들의 필요는 그다지 절박한 것이 아니기 때문에 이들의 노동력 공급가격은 **높아질** 것처럼 보인다. 즉 노동력을 제공할 유인이 충분히 높지 않으면 그녀들은 일자리를 구하려 하지 않을 것이기 때문이다. 실제로 그런 경우가 종종 있는데, 예를 들어 중산층 여성들의 경우에는 분명 그러하다. 그리고 고용주가 미혼여성의 고용을 대폭 늘리려고 할 경우에는 미혼여성들에게 제시되는 임금이 크게 오를 수밖에 없는 것이 당연한 일이다. 이와 함께 관습의 영향이나 젊은 미혼여성 사이에 만연한 독립 욕구와 같은 요인들은 위의 영향과 반대 방향으로 작용하여 일자리를 얻으려는 필요가 덜 절박한 요인의 영향을 상쇄해버릴 것이다. 엄밀하게 이야기해서 젊은

여성들은 돈을 버는 일에 익숙하지 않고 독립하는 것에 높은 가치를 두기 때문에, 다른 계층의 사람들에 비해 단 얼마라도 돈을 벌 수 있는 것을 귀중하게 생각한다. 그러나 노동시장에서 여성 노동력의 공급에 결정적으로 영향을 끼치는 요인으로는 아마도 남성 가장의 낮은 소득, 혹은 실업과 질병, 사망 등으로 인해 가족 전체가 매우 어려운 처지에 몰려 있어 어쩔 수 없이 꼭 일자리를 구해야 하는 여성의 숫자일 것이다. 이런 여성들은 빈곤의 압박에 밀려 반드시 일자리를 구해야 하기 때문에 할 수만 있다면 무슨 일이든 닥치는 대로 할 각오가 되어 있으며, 장래에 보다 낫고 안정된 소득이 보장되는지의 여부보다는 아무리 불안정하고 일시적이라 할지라도 당장 손에 쥘 수 있는 몇 푼의 낮은 임금을 훨씬 더 중요하게 생각할 것이다. 그리고 이런 유형의 여성 노동력의 공급은 남성 노동력의 소득과 반비례하여 변동할 것이고, 바로 이런 이유 때문에 남성 노동자의 임금을 떨어뜨리는 요인은 모두 여성 노동력의 공급가격을 떨어뜨리고 그리하여 (여성 노동력이 남성 노동력을 대체할 수 있을 경우) 남성과 여성 두 노동력 사이의 경쟁에 의해 남성 노동력의 임금이 더욱 떨어지는 악순환이 진행되는 경향이 있다.

그러나 어떤 경우라도 남성과 여성 노동자가 서로 대체될 수 있는 한, 그들은 순수한 의미의 '비경쟁적 집단'의 경우에 해당하지 않는다. 설사 **사람**을 한 집단•에서 다른 집단••으로 바꿀 수 없고, 그래서 전자의 집단이 후자의 집단과 경쟁할 수 없을 경우에도 이들 **노동자가 제공하는 노동 서비스에 대한 수요**는 (부분적으로) 대체할 수 있기 때문이다. 그러면 곧

• 남성 노동자 — 옮긴이
•• 여성 노동자 — 옮긴이

장 다음과 같은 의문이 떠오른다. 만일 그런 대체가 가능하다면, 왜 남성 노동자와 여성 노동자의 임금은 이런 대체가 이루어지는 경계지점[5]에서 이들 사이의 상대적인 능률에 비례하도록 계속 조정되지 않는가? 그러나 여기에는 그럴 만한 이유가 있다. 만일 이런 경우에 여성 노동자의 임금이 그들의 능률에 비해 낮다면, 왜 남성 노동력을 여성 노동력으로 대체하는 것이 이런 임금과 능률의 차이가 완전히 사라질 때까지 계속되지 않는 것일까? 여기에서 주의해야 할 점은 임금이 능률에 비례해야 한다는 이런 조건(이 조건은 경쟁이 만들어내는 것이라고 생각할 수 있다)이 반드시 두 노동자집단 사이의 **시간급**의 균등을 의미하지는 않는다는 것이다. 차라리 우리는 그런 조건이 남성 노동자와 여성 노동자 사이의 **성과급**을 **거의** 균등하게 만들어내는 것이라고 생각할 수 있다. 왜냐하면 그래야만 만일 남성 노동자들이 여성 노동자들에 비해 주어진 시간 동안 더 많은 양을 생산할 경우에, 이 산출량의 차이가 임금의 차이에 비례해서 반영된다고 볼 수 있기 때문이다.

이런 균등화가(혹은 균등화에 가깝게) 왜 실현되지 않는지를 설명해주는 두 가지 이유가 있다. 첫째로 지적되는 것은 남성 노동자를 여성 노동자로 대체하는 일이 극히 좁은 범위로 제한되어 있으며, 그 범위를 확대하기 위해서는 관습을 상당 부분 파괴하거나 특별한 비용을 지불해야 하기 때문이라는 점이다. 여성 노동자가 남성 노동자와 함께 고용되고 있는 산업에서 여성 노동자들의 수는 남성 노동자들의 겨우 5분의 1 정

5 어떤 업종에서는 남성이 여성에 비해 명백하게 우월하고 또 다른 어떤 업종에서는 반대로 여성이 남성에 비해 명백히 우월하다는 점을 본다면, 임금이 모든 업종에 걸친 **평균적인** 효율(만일 이런 개념이 있을 수 있다면)의 차이에 비례하는 경향은 있을 수 없을 것이다.

도에 그치는 것으로 추정되고 있다. 게다가 웹 부부•의 말에 따르면, "심지어 남성 노동자와 여성 노동자가 함께 고용된 산업에서도 남성과 여성은 서로 다른 작업부서로 엄격하게 분리되어 각기 다른 공정과 작업을 담당하고 있으며, 대부분의 경우 이들 작업부서와 공정, 그리고 작업내용은 서로 보완적이라서 남녀가 서로 경쟁하는 일은 전혀 없다."[6] 고용주가 어떤 직종을 여성에게 훈련하는 것을 꺼리게 만들고, 그리하여 여성의 진입을 가로막게 된 데는(심지어 검증을 통해 여성이 남성과 똑같이 적합하다고 밝혀진 직종에서도) 아마도 관습이 상당한 정도로 작용했을 것이다. 게다가 과거 남성들로 이루어진 노동조합들은 모두 하나같이 더 값싼 여성 노동자들과의 경쟁에 의해 남성 노동자들의 임금수준이 깎일 심각한 위험이 보일 때면 언제나 여성 노동자들의 진입을 가로막거나 심지어 그들을 모두 축출하도록 하는 단체협약을 고용주들과 체결하려고 안간힘을 다했다. 따라서 노동력의 대체를 통해 임금이 능률과 균등화되도록 만드는 바로 그러한 경향은 그것이 더 이상 작동되지 못하도록 가로막는 저항을 똑같이 그만큼 불러 일으켰던 것이다.

위에서 말한 균등화를 가로막는 두 번째 이유는 어떤 지역에서나 여성 노동력의 공급곡선은 일정한 점을 지나고 나면 뚜렷이 비탄력적으로 된다는 것이다. 이는 곧 임금의 계속적인 상승은 노동시장에 여성 노동력이 추가적으로 계속 공급되도록 만드는 유인으로 작용해야 한다는 의미

• Mr. & Mrs. Webb: 시드니 웹(Sidney Webb, 1859~1947)과 베아트리스 웹(Beatrice Webb, 1858~1943) 부부를 가리킨다. 두 사람은 경제학자로서 영국 노동운동의 아버지로 불리며, 영국 노동운동의 이념인 페이비언 사회주의를 정립했다. —옮긴이

6 Sidney and Beatrice Webb, *Industrial Democracy*, ed. 1919, p. 496.

에서 그렇다는 말이다•. 그 이유는 우리가 앞서 이야기한 것과 같은 여러 가지 이유로 일자리를 구하려는 결심을 하는 여성 노동자들의 숫자가 어느 시기에나 거의 고정되어 있기 때문이다.[7] 보통 집에 머물면서 가사에 종사하는 여성들 중에서 갑자기 많은 숫자가 노동시장으로 유입되기 위해서는 특수한 상황이 필요하다. 일정한 점 이상에서 나타나는 이런 노동공급의 비탄력성은 노동력을 구하려는 고용주들 간의 경쟁이 불완전할 경우 이미 기존에 고용된 여성 노동자들의 임금을 계속해서 낮은 수준에 머물게 만들고, 고용주들로 하여금 여성에 대한 고용을 늘리는 것을 기피하도록 만든다. 왜냐하면 여성 노동에 대한 수요 증가는 단지 기존에 고용된 여성 노동자들의 임금을 올릴 뿐이라서 결국 고용주들 자신에게 불이익만을 초래하리라고 생각하기 때문이다. 만일 이 같은 상황이 지배적이라면 여성 노동자들은 비정상적으로 착취당하게 될 것이고, 여성 노동력에 대한 수요를 확대함으로써 여성 노동자들의 임금이 상승하도록 만드는 일은 모두 비난받을 것이다. 남성 노동자를 여성 노동자로 대체하는 데 영향을 끼치는 요인으로 또 하나 이야기할 수 있는 것은 느리고 불확실한 성격을 띠는 산업의 장기적인 변동추세이다. 그러나 이런 장기 변동추세에 대한 뚜렷한 증거는 어디에도 존재하지 않는다.

• 즉 실제로는 임금이 상승해도 여성 노동력의 공급이 그렇게 증가하지 않는다는 말이다. ―옮긴이

7 이런 주장을 뒷받침해주는 증거는 사전트 플로렌스(Sargent Florence)가 제시한 바 있다(*The Economic Journal*, March, 1931).

| 제7절 | '동일노동 동일임금' 원칙

자주 주장되는 이야기 가운데 하나는 여성 노동자가 정당한 권리를 인정받고 그러면서 동시에 여성 노동자와의 경쟁 때문에 남성 노동자가 해고되거나 임금이 깎이는 위험을 없애기 위해서는 남성과 여성이 일자리를 놓고 경쟁하는 모든 산업부문에 '동일노동 동일임금' 원칙(바꾸어 말해 작업능력이 동일한 노동자에게는 동일한 성과급을 지급)이 도입되어야 한다는 것이다. 이 원칙이 도입되면 고용주에게 여성 노동자가 남성 노동자에 비해 쓸모가 적을 경우에 고용주는 같은 가격에 더 쓸모가 많은 남성 노동자를 선호하고 여성 노동자를 고용하지 않을 것이기 때문에, 이 업종에서는 여성 노동자들에게 문을 닫아버리는 결과를 가져올 것이다. 그리고 이렇게 되면 여성 노동자에 대한 수요는 몇 안 되는 소수의 업종으로 국한됨으로써 여성 노동자의 전반적인 임금수준은 낮아질 것이다. 그러나 어떤 업종에서 남성과 여성 가운데 누가 더 적합한지 뚜렷한 차이가 드러나지 않을 경우에 이 원칙은 반대의 결과를 가져올 것이다. 즉 이때는 남성 노동조합원이 불공정한 경쟁을 할 염려가 없기 때문에 이들이 여성 노동자의 진입을 굳이 막지 않을 것이고, 따라서 지금까지 여성 노동자들이 배제되어온 산업부문에서 여성 노동자들이 받아들여질 것이다. 어쨌든 지금까지는 매우 취약하고 심지어 아예 존재하지도 않던 여성 노동자들의 노동조합 조직이 새롭게 확대될 여지가 상당히 늘어나고, 그 결과 여성 노동자들만 종사하는 업종은 물론 남성 노동자들과 여성 노동자들이 경쟁하는 업종에서도 모두 단체교섭을 통해 여성 노동자들의 임금수준이 상승하는 효과가 나타나게 된 것은 분명한 사실이다. 남성 노동조합원의 입장에서 볼 때, 이처럼 상대적으로 취약한 임금소득자 계층의 노동조합 조직은 일자리를 구하는 두 집단 모두에게 이익이 된다. 이런 여성 노동자들의 조직화를 통해, 혹은 '동일노동 동일임금' 원칙의 확립을 통해 노동자계급 전체의 총소득을 얼마나 증가시킬 수 있을지는 제5장에서 다룬 문제들에 의존한다. 이들 둘은 모두 특정 임금소득자, 즉 여성 노동자의 '노동공급곡선'을 상승시켜줄 것이다. 만일 여성 노동자의 임금이 상승하여 작업효율이 눈에 띄게 향상된다면, 전반적으로 소득의 증대도 가져올 것이 거의 틀림없다. 실제로 이런 결과가 나타나든 나타나지 않든 간에, 노동자계급 전체에 그들이 지출한 노고에 비례하여 더 많은 소득을 올릴 수 있다는 의미에서 그것은 노동자계급의 지위를 향상시켜줄 것이다.

| 제8절 | 국가 간의 임금격차

제2장에서 상세하게 다룬 것과 같이, 서로 다른 나라들 사이의 광범위한 임금격차의 원인을 연구해보면 우리는 한 나라 안의 서로 다른 지역들 사이에서 나타나는 임금격차의 경우에 해당하는 이야기들이 이들 나라 사이에서도 비슷하게 적용된다는 것을 알게 된다. 첫째, 실질임금이 똑같을 경우에도 명목임금은 서로 상당히 다를 수 있다는 점을 기억하는 것이 중요하다. 명목임금은 좁은 시골지역보다 넓은 도시지역에서 높은 경우가 많다. 예를 들어 인쇄공의 경우가 그러한데, 이런 차이의 대부분은 도시와 시골의 생활비의 차이를 반영하는 것이다. 서로 다른 나라들 사이의 실질임금을 비교하는 데 따르는 어려움과 이들 실질임금을 현재 가격으로 추정한 값들이 가질 수 있는 오류의 가능성들에 대해서

는 이미 제2장에서 언급한 바 있다. 그러나 많은 이유에서 우리는 서로 다른 나라들 사이의 실질임금 수준에 대해 주의를 기울여야 할 필요가 있다.[8] 둘째, 두 나라나 두 지역을 비교할 때는 실질임금과 함께 노동의 숙련과 능률을 함께 비교할 필요가 있다. 도시와 농촌 사이의, 혹은 한 지역과 다른 지역, 예를 들어 잉글랜드 북부와 남부 사이의 임금격차는 만일 그 임금격차가 능률과 숙련의 차이를 반영하는 것일 경우에 상대적인 의미에서 '불공정'한 것이 아닐 수 있다. 마찬가지로 봄베이나 상하이의 면직공은 볼턴이나 올덤의 면직공에 비해 숙련도 떨어지고 작업능률도 낮아 고용주가 부담하는 노동비용의 격차는 단순히 실질임금의 비교를 통해 드러나는 격차보다 훨씬 낮다. 동시에 낮은 임금을 받는 노동자의 낮은 능률은 그의 낮은 생활수준의 원인이기도 하지만 그 결과이기도 하다는 것은 당연한 사실이다. 봄베이의 면직공은 그의 식생활이나 주거조건은 물론, 관습이나 자라면서 터득한 훈육 모두에서 능률이 높은 공장의 작업에 거의 맞지 않다. 여기에서 중요한 것은 이런 경우에 자유경쟁제도라는 것이 실질임금을 균등화하는 데에 아무런 작용도 하지 못한다는 것이며, 그렇다고 그런 사실에 대해 우리가 놀랄 이유도 전혀 없다는 것이다.

그러나 나라들 사이의 실질임금의 격차는 아마도 작업의 숙련이나 능

---

8 물론 어떤 경우에는 두 나라 사이의 명목임금의 격차가 상대적으로 중요할 수 있다. 예를 들어 두 나라 사이에 실질임금 수준은 동일한데도 어떤 이유에서인지 **명목**임금은 서로 다른 경우가 있다(예를 들어 현재의 환율을 금으로 환산할 경우). 이럴 경우 수출산업에서는 명목임금이 낮은 나라의 고용주가 상대적으로 유리하고, 명목임금이 높은 나라의 고용주는 상대적으로 불리하다. 이것은 아주 유명한 이야기로 한 세기 전의 면직업자들이 옥수수에 부과하던 수입관세를 폐지하라고 주장할 때 했던 바로 그 이야기이다.

률의 차이보다 훨씬 더 큰 형태로 존재한다. 그리고 이런 종류의 임금격차, 즉 한 나라 안의 서로 다른 지역들 사이의 임금격차 혹은 서로 다른 나라들 사이의 임금격차는 노동의 공급과 노동에 대한 (자본의) 수요의 변동이 모두 제약되어 있고 서로 다른 나라들의 경제제도가 '비경쟁적 집단'을 이루고 있을 동안에만 유지될 수 있다. 이런 점에서 본다면, 아마도 노동은 자본에 비해 덜 유동적일 것이다. 물론 고임금 국가로의 노동의 유입은 당연히 발생한다. 그리고 만일 임금수준의 격차가 상당히 클 경우에는 이런 유입도 더욱 클 것이다. 지난 세기 전체에 걸쳐 유럽으로부터 미국으로 이민의 흐름은 꾸준히 지속되었다. 그럼에도 이런 노동의 이동은 많은 요소들에 의해 저지당하고 제약을 받는다. 즉 노동자들 자신의 빈곤, 언어와 시민권 획득, 관습 등의 장애물, 그리고 평균적인 사람들에게 내재해 있는 자연적 속성으로 익숙한 것을 선호하고 투기적이거나 전혀 알지 못하는 것을 기피하는 성향 등이 바로 그런 요소들이다. 일자리의 전망이 더 밝은데도 불구하고 랭커셔로 일자리를 찾으러 오는 폴란드나 프랑스 혹은 독일 노동자들의 수는 그다지 많지 않다. 영국 국적 선박의 선원이 되는 것과 같은 특수한 경우를 제외하고는 인도와 중국인 노동자들의 수는 더더욱 적다. 그리고 만일 이민자의 숫자가 충분히 많아 고임금 국가의 임금수준을 해칠 정도가 되면, 미국과 오스트레일리아, 영국 등의 나라에서 흔히 볼 수 있듯이 외국인에 대한 입국제한이 강화될 가능성이 높다.

따라서 한 나라 안에서 특정 직급의 노동자들이 특권적인 지위를 누리면서 일종의 '노동귀족'을 이루는 것과 마찬가지로 자연적이거나 인위적인 어떤 장점 덕분에, 혹은 이웃 나라보다 산업적으로 더욱 진보한 덕분에 특별히 부유한 어떤 나라의 임금소득자는 다른 나라의 노동자들에 비해 자신의 고용주들로부터 그들이 다른 나라의 자본가들에 비해 훨씬 더 많이 획득한 부 가운데 일부를 나누어 받음으로써 일종의 '노동귀족'을 이룰 수 있다. 이런 경우에 관습과 과거의 전통은 중요한 역할을 수행한다. 저임금이 관습적으로 지배적이던 나라에서는 노동의 공급가격이 계속 낮은 상태에 머물고 그에 따라 상대임금과 실질임금이 모두 극도로 낮은 상태가 지속될 수 있다. 반면에 언제든 계속해서 노동자들이 총생산물에서 상대적으로나 절대적으로 비교적 많은 부분을 분배받던 나라에서는 바로 이 사실이 노동의 공급가격은 물론 고용과 투자에 대한 자본가계급의 관습과 의식에 모두 영향을 끼쳐 임금수준이 지속적으로 높게 유지되도록 만들 수 있다.

그러나 근대에 접어들면서, 특히 근대 제국주의의 성장과 함께 지구상의 선진국들이 다른 후진국들에 대해 정치적 지배를 확대해나가면서부터 자본이 국경을 넘어 이동하는 경향이 눈에 띄게 증가하고 있다. 어떤 경우에는 정부의 정책이 이런 자본의 이동을 결정적으로 부추기기도 한다. 예를 들어 영국신탁법(British Trustee Acts)에 의해 식민지회사의 증권이 본국의 증권시장에 상장될 수 있게 된 경우가 바로 그런 것이다. 숙련 노동자와 미숙련 노동자 사이의 임금격차가, 같은 직업 내에서 전자가 후자에 의해 대체되어감으로써 점차 좁혀지는 경향을 갖는 것과 꼭 마찬가지로 고임금 국가에서 저임금 국가로의 노동에 대한 수요의 이동은 선진국에서 '노동귀족'의 특권적 지위를 잠식해 들어가는 경향이 있다. 만일 이런 자본의 이동이 아무런 방해도 받지 않고 계속된다면, 비슷한 능률과 숙련을 가진 노동의 임금수준은 세계 전체에 걸쳐 점차 균등해질 것이다. 그리고 작업능률 그 자체가 생활수준에 영향을 끼치는 한, 자본의 이동은 작업능률의 여러 격차들도 당연히 평준화해갈 것이다. 물론 자본의 이동이 무한히 계속되는 일은 결코 존재하지 않는다. 하지만 최근 영국과 미국에서는 상당한 정도의 자본이동이 발생하여 노동자계급 가운데 더 특권적인 계층의 고임금 수준이 매우 심각하게 위협을 받았다. 미국에서 흘러나온 증언들에 따르면, 남부지방의 주들(다른 지역에 비해 임금이 낮았다)로 향해 그 유명한 '산업의 이동'이 있었으며, 이와 함께 유럽 자본은 인도, 중국, 일본, 남아메리카, 오스트레일리아로 이동하여 그곳의 산업을 발전시킴으로써 유럽의 오랜 전통산업들과 경쟁하기에 이르렀다. 과거에는 고임금 국가의 '노동귀족'들이 해외투자를 통해 새롭게 교역을 시작한 나라들에서 값싼 식품과 원료를 공급받을 수 있어서 이로부터 이익을 얻을 수 있었던 것이 사실이지만, 오늘날에는 거꾸로 저임금 국가들과의 경쟁을 통해 자신들의 생활수준을 심각하게 위협받는 상황에 놓여 있다. 이 경우에도 역시 고임금 노동자들이 임금이 더 낮은 노동계층과 경쟁할 경우와 마찬가지로, 이들 아시아 노동자들이 노동조합을 조직하거나 그와 비슷한 변화를 이룩하여 자신들의 노동공급가격을 높일 수 있다면, 유럽과 미국의 임금소득자들은 이득을 보게 될 것이다.

제 7 장

노동조합과 임금

| 제1절 | 노동조합의 성격

노동조합은 본질적으로 자본주의 임금제도가 만들어낸 산물로서, 무산계급인 임금소득자가 조직되지 않은 개인으로 행동할 때 느끼는 경제적인 취약성을 극복하기 위한 명백한 방어전략의 일환이다. 노동조합의 가장 근본적인 기능은 제각기 분리된 개인별 교섭을 **단체교섭**으로 대체함으로써 이런 취약성을 극복하는 데 있다. 그에 따라 노동조합은 판매되는 노동의 공급가격을 올리는 것은 물론 산업 전체의 임금률을 균등화하는 기능도 수행한다. 어떤 사람들은 실질적으로 아무런 역사적인 관련은 없다 할지라도, 노동조합이 중세의 수공업 직인 길드와 유사하다고 주장하기도 한다. 그러나 이 견해를 지지할 만한 근거는 거의 존재하지 않는다. 오늘날 일반적으로 받아들여지는 견해로는, 노동조합의 기원을 굳이 찾아본다면, 그것은 중세의 상인이나 수공업 직인 길드보다는 오히려 고유한 임금소득자의 싹이 조금씩 드러나 보이던 15~16세기에 산발적으로 나타나곤 했던 직공이나 날품팔이 노동자들의 연합이라고 할 수 있다. 길드는 원래 본질적으로 수공업 장인들의 연합조직으로 이들 장인은 상품의 생산과 판매를 동시에 수행하면서 종종 직인과 도제들을 고용했던 사람들이다. 근래에 접어들면서 이들 가운데 상당수는 상인들만의 배타적인 연합조직으로 되어갔으며, 여러 가지 점에서 오늘날의 판매조합과 유사한 형태를 띠게 되었다. 반면에 노동조합은 특수한 사회적·경제적 지위에 있는 사람들의 계급적인 조직으로 노동력의 판매와 고용조건에 대한 교섭에 관여하는 조직이다. 그리고 앞 장에서 우리가 논의한 바와 같이, 상품으로서의 노동력은 특수한 성격을 가지고 있기 때문에 노동조합을 보통의 판매조합과 동일시하는 것은 혼란만 부추길 가능성이 높은 것으로 보인다.

| 제2절 | 노동조합주의의 기원

노동조합과 유사한 목적을 갖는 수공업 직인들의 단체가 18세기에 등장했다는(예를 들어 1720년대 초 런던의 재봉사들 사이에서 이런 연합이 결성되었고, 이후에 피혁공과 편자공, 마차제조공, 견직공들의 연합이 잇따라 조직되었다) 사실을 뒷받침해주는 증거가 있기는 하지만, 노동조합주의의 출발점은 아무래도 공장제 산업이 급속히 확대되기 시작하던 19세기 초라고 말할 수 있을 것이다. 초기의 단체들은 주로 성격상 일시적인 것들이 많았고 이미 절반은 경제적으로 예속 상태에 있거나 프롤레타리아의 조건에 있던 직인들 사이에서 결성되었던 것으로 보인다. 노동조합주의가 영속적인 조직으로 뿌리를 내릴 수 있는 토양이 마련된 것은 본격적인 공장제의 임금소득자 계급이 성장하면서부터였다. 이들 초기 노동조합들은 일반적으로 지역 단위의 직업별 클럽이거나 사교모임이었고 회원 수도 매우 적었으며 숙련 노동자들 가운데 선별된 집단들로 구성되었다. 이들은 대개 자신을 노동자계급의 위계 내에서 '특권적인 귀족'이라고 자부하는 사람들이었다. 이들 노동조합 가운데 다수는 나름의 관습을 중시하고 오랜 내밀한 의식절차를 가지고 있었으며, 복잡한 입회식을 거치는 것이 보통이었다. 이런 사례를 런던의 '피닉스 도장공 모임'에서 볼 수 있는데, 회원들은 모임에 참석할 때 프록코트와 실크해트를 착용하도록 되어 있었다. 맨체스터 조적공 모임은 "싸움을 하다 적발된 회원"은 제명하고 "씨름, 높이뛰기, 달리기, 축구, 허세를 부리는 행동을 하거나 술주정, 기타 부도덕한 행실"을 금지하는 규칙이 있었으며, 또 다른 어떤 모임은 "술주정꾼, 욕쟁이, 안식일을 지키지 않는 사람"은 일체 회원으로 받아들이지 않았다.[1] 그와 동시에 대중적 유형의 노동조합주의도 시작되었다. 예를 들어 1820년대와 1830년대에는 타인(Tyne)에서 토머스 헵번(Thomas Hepburn)이 주도한 갱부들의 조직이 있었으며, 1830년대에는 농업노동자들과 랭커셔 방적공들 사이에서 조직이 결성되었다. 그러나 단결법(Combination Acts)이 폐지된 1824년 이전까지는 이들 조직은 모두 불법조직으로 금지되었다. 심지어 이 법이 폐지되고 나서도 여러 가지 방식으로 관습법에 의해 박해를 받았으며, 고용주들로부터도 인정받지 못했기 때문에 이들은 점점 더 협상보다는 직접적 행동으로 옮아갔다. 그때마다 고용주들은 경찰이나 군대를 불러 (그렇게 할 수 있을 경우) 파업노동자들을 살던 집에서 쫓아냈으며, 노동자들은 또 그들대로 태업이나 폭력으로 이에 맞섰다. 1830년대에는 이들 지역 단위의 직업

1 Raymond William Postgate, *The Builder's History*, 1923, pp. 18, 32.

별 노동조합을 묶어 전국적 단위의 연합조직으로 만들려는 야심적인 노력들이 있었다. 그 가운데 대표적인 것으로 면방적공연맹과 건축공연맹, 그리고 로버트 오언(Robert Owen)의 웅대한 계획이었던 전국노동조합총연맹(Grand National Consolidated Trades Unions) 등을 들 수 있다. 하지만 조직의 기초가 여전히 지역적이고 직업적인 범위에 머물러 있고, 각 지역 조직 간부들의 시야가 자신들이 살고 있던 지방 도시의 범위를 벗어나지 못하고 주로 특정 집단의 이해에 사로잡혀 있는 바람에 이들 연맹 조직의 결속력은 매우 낮을 수밖에 없었다. 근대적인 노동조합의 주요한 골격이 갖추어지기 시작한 것은 1850년대와 1860년대에 접어들면서 넓은 시야를 가진 노동조합 지도자 그룹이 제각기 이질적인 지역 단위의 직업별 노동조합들로부터 중앙집권화된 재정적 기반을 갖춘 강력한 전국 단위의 노동조합들을 건설하는 데 성공하고 나서부터였다. 이들 새로운 노동조합들을 당시에는 '새로운 모델'(The New Model)이라고 불렀지만, 나중에 금세기(20세기)에 들어서는 회고조로 '구(舊)노동조합주의'(The Old Unionism)라고 부르게 되었다.

| 제3절 | '구(舊)노동조합주의'

이들 전국 단위의 '연맹'조합들(1850년 결성된 엔지니어 연맹을 대표적으로 들 수 있다)은 규모에서는 전국적이기는 했지만, 본질적으로 조직 형태에서는 과거의 노동조합과 마찬가지로 상급 숙련직공들로만 이루어지고 하급 미숙련직공은 여전히 가입이 허용되지 않았다. 조합은 신중하고 보수적인 관점을 지니고 있었으며, 대체로 파업 같은 수단은 거부하고 고용주와 교섭하는 방식을 선호하여 협상과 중재를 지향했다. 이들 조합은 또한 노동시장에서 자신들의 노동력을 희소하게 만들어 특권적인 지위를 보장받는 것을 목표로 삼았다. 이런 방식은 사실상 과거에 길드가 취하던 독점적 방식을 그대로 따른 것으로, 소속된 조합원을 더 확실하게 '비경쟁적 집단'으로 분리하고 그를 통해 이들의 노동을 더 높은 가격에 팔고자 하는 구조로 이루어져 있었다. 이들 조합의 이런 '근본적인 원칙'은 1857년 납유리제조공조합의 집행위원장이 행한 다음의 연설에서 그대로 엿볼 수 있다. "핵심은 단지 수요와 공급의 문제일 뿐입니다. 우리가 잘 알고 있는 바와 같이, 만일 실제 수요보다 더 많은 양의 물건을 공급하면 그것이 노동력이든 다른 어떤 상품이든 똑같이 그 물품의 가격이 하락하리라는 것은 당연한 결과입니다." 1854년에 은퇴한 위원장도 고별연설에서 다음과 같이 말하고 있다. "부디 노동시장에서 잉여노동이 발생하지 않도록 유념하여 여러분들의 임금수준을 잘 유지하도록 당부를 드립니다."[2] 과거 지역 단위의 많은 노동조합이 모두 이런 방식을 사용해왔는데, 이제 새로운 전국 단위의 연맹조합들도 이 방식을 계승하여 사용했던 것이다. 더블린의 통(桶) 제조공과 코크•의 석공들은 최근까지도 다른 도시에서 일자리를 구하러 들어온 모든 '비조합원'에게 일주일에 1실링의 자릿세를 부과하는 관습이 있었다. 이 액수 가운데 절반은 특별기금에 적립했는데, 이는 경기가 나빠져서 실업의 위험이 조금이라도 나타나면 곧바로 이들 '비조합원'을 도시에서 쫓아낼 수

2 Sidney and Beatrice Webb, *The History of Trade Unionism, 1666~1920*, ed. 1920, p. 201에서 인용.

• Cork: 아일랜드 남부의 도시 — 옮긴이

있도록 이들에게 원래 살던 도시로 돌아갈 여비로 지급하기 위한 기금이었다. 전국 단위의 직인조합들은 원칙적으로 과거 지역조합들이 취하던 목표와 동일한 목표를 추구했다. 즉 도제제도와 관련된 엄격한 규제를 통해 해당 직종으로의 새로운 진입을 억제했고 작업에 대한 구분—직인과 직인 사이는(배관공들, 조립공들, 혹은 소목장이들이나 주형제작공들 사이에서) 물론 직인과 하위 숙련자 사이에서—을 엄격히 규정한 단체협약을 고용주로부터 받아냄으로써, 해당 직종 조합원에 대한 수요를 미리 확정짓고 자신들의 노동에 대한 수요가 다른 직종으로 옮아가는 것을 막았다. 원래 도제의 수를 제한하는 것은 옛날 '도제법'(Statute of Apprentices) 아래에서 법으로 허용되어 있었다. 이런 상황은 1814년에 종식되었지만 초기의 직인조합들은 옛날 법에서 허용하던 이런 관습을 그대로 이어갔다. 석공조합은 작업자 5~6명 단위로 한 명의 도제만 사용하도록 제한하고 도제의 수습기간은 5~7년으로 강제했다(이 제한은 지금도 여전히 통용되고 있다). 납유리제조공조합은 작업자 6명 단위로 한 명, 석판인쇄공조합은 5명 단위로 한 명(한 사업장 단위에서는 최대 6명)의 도제만 허용했고, 셰필드의 식탁용 날붙이• 업종조합은 도제의 자격을 기존 직인의 아들로만 제한했다. 식자공들 사이에서는 각 도시별로 규제가 서로 달랐다. 하지만 한 사업장에서 받아들일 수 있는 도제의 수에 대해서는 모두 공통적으로 엄격하게 최대인원을 제한했다. 또한 직인조합들은 종종 초과노동을 제한하려 했다. 이들 조합은 조합원들이 아프거나 사고를 당하거나 혹은 실업이나 고령일 때를 대비하여 공제기금의 형태로 상당한 규모의 재원을 조성함으로써 조합원들의 경제적 지위를 강화

• 나이프, 포크, 숟가락 등과 같이 날이 달린 식기를 가리킨다. —옮긴이

하려 했다. 또 어떤 경우에는 직인조합원 가운데 잉여인력이 발생하면 이들을 해외로 보내기 위한 용도로 이민기금을 적립하기도 했는데, 납유리제조공조합, 식자공조합, 제분공조합, 주물공조합, 엔지니어조합 등이 바로 그러했다.

이런 방식들은 노동조합들의 접근방식이 성격적으로 옛날의 길드나 오늘날의 판매조합 혹은 카르텔과 매우 흡사하다는 것을 잘 보여준다. 그러나 기계적 공정이 공장에 점점 더 많이 도입되고 옛날 수공업 직인들의 영역이 점차 감소해감에 따라 직인 노동조합들이 특권적 지위를 유지할 수 있는 힘은 점차 줄어들어갔다. 특정 숙련에 대한 수요는 이런 숙련이 요구되는 영역이 줄어들면서 함께 감소해갔다. 기계를 다루는 데 필요한 훈련은 아무리 복잡한 기계라 하더라도 과거에 물방아를 만들던 목수나 석판인쇄공이 되기 위해 필요했던 훈련보다는 더 적은 것이었다. 그리고 오늘날의 숙련 노동자가 복잡한 기계공정의 운영 책임자가 되는 것은 옛날의 직공이 자기 손으로 재료를 다루는 방법을 익히던 것에 비하면 훨씬 쉽다. 그 결과 옛날의 엄격했던 도제제도 규율은 완화되거나 폐기되어야 했고, 그렇지 않으면 '해당 직종 내부의 기술진보(혹은 직제개편)'에 의해 자동적으로 도태되어버렸다. 도제제도의 제한규율이 매우 엄격한 도시의 인쇄공장들에서는 빈 자리가 생기면 도제제도의 규율이 아예 없거나 강제되지 않는 시골 회사로부터 식자공들을 데려다 쓰는 일이 잦다. 반면에 근대적인 기계공장에는 최소한의 경험을 갖춘 반숙련 인력으로도 운전할 수 있는 단순한 기계부터 운전에 숙련과 경험이 많이 요구되는 더 복잡한 기계에 이르기까지 다양한 기계들이 존재한다. 이런 다양한 공정 사이에서 숙련된 작업이 어느 공정부터이고 반숙련 인력으로도 운전이 가능한 공정이 어디까지인지를 구분해주는 경계선을 정확하게 찾아내는 것은 매우 어려운 일이다. 그리고 현실에서는 미숙련 노동자가 한 공정에서 다른 공정으로 계속 거쳐나감으로써 아무런 공식적인 도제과정을 거치지 않고도 더 높은 공정에 필요한 숙련을 점차 습득해갈 수 있으며, 이런 방식으로 기술수준을 높여갈 수 있는 범위는 계속 늘어나고 있다. 결국 길드 방식을 따르는 구노동조합주의의 접근은 이제 대부분 시대에 뒤떨어진 것이 되고 말았다. 이들 노동조합은 몇몇 소수의 업종들에 아직 남아 있는데, 보일러 제조업, 셰필드 식탁용 날붙이 제조업, 건축업의 몇몇 하위 업종들이 바로 그런 것들이다. 그러나 기계공업이나 인쇄업과 같은 업종에서는 여러 가지 사태의 변화로 인해 이런 방식들이 점점 그 의미를 잃어가고 있다. 한편 견직업과 광산업, 운수업 등과 같은 많은 업종들에서는 이런 방식이 이미 더 이상 존재하지 않는다.

| 제4절 | '신(新)노동조합주의'

19세기의 마지막 20년 동안에 걸쳐 '신노동조합주의'라고 알려진 노동조합 조직의 새로운 물결이 나타났다. 이보다 앞서 약 20년 전에 국제노동자회의에서 한 연설자가 조직된 숙련직공의 '제4직급' 아래에 '제5직급'(조합에 가입하지 못하는 미숙련 노동자들)을 새로 만들면 직인 노동조합의 세력이 더 강화될 수 있을 것이라고 이야기한 적이 있었다. 이런 일은 어느 정도 실제로 일어났고, 만일 기계의 진보가 숙련 직인들의 특권적인 영역을 보장해주는 경제적 토대를 잠식해 들어가지 않았다면 더욱 눈에 띄게 진척되었을 것이다. 어쨌든 신노동조합주의에 관심을 기울인 사람들은 바로 이 이른바 '제5직급'이었다. 이들은 낮은 임금을 받고 "더부룩한 수염에 퍼스티언• 재킷을 입고 있던" 사람들로서 구노동조합에 가입할 수 없었던 사람들이다. 바로 이 시기에 새롭게 커나가기 시작한 많은 '일반 노동조합'(예를 들어 하역 노동조합, 노동자조합, 가스공조합, 선원조합, 일반 및 도시 노동자전국연합 등과 같은)은 바로 이 미숙련 노동자들이 스스로 조직을 결성하려는 최초의 광범위한 노력들을 보여주는 것이었다. 애초 이들 새로운 노동조합은 그 성질상 자신들보다 숙련이 높은 직인조합들이 사용하던 특권적 방식을 채택할 수 없었다. 이들 노동조합에는 도제제도가 아예 존재하지 않았고 직인 자격의 승인 같은 것도 없었기 때문에 도제나 가입제한 같은 것은 전혀 관심 밖의 문제였다. 또 이들 조합은 가난했기 때문에 대규모 공제기금에 의한 예비적인 경제력에도 의존할 수 없었다. 그들에게 남아 있는 유일한 방법은 조합원들의 노동가격을 더 높일 수 있는 자신들의 능력을 강화하는 것뿐이었다. 그것은 각 개별 노동자가 고용주와 제각기 따로따로 교섭하는 개별교섭을 노동자집단 전체를 대표하는 단체교섭으로 대체하는 방식에 의존하는 것이었다. 노동조합을 통해 집단적으로 교섭함으로써, 이들 조합은 개별 노동자들이 일자리를 얻기 위해 서로 경쟁적으로 임금을 낮춤으로써 업종 전체에 걸쳐 노동의 공급가격이 누적적으로 하락하는 경향을 막을 수 있는 '기준임금률'을 설정할 수 있었다. 물론 이럴 경우에도 노동조합에 가입하지 않았거나 단체교섭에서 배제되는 노동자들이 있다면, '기준임금률'이 전체 업종에서 일부 노동자들에게만 적용되어 자신의 노동을 더 낮은 가격에 제공하려는 다른 노동자들과의 경쟁으로

• fustian: 과거에 옷감으로 사용하던 두껍고 질긴 면직물 — 옮긴이

인해 이 기준이 낮아질 가능성이 여전히 존재한다. 따라서 이들 새로운 노동조합의 주된 목표는 자신들의 조직이 가능한 한 모든 노동자들을 포괄할 수 있도록 하는 것이 되었다. 그리하여 그들의 이념은 노동조합에 가입하지 않은 노동자들의 고용을 막는 것이었다. 반면에 고용주들은 그들의 입장에서 언제든 원하기만 하면 노동조합에 가입한 노동자를 가입하지 않은 노동자로 대체할 수 있는 자유 — 미국에서 흔히 '오픈 숍'• 이라고 부르는 — 를 확보하려는 데 당연히 관심을 기울였다.

처음에 구노동조합들은 자신들보다 직급이 낮은 노동자들로 구성된 이들 신노동조합에 현실적으로 적대감을 드러내지는 않았지만, 경멸의 눈초리로 보는 경향이 있었다. 하지만 신노동조합들의 세력과 영향력이 점차 커져간 반면에 산업의 발전으로 인해 구노동조합들의 특권적 방법이 점차 통하지 않게 되자, 이들 직인 노동조합이 신노동조합들에게 협력과 지원을 요청하는 경우가 생기기도 했다. 기계공업 부문의 경우와 같이, 미숙련 노동자들이 점점 더 많이 숙련 노동자들의 일자리를 잠식해 들어간 곳에서는 직인 노동조합이 고용주로부터 협약을 체결해낼 수 있는 힘이 현저하게 약화되었다. 반면에 미숙련 노동자들의 파업은 종종 숙련 직인 노동자들이 파업에 참여하지 않고 작업을 계속할 경우에는 (예를 들어 철도산업의 기관사와 같이) 쉽게 깨어져버릴 수 있었다. 따라서 이들 두 노동자 계층 사이에서는 일종의 상호의존성이 점차 증가해갔다. 그리고 이것은 산업별 노동조합을 향한 운동, 즉 직종이나 직급에 상관없이 한 산업부문 내의 모든 노동자들을 하나의 단일조직으로 결합하는 운동의 토양을 제공해주었는데, 이 운동은 제1차 세계대전이 발발하기

• open shop: 노동조합에 가입하지 않은 노동자를 고용한 사업장을 말한다. — 옮긴이

전 10년 동안에 걸쳐 노동조합 진영에서 주요 의제로 논의되었다. 노동조합을 재조직하자는 이런 주장은 특별한 힘을 받았다. 왜냐하면 영국에서는 노동조합주의가 톱시•처럼 "이제 막 자라나기 시작"하고 있었고, 무계획적인 성장으로 말미암아 각 지역별로 분할 혹은 중첩되고 때로는 서로 경쟁하기까지 하는 양상을 보이면서 모두 1,000개가 넘는 조직으로 분산되어 있었기 때문이다. 단체교섭의 효력을 높이기 위해 조직단위를 확대해야 할 필요가 있다는 생각은 충분한 공감을 얻어 많은 개별 노조들이 조직을 통합하거나 연맹으로 서로 묶이는 결과를 만들어냈다. 많은 개별 직인노조들이 서로 조직을 통합했는데, 예를 들어 기계산업 부문에서는 옛날의 기계공연합회가 다른 여러 직인노조와 통합하여 기계공연합노조를 결성했다. 서로 중첩되어 있던 비숙련 노동조합들은 통합하거나 서로 연대했는데, 운수노동자연합의 경우가 바로 그러했다. 그러나 전반적으로 숙련 노동자와 비숙련 노동자를 하나의 단일조직으로 묶으려는 시도는 숙련 직인들의 강력한 반대에 부딪쳤다. 이들 숙련 직인들은 자신들의 조직이 더욱 큰 조직에 합병될 경우에 자신들이 누리던 특권을 잃을까 두려워했다. 산업별 노동조합주의의 주창자들이 거둔 최초의 성과는 1913년에 결성된 전국철도노동조합으로, 철도 서비스 분야의 모든 직급의 노동자들을 포괄했다. 그러나 여기에서도 두 개의 직인노조, 즉 기관사 및 화부 연합과 철도사무원연맹은 이 산업별 노동조합에 가입하지 않고 따로 남았다.

• Topsy: 해리엇 스토(Harriet Beecher Stowe)의 소설 『톰 아저씨의 오두막』에 나오는 나이 어린 흑인 노예소녀로 나중에 호의적인 백인 주인의 도움을 받아 교육받은 흑인여성으로 성장한다. —옮긴이

| 제5절 | 노동조합과 정부

단체교섭은 만일 교섭 당사자들이 합의에 도달하지 못할 경우, 불가피하게 최후의 수단으로 파업이라는 무기를 사용한다는 내용을 포함하고 있다. 개인들 사이의 교섭에서 만일 한 사람이 다른 사람의 요구사항에 대해 거부할 권리를 가지고 있지 않다면 이 교섭은 자유로운 교섭이 아닌 것과 꼭 마찬가지로, 단체교섭에서도 두 당사자가 서로 만족스럽지 못할 경우 교섭을 중단할 수 있는 충분한 권리를 가지고 있지 않다면 이 교섭은 아무런 의미도 가질 수 없다. 그리고 이 권리가 의미하는 바는 고용주의 입장에서는 노동자의 요구사항에 맞추어 노동자를 고용하는 것을 거절할 권리일 것이며, 노동자의 입장에서는 고용주의 요구사항에 맞추어 노동하는 것을 거부할, 즉 다른 말로 파업을 선언할 권리가 될 것이다. 이런 집단적 파업 사태가 발생하면 고용주는 자신의 조건에 맞추어 일자리를 수용할 수 있는 비조합원 노동자나 노동조합에서 탈퇴한 사람, 혹은 다른 도시나 다른 업종의 노동자들을 구하려고 노력할 것이다. 만일 그가 이런 노동자를 확보하는 데 성공한다면, 그는 '파업을 깨뜨릴 수' 있을 것이다. 만일 그가 그럴 수 없다면, 그는 노동조합의 재원이 바닥나고 그래서 노동조합원들이 굶어죽지 않기 위해 할 수 없이 '고용주의 조건을 받아들일' 때까지 노동조합과 싸우면서 기다릴 수밖에 없을 것이다. 파업노동자들의 입장에서 본다면, 그들이 성공을 거두기 위해서는 굶어죽지 않고 계속 버텨낼 수 있는 힘을 가져야 하는 것은 물론 고용주가 '파업에 참여하지 않는 사람들'을 이용하여 자신의 공장을 가동하는 것을 막을 수 있어야만 할 것이다. 이처럼 비조합원 노동자들이 공장에 들어가는 것을 막기 위한 행동이 바로 '피케팅'(picketing) 즉 작업장으로 들어가는 모든 입구마다 노동조합이 '감시원'(picket)을 세우는 것인데, 이것은 파업이 있을 때마다 상당히 중요한 역할을 수행한다. 파업에 참여하지 않는 사람에 대한 이런 '설득'은 점잖게 "동료들과 보조를 맞추어야 한다"라고 이야기하는 방법에서부터 그의 집을 에워싸거나 개인적인 폭력을 행사하는 것에 이르기까지 매우 다양한 방법들이 동원된다. 1871년과 1876년의 법령은 말이든 행동이든 간에, 협박이 사용되지 않는 한 '평화적인 피케팅'을 허용한다고 명시하고 있다.[3] 그 법은 또한 종래에는 '거래를 제한하는' 음모로 간주되어 불법으로 되어 있던 파업을 불법이 아니라고 규정했다. 그러나 1901년 태프 베일(Taff Vale) 판례로 알려진 중요한 판결이 하나 나왔다. 이 판결로 말미암아 노동조합은 파업기간 중 조합원들이 저지른 모든 행위에 대한 연대책임과, 만일 어떤 파업참가자가 유리창을 하나 파손하면 전국노동조합도 책임을 지게 되는 식으로 파업으로 인해 고용주가 입게 되는 손실에 대한 손해배상책임으로 피소될 수 있는 위험을 안게 되었다. 이로 인해 단체교섭과 파업에 대한 권리를 법적으로 보장받기 위해 의회에 독자적인 대표를 파견할 목적으로 신노동조합과 과거의 직인 노동조합 일부도 함께 참여하는 노동대표위원회(Labour Representation Committee, 나중에 노동당으로 된다)가 결성되었다. 이들의 이런 압력은 성공을 거두었다. 그래서 1906년 자

3 1927년의 법령은 '평화적인 피케팅'의 범위를 더욱 좁혀서 규정하는데, 누군가에게 위협을 가하기 위해 특정인의 집을 "감시하거나 에워싸는 행위", 혹은 그런 방식의 감시자를 세우는 것을 명시적으로 금지한다. 이때 '위협'이라는 말은 "거부감을 유발하거나 증오, 경멸, 조롱의 표현"을 의미하는 것으로 정의되었다. 노동조합들은 이 법을 자신들에게 적대적인 것으로 간주했으며, 제2차 세계대전 이후 새로운 노동당 정부에 의해 폐기되었다.

유당 정부는 태프 베일 판례를 완전히 뒤집는 노동쟁의법(Trades Disputes Act)을 통과시켰다.

자신들의 행동에 대한 법적 보장을 받기 위해 일단 정치에 발을 디디고 나자, 이들 노동조합이 자신들의 목적을 더 진전시키기 위하여 곧바로 정치적 행동을 취하려 한 것은 당연한 일이었다. 이것은 정부로 하여금 노동시장에 개입하여 법으로 '기준임금률'을 정하게 만들었고, 그에 따라 노동의 공급가격은 상승하게 되었는데 특히 임금이 매우 낮은 대부분의 부문들에서 더욱 그러했다. 달리 말하자면 법정 최저임금정책을 가져왔던 것이다.

| 제6절 | 개량적 노동조합주의와 혁명적 노동조합주의

세부적인 임금률에 대한 교섭에서 시작하여 더 일반적인 정책 분야에 이르게 되면서 신노동조합주의는 하나의 확고한 사회철학을 받아들이게 되었다. 이 사회철학은 영국에서 국가사회주의(State Socialism)로 알려졌는데, 대륙의 사회주의자 진영에서는 이것을 개량주의(Reformism)라고 불렀다. 이 철학은 임금제도의 주요 성격과 제도를 그대로 수용하면서(어쨌든 일단 당분간은) 이 제도가 함축하고 있는 자산가계급과 무산자계급의 공존을 인정한다. 그러나 동시에 그것은 노동시장에 대한 국가의 개입을 확대하여 노동조합이 임금제도의 분명한 조직으로 법적 지위를 갖도록 하는 것은 물론, 최저임금의 법제화나 비슷한 수단을 통해 임금소득자의 생활수준을 향상시키고자 한다. 또 어떤 경우에 그것은 국가가 개별 고용주를 규제하거나 아예 그것을 대신해버리도록 하기도 한다.

그러나 이 견해가 노동조합 정책의 올바른 목표인지를 둘러싸고 노동자계급 진영 내에는 또 하나의 중요한 견해가 있다. 이 견해는 경기 상태가 좋아서 노동자계급의 생활수준이 비교적 쉽게 향상할 수 있었던 제1차 세계대전 이전까지는 영국에서 그다지 주목받지 않았다. 그러나 전간기 동안 상당히 중요한 의미를 갖게 되었으며, 특히 유럽 대륙에서 더욱 그러했다. 대개 혁명적 노동조합주의라고 불리는 이 후자의 견해는 노동자계급이 유산자계급의 지배에 대응하고 산업의 통제권을 노동자계급 자신의 정치조직과 경제조직에 귀속시킬 수 있을 만큼 충분한 세력으로 자랄 때까지 노동조합이 임금제도 그 자체에 대항하는 선봉장의 역할을 수행해야 한다고 간주했다. 이 견해도 노동조합이 단체교섭을 통해 노동자계급의 생활수준을 개선하기 위해 투쟁하는 것을 부인하는 것은 아니다. 그러나 이 견해는 그러한 노동조합의 노력이 임금제도 내에서 '실행 가능하고' '합리적인' 수준에 한정되어야 한다는 것에는 반대했다. 이 견해는 노동자계급의 생활수준을 개선하려는 노동조합의 모든 투쟁이 반드시 유산자계급의 권리와 욕구 및 소비수준이라는 장벽에 가로막힐 것이라고 주장했다. 왜냐하면 임금인상의 '실행 가능성'은 자본가계급이 관습적으로 합리적인 것이라고 받아들이는 수준과 관련되어 있기 때문이다. 그렇기 때문에 상대적 임금•을 개선하려는 모든 주장은 자본가계급이 받아들이고 있는 이런 권리와 수준의 존속을 위협하는 것이 될 것이고, 만일 노동조합이 이런 주장을 관철하기 위해 압박을 가하면 그것은 전방위에 걸쳐 심각한 저항에 부딪쳐서 결국 최종적으로는

• Relative Wages: 정확한 정의는 알 수 없으나 문맥으로 보건대 실질임금과 비슷한 개념으로 추정된다. — 옮긴이

자산가계급 그 자체의 존속을 문제 삼는 혁명적 의제가 제기되리라는 것이다. 유럽 대륙의 몇몇 나라들에서는 이 견해를 추종하는 새로운 노동조합들이 설립되어 과거의 개량주의적 노동조합들과 대항관계를 이루기도 했다. 그러나 1930년대 기간 동안 이들 두 노동조합주의는 다시 통합하는 경향을 보여 지금은 거의 대부분의 경우 그렇게 되었다. 영국에서는 미미한 두 개의 예외적 경우를 제외하고는 이처럼 별개의 두 노동조합이 따로 결성된 경우가 없다. 물론 다양한 형태로 이들 두 경향 사이의 첨예한 논쟁이 존재하기는 했지만, 이들은 모두 노동조합 내부에서 '현장 활동가들'이 상급 간부들의 정책에 반대하여 보다 전투적이고 '진보적인' 정책을 주장하는 형태로만 있었을 뿐이다.

| 제7절 | 노동자들의 경영 참가

노동조합의 정책을 둘러싸고 서로 견해가 갈라지는 사안들 가운데 특히 두드러진 것으로 들 수 있는 것이 기업경영에 대한 노동자들의 참가 문제이다. 최근 들어 기업경영에 임금소득자들의 일부 참여를 허용하는 문제를 둘러싸고 고용주와 피고용인 사이에 논의가 점차 증가해 왔다. 이에 대한 가장 단순한 형태는 일부 고용주가 미국에서 '기업별 노동조합'(company unions)—특정 기업에 속한 노동자들의 연합조직—이라고 부르는 것을 제안하는 것인데, 이 노동조합 형태는 노동자들을 특정 자본가에게 보다 확고하게 귀속시킴으로써 노동조합의 결속력을 약화시키고 임금의 단체협약을 개인별 협약으로 대체하기 위한 수단으로 사용된 것이다. 때때로 제3장에서 이야기했던 경영 참가나 이윤배분 같은 제도가 도입되기도 했다. 이들 제도는 여기에 참여하는 노동자들이 노동조합에 결속되는 힘을 약화시킬 때도 있었고 그렇지 않을 때도 있었다. 많은 경우 고용주들은 노동조합의 존재를 충분히 인정하고 함께 지속적으로 교섭해나가면서 사업장위원회 선거를 독려했다. 그것은 기업에 대한 충성심을 높이고 경영의 불안요인을 제거하는 것은 물론 노동자들의 작업 의욕과 능률을 높이는 수단이 되었다. 이들 사업장위원회는 해당 사업장의 노동자들에 의해 선출되었고 어떤 때는 단지 고충사항을 경영진에게 전달해주는 통로의 역할에만 그쳤지만, 어떤 때는 혁신이나 변화와 관련된 사안, 즉 작업반장의 임명, 새로운 작업공정의 도입, 교대제의 변경 등과 같은 문제에 대해 자신들의 의견을 전달함으로써 결정적인 자문기능을 수행하는 경우도 있었다. 또 때로는 복지나 위생사업, 혹은 작업시간 준수나 작업규율 등과 같은 자잘한 사안들에 대해 어느 정도의 통제권을 부여받기도 했다. 영국에서는 제1차 세계대전 기간 중에 정부가 만든 휘틀리위원회(Whitley Committee)에서 이런 위원회를 각 사업장별로 구성하도록 명령했다. 그리하여 1920년까지 약 1,000개의 위원회가 고용주의 주도 아래 만들어졌지만, 이들 가운데 거의 대부분은 금방 없어져버렸다. 독일에서는 1920~32년 사이에 사업장평의회(Betriebsrat)가 법으로 강제되었고, 하위 법령•에 의해 사업장평의회에 일정한 법적 권한을 부여했다. 대부분의 경우에 노동조합은 사업장평의회의 선거에 자신의 후보를 냈으며, 대개 이 평의회의 주도권을 장악하고 있다. 하지만 때로는 고용주가 이 평의회를 "교묘하게 조종하여 단체협약의 규정에서 벗어나는 데" 이용하는 경우도 있다.[4]

• 사업장기본법(Betriebsverfassungsgesetz)을 가리킨다. —옮긴이

노동조합 측에서는 기업경영에 어느 정도 참여하는 것을 단체교섭이 정상적으로 발전해나가는 데 당연히 필요한 것이라고 주장해왔다. 고용주와 노동조합 사이에 임금협약이 체결되고 나면 이 협약을 개별 사안에 적용할 때에 구체적으로 어떻게 해석할 것인지가 문제로 되는 경우가 자주 발생한다. 이런 경우에 해당하는 것으로는 제3장에서 다루었던 사안들, 즉 노동시간과 초과노동시간을 어떻게 측정하고 계산할 것인지, 혹은 숙련 노동자의 경우에 도제제도의 규정과 직무의 구분 등과 같은 문제를 들 수 있다. 임금이 성과급일 경우에 이런 해석의 문제는 특히 복잡해지는데 왜냐하면 어떤 특정 직무에 적용할 각각의 '임금률표'를 어떤 범주로 분류할 것인지의 문제가 있는 반면에, 일정 직무를 포괄하는 '임금률표'는 직무가 조금이라도 변동하면 이를 따라잡을 수 없을 뿐만 아니라 작업유형이나 공정이 새롭게 도입될 경우에도 이를 따라 잡을 수 없을 것이기 때문이다. 단체교섭을 추구하는 노동조합으로서는 불가피하게 단순히 일반적인 협약조항을 체결하는 것으로 만족해서는 안 되고, 그것을 세부적으로 적용하는 방식에 대해서도 무엇인가를 얘기해야만 한다. 더구나 노동의 판매는 나름의 특수성을 가지고 있다. 다른 상품과 달리, 노동의 판매자는 판매행위가 끝나고 나서도 자신이 판매한 것에 대하여 계속해서 관심을 갖는다. 즉 그는 노동을 판매한 후에도 자신의 노동이 사용되는 방식에 지대한 관심을 쏟는다. 정상적인 노동환경이라면 높은 수준으로 간주되는 임금이라도 작업이 이루어지는 장소와 방법이 건강과 생명에 위험을 수반하는 것일 경우에는 '낮은' 임금으로 간주될 수 있다. 어떤 업종에서는 아예 작업장의 노동조건을 이미 고용주

4 C. W. Guillebaud, *The Works Council*, 1928, p. 62.

와 노동조합 사이의 단체협약에서 다루기도 한다. 방직업종에서는 지나치게 증기량이 많은 곳에서는 작업이 이루어지지 않도록 규정하고 있다. 그리고 요업부문에서는 화부가 화씨 120도(섭씨 약 49도) 이상인 곳에서는 작업하지 않도록 규정하고 있다. 작업장의 작업조건에 대한 규제는 물론 성과임금률, 직무 구분, 노동시간 및 초과노동시간에 대한 해석 등에 대해 목소리를 내야 한다는 요구는 단체교섭이 점점 더 완벽해질수록 당연히 더욱 커질 것이다. 그리고 노동조합이 점점 더 강력해질수록 이들은 불가피하게 노동자들의 이해에 영향을 끼치는 더 광범위한 문제들 — 예를 들어 실업에 영향을 끼치는 경영정책, 고용과 해고의 방식(예를 들어 임시직 노동), 임금의 지불능력에 영향을 끼치는 전반적인 산업정책에 이르기까지 — 에 대해 발언권을 높여갈 것이다.

제2차 세계대전 기간에는 군수산업체들에서 합동생산위원회(Joint Production Committee)라는 것이 만들어졌다. 이 위원회는 작업장의 생산을 높이고 이를 위해 노동자들의 숨겨진 제안을 조직적으로 모으는 일을 수행했다. 이 위원회와 관련하여 흥미를 끄는 중요한 사실은 여기에서 수집된 제안들이 주로 노동조합 간부와 특히 현장 대의원(각 사업장에서 노동조합 조합원들이 선출한 사람들로서 사업장 혹은 작업장 단위에서 조합원들을 대표하여 경영 측과의 모든 협상을 담당하는 사람)들로부터 나왔다는 점이다. 이런 새로운 경향은 제1차 세계대전 기간 중에 전투적인 노동조합 활동가들 사이에서 지배적이었던 태도와는 달리, 노동조합 활동가의 주류 사이에서 발전해나간 생산문제에 대한 새로운 태도를 보여주는 것이었다. 즉 그것은 이들 생산문제가 이제는 더 이상 경영진이나 '상급자들'만의 문제가 아니라 노동자계급도 함께 책임을 져야 한다는 의미를 갖는 것이었다.[5] 1941년 10월에 이 문제에 대한 관심을 일깨우고 경험을 서로 공유하기 위해 기계 관련 업종의 노동조합 전국대의원협의회라고 불리는 단체가 비공식 회의를 개최했다. 비슷한 시기에 기계산업 부문의 주요 노동조합인 기계공노조연맹이 해당 산업부문의 생산문제에 대한 일련의 조사를 제안했고 이듬해 2월과 3월에 군수부 산하 조병창장 및 기계 관련업종 고용주연합과 교섭을 진행했는데, 이 교섭에서 다루어진 사안은 모든 사업장에 합동생산위원회가 설치될 수 있도록 모든 지원책을 강구하자는 것이었다. 이 위원회는 경영 측의 대표와 사업장 노동자들이 선출한 대표들로 구성되었다. 일반적으로 이 위원회는 주로 임금 문제를 다루는 현장대의원위원회나 사업장위원회와는—물론 이들 유형의 위원회들과 인적 구성이 겹치는 경우가 많긴 했지만—별개의 조직이었다. 전쟁기간 중에 실제로 이들 위원회가 몇 개나 있었는지는 알려져 있지 않다. 그러나 1942년 가을 1,205만 명의 노동자들이 고용되어 있는 약 900개 기업을 대상으로 실시된 기계공노조연맹의 조사에 따르면, 이들 가운데 약 550개 기업에 합동생산위원회가 설치되었고 이들 가운데 88퍼센트가 복지문제는 물론 말 그대로 엄밀한 의미의 생산문제(예를 들어 결근 문제, 노동력과 기계설비의 운용 개선, 공장설비의 배치, 공정, 검사, 디자인, 훈련, 직무 분담)를 논의했다. 또한 1943년 3월에 기계산업고용주연합이 실시한 조사에 따르면, 응답한 기업의 54퍼센트에서 이런 위원회가 충분히 만족스럽게 운영되고 있으며, 23퍼센트에서는 어느

5 국제노동사무소(International Labor Office)의 보고서 「영국의 합동생산기구」(British Joint Production Machinery, Studies A, No. 43, 1944)에서는 '사업장생산위원회를 만들려는 자발적인 운동'은 주로 '소련의 참전' 때문이었으며, 이 위원회가 노동자들 사이에서 널리 알려지게 된 것도 소련을 통해서였다고 알리고 있다(p. 13).

정도 성공적인 성과를 거두고 있는 것으로 나타났다. 탄광업 부문에 설치된 갱(pit, 坑)생산위원회는 전반적으로 저조한 성공률을 보인 것으로 나타났다(이것은 말할 필요도 없이 오랜 기간 매우 나쁜 상태를 이어온 노사관계 때문이었다). 그러나 전쟁이 끝나고 나서 새 정부가 향후 탄광업 부문을 국유화하고 재편하겠다고 발표하자, 이 위원회를 다시 활성화하려는 노력들이 이루어졌다. 그래서 광산노조는 석탄생산을 증대하기 위한 정부의 캠페인에 협력할 특별생산감독관을 지명했다. 그러나 기계산업 부문에서는 전쟁으로 인한 긴박한 상황의 필요가 지나가자, 노동조합과 고용주연합이 전쟁 중에 체결한 합의를 전후에도 계속 지키겠다는 협약을 체결했는데도 이들 위원회는 대부분 없어지거나 해체되고 말았다.

| 제8절 | 단체교섭의 기구

단체교섭이 이루어지는 현실적인 기구 그 자체는 노동자들의 경영 참가의 기본 형태를 이루는 기구와 점차 통합하는 경향을 갖는다. 극히 초보적이고 미숙한 단계에서 단체교섭은 한 사람의 개별 고용주와 그가 고용한 노동자들의 대표 한 사람 사이에서 이루어지는 협상의 형태를 취하며, 이때 고용주는 노동조합이 자신이 고용한 노동자들을 위해 발언할 권리를 갖는다는 사실을 전혀 인정하지 않는다. 그다음 단계에서 노동조합은 노동조합 간부들과 개별 고용주 혹은 고용주연합의 간부들과 주기적인 회합을 가질 권리를 보장받는다. 이 경우에 교섭은 대개 쟁점이 되는 사안이 발생하거나 고용주가 동의할 경우에만 이루어진다. 그다음 단계는 양쪽 가운데 한 쪽의 요청이 있을 경우에 합동회의를 개최하기로 양쪽이 합의하는 것이다. 이 경우에도 역시 교섭은 현실에서 쟁점이 발생한 경우에만 이루어지지만, 단 양측은 어떤 행동을 취하기 전에 먼저 서로 만나서 협상을 진행하기로 약속을 해둔다. 마지막으로 가장 발전된 단체교섭의 형태는 양측의 합동위원회, 혹은 고용주와 노동조합의 대표들로 구성된 조정위원회의 형태를 띤 공식 기구가 만들어져 이 기구가 정기적으로 회의를 개최하여 당면 현안에 대해 논의하도록 하며, 이 기구의 기본규약과 진행절차를 모두 갖추어놓는 것이다. 제1차 세계대전 직전까지만 하더라도 영국에서는 철도회사를 포함한 고용주들의 주요 단체들에서는 노동조합이 그들의 노동자들을 대표하여 교섭할 수 있는 권리를 인정하지 않으려 했다. 미국에서도 루스벨트 정부가 출범하고 난 다음에야 단체교섭이 가장 초보적인 단계를 겨우 벗어날 정도였다. 그러나 오늘날 영국의 주요 산업에서는 앞에서 이야기한 네 번째 단계에 해당하는 공식 기구들이 설치되어 있고, 아무리 오래 끄는 교섭의 경우에도 분쟁이 극한으로 치달아 노동조합의 파업이나 고용주의 직장폐쇄와 같은 사태로 발전하기 전에 합의에 도달하고 있다. 몇몇의 경우에 이런 기구는 순전히 지역적인 성격을 띠거나 혹은 나라 전체를 포괄하는 전국 단위의 성격을 띠기도 한다. 하지만 많은 경우에 이들 기구는 지역적인 성격과 전국적인 성격을 함께 띠고 있다. 일반적으로 노동조합은 전국 단위의 교섭과 전국 단위의 협약을 선호하는데, 그렇게 하는 것이 산업 전체에 대한 표준임금을 설정하기에 가장 유리하기 때문이다. 때로는 양측이 타협에 실패할 경우에 중립적인 중재자에게 쟁점 사항의 자문을 구하는 특별 조항이 만들어지기도 한다. 그럴 경우에 이 중재자는 문제가 된 사안에 대한 자신의 판단을 제시하는데, 이 판단을 양측이 받아들일지 거부할지는 자유이다.

| 제9절 | 조정과 중재

영국에서 정부는 앞에서 언급한 유형의 조정기구를 노사가 자발적으로 설치하도록 권유하는 역할만 수행하는 것으로 스스로를 제한해왔다. 1896년의 조정법은 이런 조정위원회에서 합의된 협약을 양측이 동의할 경우에 등록할 수 있도록 해서 민법적 계약의 효력을 갖도록 규정했다. 더 나아가 이 법에서는 양측이 신청한 쟁점에 대해 판정을 내릴 수 있는 중재인을 임명할 수 있는 권리를 상무성에 부여했다. 1919년의 노동재판소법은 이들 조항을 더욱 확대하여 쟁점들에 대해 자발적으로 조회해볼 수 있는 정식 중재재판소를 설치하도록 했으며, 노동부가 자신의 재량에 따라 모든 쟁점 사항에 대해 조사하고 조사결과를 출판할 수 있는 특별조사위원회를 설치하도록 권한을 부여했다. 휘틀리위원회는 고용주와 노동자의 조직을 모두 갖춘 모든 산업에 대해 고용주와 노동자의 대표들로 구성된 합동생산위원회를 상설 조직으로 설치하여 정기적인 회의를 통해서 당면의 현안들을 논의하도록 제안했다. 이런 기구의 설치에 대한 강제조항은 전혀 없었다. 노동부는 단지 이런 기구의 설치를 '장려'했고 모든 편의를 제공했을 뿐, 그 이상은 아무것도 없었다. 제1차 세계대전이 끝나고 얼마 지나지 않아 많은 산업들에서 이런 휘틀리위원회(그렇게 불렸다)들이 만들어졌다. 이 기구의 설치 계획을 입안한 사람들의 원래 의도는, 처음에는 단순한 조정위원회(대규모 산업에서는 이미 그런 형태로 설치되어 있었다)로 출발했다가 점차 이것들이 각 산업의 더 광범위한 문제들로 논의를 넓혀나감으로써 결국은 실질적으로 산업의회의 역할, 즉 산업 전체에 대한 규제력을 노사가 함께 발휘하는 그런 역할을 하도록 하는 것이었다. 그러나 실제로 이들 위원회는 정기적으로 혹은 어떤 쟁점이 이미 발생했을 때 만나는 조정위원회 이상으로는 거의 발전하지 못했다. 이들 위원회는 고용주가 다루도록 선택한 사안 이외의 사안은 다룰 권한이 없었으며, 다수결이 아니라 오로지 양측의 합의에 의해서만 무엇인가를 달성할 수 있었다. 또한 주로 임금과 노동시간의 합의에만 논의가 한정되어 있었다. 휘틀리위원회에 담긴 원래의 의도는 미래의 언젠가 정부가 이 위원회에서 만들어진 결정들에 법적인 효력을 부여함으로써 임금과 노동조건에 대한 이들 합의가 산업 전체에 구속력을 갖도록 하는 것이었다. 그래서 이런 의미를 담은 권고안이 신발산업 휘틀리위원회와 노동조합총연맹(TUC) 공동 발의로 제안되기도 했다. 엄밀한 의미에서 이런 유형의 내용은 지금까지 전혀 이루어진 적이 없다. 그러나 다음 장에서 보게 되겠지만, 이것과 조금 유사한 것이 두 개의 산업부문에서 1930년대에 만들어졌다. 거기에서는 고용주와 노동자를 대표하는 조직들 사이에서 체결된 협약은 해당 산업의 대표자들의 요청이 있을 경우 노동부 장관의 특별 명령에 의해 산업 전체에 법적인 구속력을 갖도록 하고 있다. 이 합의는 제2차 세계대전 중에, 그리고 전쟁 후 5년간에 걸쳐 각 산업에 널리 확대되어갔다.

제 8 장

정부와 임금

| 제1절 | 정부의 개입

노동조합이 단체교섭을 통해 얻어내려고 하는 '표준임금률'은 사실상 최저임금이다. 그러나 이것은 제시된 교섭요구안에 고용주가 동의해야만 성립될 수 있다. 그래서 노사 양측이 자발적으로 협약을 체결한 기업들에만 적용된다. 그리고 설사 1896년의 조정법에 따라 그 협약을 등록한 경우라 하더라도 협약은 단지 민사상 계약의 효력만을 가진 것으로서, 합의된 임금이 지불되지 않을 경우에 지불되지 않은 임금부분에 대해 고용주에게 노동조합이 소송을 제기할 수 있는(물론 노동조합이 소송에 따른 수고와 비용을 부담해야 한다) 가능성을 제공해주고 있을 뿐이다. 그러나 만일 국가의 도움으로 **법정** 최저임금이 도입된다면, 이 최저임금은 특정 산업 혹은 모든 산업부문에 강제로 적용될 수 있고 혹시 이 법정임금률보다 적게 임금을 지불하는 고용주에 대해서는 법으로 처벌을 가할 수 있는 형사소송이 제기될 수 있다.

최저임금을 강제할 수 있는 기구와 방법은 다양하게 존재한다. 첫째,

각 산업별로 해당 산업부문만 다루도록 지명된 **특별**위원회가 제각기 다른 최저임금을 결정할 수 있다. 둘째, 전국위원회가 자신의 재량권을 발휘하여 각기 다른 경우마다 최저임금의 차이를 두면서 각 산업부문별 최저임금을 결정할 수 있다. 셋째, 나라 전체에 적용되는 최저임금 액수를 구체적으로 의회의 법령에 명시할 수도 있다. 첫 번째 경우에는 각 산업부문의 서로 상이한 조건과 원칙에 맞추어 최저임금이 결정되기 때문에 각 산업부문별 최저임금의 차이가 매우 커질 수 있다. 그 결과 이 경우에 제6장에서 이야기했던 임금수준의 상대적인 '공정성' 기준은 찾아보기 어려울 수 있다. 두 번째 경우에는 최저임금의 격차가 훨씬 좁혀질 수 있어 보다 잘 조정된 모습을 보여줄 수 있다. 반면에 전국위원회는 한 산업부문만 다루도록 지명된 특별위원회에 비해 특정 산업부문의 자세한 형편을 알기 어렵다. 세 번째 경우처럼 의회가 결정해준 구체적인 수치들은 그다지 유연하게 적용하기 어렵다. 즉 낮은 직급의 노동이 사용되는 산업에서는 그런 수치가 지나치게 높아서 고용을 가로막을 수 있으며, 또한 기존 임금수준이 이미 매우 높은 산업들에서는 그런 수치가 지나치게 낮아서 최저임금으로서의 의미를 전혀 갖지 못할 수도 있다. 이들 방법 가운데 첫 번째 것은 영국에서는 임금위원회•의 제도를 통해서, 오스트레일리아의 몇몇 주에서는(빅토리아주와 태즈메이니아주가 가장 유명하다) 임금위원회(Wage Board) 제도를 통해서 사용되었다. 두 번째 방법은 캐나다와 미국의 일부 지역과 오스트레일리아의 뉴사우스웨일스, 퀸즐랜드, 웨스턴오스트레일리아와 뉴질랜드 등에서 채택되어 사용

• Trade Board: 1909년 영국에서 설립된 노동조합, 사용자연합, 공익대표로 구성된 3자 위원회로서 산업부문의 최저임금을 결정하던 기구이다. —옮긴이

되었다. 세 번째 방법의 사례로는 1908년 뉴사우스웨일스의 최저임금법을 들 수 있는데, 이 법은 일당 4실링 이하로는 어떤 사람도 고용할 수 없도록 규정했다. 이와 비슷한 조항은 오스트레일리아의 퀸즐랜드, 빅토리아, 웨스턴오스트레일리아, 사우스오스트레일리아 주와 뉴질랜드, 그리고 미국의 몇몇 주에서도 찾아볼 수 있다.

| 제2절 | 임금심의위원회제도

영국에서 이런 유형으로 이루어진 최초의 입법이었던 1909년의 임금위원회법은 특별히 '저임금 산업부문'의 문제를 다루기 위해 만들어졌다. 그래서 그것은 모든 부문에 걸친 임금의 일반적 수준을 올리기 위한 것이기보다는 비정상적으로 임금이 낮은 산업부문의 노동공급가격을 높이고, 이 부문의 임금을 다른 부문에서 이루어지는 이와 비슷한 유형의 노동에 대해 관습적으로 지불되는 임금과 비교하여 '공정성'의 원칙에 따라 조정하기 위해 입안된 것이었다. 이 법은 4개 산업부문(제봉업, 종이상자 제조업, 기계식 레이스, 고리 제조업)을 지정하여 적용되었으며, "이들 산업부문에서 통용되고 있는 임금률이 다른 산업부문에 비해 예외적으로 낮다고 판단될 경우"(또 그럴 경우에만) 임금노사정위원회가 임금위원회를 설치할 수 있도록(의회의 승인을 받아야만 했다) 권한을 부여했다. 이 위원회의 특징적 성격은 이것들이(그 뒤에 만들어지는 휘틀리위원회와는 달리) 강제로 설치되는 것이기는 하지만, 해당 산업의 고용주와 노동자들의 대표로 선출된 사람들로 대부분 구성된다는 점이었다. 그렇기 때문에 위원회의 주요 구성원들은 그들이 다루는 산업의 성질을 깊이 잘 알고 있는 사람들이었다. 그런 점에서 이 위원회는 각 산업의 문제를 해당 산업이 스스로 다루는 셈이었다. 그러나 정부의 관점을 대변하기 위해 몇몇 '지명된 사람들'(대개 경제학자나 저명한 사회사업가 혹은 때때로 법률가)도 위원회에 함께 참여했다. 실제 이들은 양측 사이에서 결정적인 목소리를 냄으로써 상당한 영향력을 발휘했다. 위원회의 임무는 최저임금으로 합당하다고 여겨지는 임금률을 정하는 것이었다. 필요할 경우에 위원회는 특정 지역이나 산업의 특정 부문에 대해 하급위원회를 설치할 수 있었는데, 이 하급위원회는 자신들이 직접 결정할 수 있는 권한은 없었지만 전국위원회에 권고안을 제출할 수는 있었다. 전국위원회는 산업 전체에 적용할 단일의 최저임금을 결정할 수도 있었고, 혹은 하급위원회의 권고에 따라 각 지역별로 서로 다른 조건에 맞추어 각기 다른 최저임금을 결정할 수도 있었다. 임금위원회가 결정한 임금률은 상무성의 승인을 받고 나면 형법의 효력을 갖는 해당 산업의 법정 최저임금으로 되었다. 1913년 원래의 4개 산업부문에 다시 4개 산업부문이 추가되었으며, 1918년에는 9개 산업부문과 50만 명의 노동자를 포괄하는 13개의 임금위원회가 운영되었다. 영국에서 법정 최저임금의 또 다른 사례로는(전쟁 중의 군수산업 부문의 특수한 경우는 제외하고) 농업부문과 석탄산업 부문을 들 수 있다. 1912년 석탄산업 부문에서 파업이 있은 다음, 같은 해에 제정된 석탄산업 최저임금법은 주요 탄전 지역에 고용주와 노동자 그리고 별도의 의장으로 구성된 지역임금위원회가 성과급 노동자들의 최저임금을 결정하도록 권한을 부여했다. 1917년의 곡물생산법은 농업부문의 전국 최저임금을 25실링으로 결정했다. 이 전시법(戰時法)은 1920년에 폐지되었다. 1924년 이후에는 지역임금위원회가 최저임금을 결정했는데, 이 위원회는 농장주와 농업노동자들의 대표, 농업부에서 지명한 '임명직 위원들'로 구성되었다. 따라서 이들 두 경우는 모두 전국위원회가 아니라 **지역**위원회에 임금률의 결정권한이 있었다.

제1차 세계대전 기간 중 휘틀리위원회는 임금위원회의 기능을 확대하여 이들 위원회가 특별히 열악한 저임금 산업부문만 다룰 것이 아니라 적절한 단체교섭 기구가 존재하지 않는 모든 미조직 산업부문에 대해서도 단체교섭을 대신하는 기구로 확대되어야 한다고 권고했다. 이 권고에 따라 1918년에 임금위원회법이 개정되었는데, 개정법에 따르면 산업부문 전체에 걸쳐 임금을 효과적으로 규제할 수 있는 적절한 기구가 존재하지 않는다고 노동부가 판단할 경우에 노동부는 어떤 산업부문이든 이 법을 (의회의 특별한 승인이 없이) 확대적용할 수 있는 권한을 갖게 되었다. 그 결과 임금위원회는 대폭 확대되어 1921년까지 추가로 28개가 구성되었는데, 이들 새로 구성된 임금위원회는 약 150만 명의 노동자(그중 약 4분의 3이 여성 노동자였다)들을 대상으로 했다. 이것은 실질적으로 전간기 동안 최저임금 운동의 절정을 이루었다. 이 제도의 급속한 확산은 1921년에 경기가 후퇴하고 물가가 하락하기 시작하자 고용주들로부터 강력한 불만을 사게 되었는데 특히 많은 위원회들에서 통용되던 관행, 즉 가장 낮은 임금을 받는 노동자들에 대한 최저임금은 물론 이보다 높은 직급의 노동자들에 대해서도 별도의 최저임금을 함께 결정하는 관행은 극심한 반대의 대상이 되었다. 정부는 이런 불만을 받아들여 케이브 자작(子爵)을 위원장으로 하는 조사위원회를 구성했고, 이 위원회는 1922년 임금위원회의 기능을 조금 축소하는 것이 좋겠다는 보고서를 제출했다. 보고서는 앞으로 1909년 법에서 이야기하는 '비정상적으로' 낮은 임금률은 물론, 1918년 법에서 사실상의 원칙으로 수용된 '적절한 기구가 존재하지 않는' 상태에 대해서도 모두 구체적인 기준을 정하는 것이 **마땅하다고** 주장했다. 보고서는 또한 낮은 직급이 아닌 노동자들의 최저임금은 형법이 아니라 민법에 의해서만 제재를 받아야 한다고 주장했다. 그리고 한 산업부문 내에서 각 지역임금위원회가 각기 서로 다른 지역임금을 결정할 수 있는 재량권이 더 확대되어야 한다고 주장했다. 케이브위원회의 권고에 따른 새로운 입법은 이루어지지 않았다. 하지만 노동부는 앞으로 기존 법령의 집행에서 이 권고를 지침으로 활용하겠다고 발표했다.

1930년대 초에 임금위원회제도는 두 개의 소규모 산업부문 — 식탁용 날붙이 제조업과 퍼스티언 재단업 — 으로 확대되었다. 이들 두 부문은 많은 경우에 여성 노동자들의 임금이 극히 낮았던 산업이다(식탁용 날붙이 제조업의 여성 시간제 노동자들의 약 절반과 퍼스티언 재단업 여성 노동자의 4분의 1은 시간당 임금이 6펜스에도 채 미치지 못했다). 뒤이어 이 제도는 제빵업과 가구산업으로도 확대되었다. 그리하여 1944년에 임금위원회의 수는 모두 52개에 달했다. 그러나 1930년대 동안 임금위원회제도와는 별개로 최저임금법에서 중요한 두 가지 진전이 이루어졌다. 이들 진전이 이루어진 형태는, 최저임금을 결정하는 별도의 위원들로 구성된 법정위원회를 구성하는 것이 아니라 이미 기존에 노동조합과 고용주 조직 사이에 체결된 협약에 법적 효력을 부여하는 것으로서, 즉 협약임금률에 대해 산업 전체의 최저기준으로 구속력을 부여하는 것이었다. 1934년 면방직산업법은 임금협약에 최저임금으로서의 구속력을 부여하는 방식으로 면방직산업 부문의 저임금 노동자들(주로 불완전고용 때문이었다) 문제를 별도로 다루려던 것이었다. 또한 1932년과 1933년에 도로운수업에 적용된 법에서는 운전사들 가운데 일정 유형의 면허를 소지한 사람들에게 도로운수업 조정위원회를 통해 고용주와 노동조합의 대표자들이 체결한 협약이 노동조건의 최저기준으로 지켜지고 있는지를 감시할 권한을 부여했다. 1938년의 도로운송임금법은 여기에서 한발 더 나아가 중앙임금위원회(지역임금위원회와 함께)를 설립하도록 했는데, 이 위원회에는 도로운수업 외부의 몇몇 인사들이 위원으로 참여했다. 이 위원회는 두 가지 주요 면허 범주에 속하는 차량과 관련된 운수업에 고용된 모든 노동자에게 적용되는 '법정임금'을 결정했다. 전쟁 중이었던 1943년에 특별법이 통과되어 음식공급업에 대해 별도 절차에 따른 법정 최저임금이 도입되었다. 이 법에 따라 이 업종부문의 실태를 조사하기 위한 위원회가 설립되었고, 이 법의 권고에 따라 이 업종에서 자율적으로 임금을 결정할 수 있는 마땅한 기구가 없던 부문들에 임금위원회가 설립되었다.

1945년 말에는 임금위원회법(Wage Councils Act)이라고 이름 붙인 포괄적인 법이 통과되었다. 이 법은 1909년과 1918년의 임금위원회법(Trade Boards Act)의 주요 조항들을 그대로 담으면서 임금위원회의 명칭을 'Trade Board'에서 'Wage Council'로 변경하여 옛날의 임금위원회에는 주어지지 않았던 권한, 즉 최저주급의 결정과 같은 권한을 추가로 부여했다. 나중을 대비하여• 노동부는 임금을 "효과적으로 규제할 적절한 기구가 없거나", 혹은 임금을 규제할 수 있는 적절한 자발적인 기구가 존재하지 않을 경우에 조사위원회의 권고에 따라 이런 임금위원회를 설립할 수 있도록 권한을 부여받았다. 이 법은 또한 전쟁이 끝난 후 5년의 한시적인 기간 동안에 모든 산업부문의 고용주가 "고용주와 노동자들의 대

• 케이브위원회가 과거의 임금위원회를 문제로 삼아 그 기능을 제한했던 전례가 다시 발생하지 않도록 하기 위하여 ―옮긴이

표조직들 사이에 체결된 산업부문별 혹은 지역단위별 고용조건보다 나쁜 조건으로 고용할 수 없도록" 의무를 부과했다. 그리하여 전시(戰時) 임금규제의 조항들이 평화 시에도 그대로 이어지게 되었다. 그러나 고용주들에 부과한 이들 의무는 임금위원회가 결정하는 최저임금과는 달리, 그 이행 여부를 반드시 감시하도록 되어 있지 않았고 지키지 않더라도 아무런 처벌조항이 없었다.

| 제3절 | 최저임금제도의 문제점

임금위원회가 그동안 맞닥뜨린 주요 문제 가운데 하나는 성과급 노동자들에 대한 최저임금률을 결정하는 것과 비정상적으로 느리거나 효율이 떨어지는 노동자들을 최저임금 이하로 고용하도록 허용하는 문제였다. 성과급 노동자들에 대한 최저임금을 결정하는 일은 특히 복잡한데, 왜냐하면 '성과작업량'을 규정하는 것이 어렵기 때문이다. 그렇다고 모든 가능한 직무에 대해 일일이 법정 최저임금을 결정하고 여기에 따르도록 하는 일은 거의 불가능하다. 유일한 대안은 성과작업을 수행하는 노동자가 반드시 받아야 할 시간당 최저임금액을 정하는 방안이다. 그러나 작업속도가 특별히 '느려서' 1시간에 이 최저임금액만큼을 정상적으로 벌지 못하는 노동자는 어떻게 할 것인가? 이런 노동자에게도 고용주에게 최저임금을 지불하도록 강제한다면, 고용주는 이 노동자를 해고하고 말 것이다. 1909년의 법에서는 현행의 성과급여율이 '보통의 노동자'에게 시간당 최저임금을 가져다주는지의 여부를 고용주들이 고려하도록 규정하고 있었다. 그러나 '보통의 노동자'를 어떻게 규정해야 하는 것일까? 여기에서 다시 자의적인 기준이 적용될 수밖에 없었다. 노동자들 가운데 몇 퍼센트가 '보통'의 범주에 속한다는 가정이 도입되었다. 캐드버리(Cadbury)는 이것이 95퍼센트를 의미한다고 말한 반면, 봉제업종 임금위원회에서는 보다 신중한 입장으로 80퍼센트라고 조심스럽게 말했다. 이것은 곧 이들 외의 나머지 노동자들은 비정상적으로 '느린' 노동자들이라고 가정한다는 의미였다. 그래서 만일 어떤 노동자들이 규칙적으로 최저임금보다 더 적은 임금을 받고 있다면, 고용주는 이들 노동자가 어떤 의미에서 비정상적으로 효율이 떨어진다는 증거를 제시해야만 했다. 그러자 이번에는 또 다른 문제가 제기되었다. 곧 성과급 노동자들이 시간급 노동자들에 비해 대개 더 높은 강도로 노동하여 평균적으로 3분의 1이나 4분의 1만큼 더 많이 생산할 경우에 성과급 노동자들에 대한 이 최저임금은 시간급 노동자들에 비해 더 높게 책정되어야 하는 것이 아닌가 하는 문제였다. 그리하여 1918년 법 이후부터는 임금위원회가 성과급 노동자들에게 적용하는 시간당 최저임금의 기준을 별도로 보다 높은 수준에서 결정할 수 있게 되었다. 시간급 노동자들 가운데 작업속도가 '느린' 노동자들에 대해서는 임금위원회에서 고용주가 이들 노동자에게 시간당 최저임금 이하로 지급할 수 있도록 특별히 '허락'하는 문제를 관행적으로 다루어왔다. 또한 직업훈련을 받고 있는 젊은 노동자들에게 별도의 임금을 지급할 수 있도록 '직업훈련생 증명서'를 발행하는 것도 관행적으로 이루어져왔다. 그러나 만일 임금위원회가 이런 허락들을 지나치게 관대하게 처리한다면, 법정 최저임금제도가 무력화될 가능성이 있을 것이다. 반면에 그것이 너무 엄격할 경우에는 고령이나 질병, 혹은 사고로 인해 정상적인 노동자들에 비해 효율이 떨어지는 많은 노동자들이 일자리를 잃을 것이다. 직업훈련을 받고 있는 젊은이들에 대한 별도의 임금과 '직업훈련생 증명서'의 경우도 역시 그러할 것이다. 만일 이 별도의 임금률이 지나치게 낮으면, 고용주는 이들 노동력의 값싼 매력에 이끌려 젊은 노동자들을 대거 고용했다가 이들이 직업훈련을 마치고 성인 노동자의 임금을 받을 시기가 되면 이들을 모두 해고해 버릴 것이다. 반면에 이 임금률이 지나치게 높으면 고용주들은 직업훈련을 시키는 것이 별로 이롭지 못하다고 생각할 것이고, 젊은이들은 아예 이 직업분야로 진출할 수 있는 기회를 얻지 못할 것이다.

두 번째 문제는 지역별 혹은 업종별 최저임금의 차이를 두는 문제인데, 여기에는 많은 논란이 있어왔다. 어떤 경우에는 한 지역과 다른 지역 사이에 생계비가 다를 수 있고, 두 지역의 **실질**임금이 같아지려면 그 차이만큼의 **명목**임금이 차이가 나야만 한다. 또한 만일 서로 다른 지역 사이에서 노동의 질이 다를 경우에는 노동의 질이 낮은 지역의 임금이 노동의 질이 높은 지역의 임금보다 낮아야만 임금의 '공정성' 기준이 충족될 것이다. 이런 경우에는 두 지역의 최저임금이 일정한 차이를 갖는 것이 바람직할 것이다. 그렇지 않고 만일 노동의 질이 높은 지역에 맞추어 최저임금이 결정되면, 노동의 질이 낮은 지역의 노동자들은 일자리를 잃게 될 것이다. 반면에 만일 노동의 질이 낮은 지역에 맞추어 최저임금이 결정되면, 노동의 질이 높은 지역의 노동자들에게는 이 임금수준이 너무 낮아서 아무런 보호수단으로서의 의미도 갖지 못할 것이다. 이것은 일반적으로 서로 다른 직급의 노동자들에게 서로 다른 임금을 결정할 경우에도 마찬가지일 것이다. 그러나 노동의 질에 차이가 없을 경우에는 어떤 한 지역의 회사들이 다른 지역의 회사들에 비해 단지 "지불능력이 모자란다"—이것은 자주 듣게 되는 하소연인데, 예를 들어 시골에 위치한 소규모 의류제조업이나 소규모 소매상 혹은 구식 탄광 같은 곳에서 그런 하소연을 하곤 한다—라는 이유만으로 더 낮은 최저임금을 적용 받아야 할 이유는 없을 것이다. 이런 하소연에 근거하여 임금의 차등을 두는 것은 단지 효율이 떨어지는 고용주를 보조하는 것으로서, 다른 지역에 비해 생산성이 떨어지는 지역이나 일자리에 자본과 노동이 계속 머물러 있도록 도와주는 역할을 할 뿐이다. 이 경우 문제 삼아야 할 것은 오로지 전국 단위의 최저임금을 적용할 수 없을 만큼 효율이 떨어지는 지역이나 업종으로부터 잉여노동을 다른 일자리로 이동시킬 수 있는 가능성이 어느 정도냐일 뿐이다. 그래서 노동을 그처럼 이동시키는 것이 매우 어려울 경우에만 어떤 지역에 대해서 다른 지역에 비해 계속해서 낮은 지역 최저임금을 허용하는 심각한 경우로 남을 것이다. 일반적으로 임금위원회는 산업 전체에 대해 전국 단위의 최저임금을 결정하는 것을 선호하는 경향을 보여왔으며—케이브위원회의 견해로는 너무 지나치다 싶을 정도로—, 지역별 최저임금의 차등에 대해서는 오로지 명백하게 그럴 필요가 있는 특수한 경우에만 국한하여 허락한 것이 일반적이었다.

최저임금을 결정하는 것보다 훨씬 더 어려운 문제는 그것을 시행하는 것이다. 오늘날 경험을 통해 매우 잘 확인된 한 가지 원칙은, 이 법의 시행을 노동자들 자신의 의지에만 맡겨두는 것은 이 법을 거의 사문화하는 것이나 다름없다는 것이다. 무엇보다 현장의 노동자들은 법에 대해 거의 무지한 상태이다. 설사 그들이 불법적으로 사취당하고 있다는 사실을 알게 되었다 하더라도, 그들은 일자리를 잃을까 너무 두려워서 그것을 바로 잡기 위해 행동에 옮기지 못한다. 게다가 설령 행동에 옮긴다 하더라도, 이들 노동자는 질질 끌며 오래 지속되는 소송을 감당할 수단이나 법적 경험을 거의 가지고 있지 않다. 혹시 강력한 노동조합이 존재할 경우에는 이들 노동조합이 법정 최저임금을 준수하는지 감시하고 법적인 소송을 벌일 수 있을 것이다. 그러나 임금위원회가 관장하는 산업부문들은 모두 노동조합이 조직되어 있지 않거나 있더라도 그 가운데 일부 업종에만 조직되어 있는 바로 그런 산업부문들이다. 그렇기 때문에 최저임금의 시행에 대한 책임은 이런 목적을 위해 노동부가 거느리고 있는 감독관들의 몫이다. 여기에서 주의해야 할 점은 성과급 노동자들의 경우에 감독관들이 법의 위반을 찾아내기가 특히 까다롭다는 사실이다. 이전에는 이들 감독관이 이런 과업을 수행하기에 전혀 적합하지 않았다. 1924년에 감독관들이 방문한 기업의 수는 관할 기업의 3퍼센트에도 채 미치지 못했다. 따라서 이 비율에 따른다면 각 개별 기업은 평균 30년에 한 번 꼴로만 조사를 받게 될 것이다. 그러나 이후에는 점차 상황이 개선되었다. 1931년 감독관의 수는 67명으로 증가했으며, 임금위원회법의 적용을 받는 기업의 25퍼센트가 매년 조사를 받았다. 그리하여 1923년과 1924년에는 감독관들이 방문한 기업의 약 30퍼센트가 법률 위반으로 적발되었지만, 1931년에 이 비율은 방문 기업의 약 12퍼센트로 하락했다.[1] 전후에는 감독관들이 관할 기업의 약 10퍼센트를 방문하게 되었다.

| 제4절 | 정부의 중재

정부가 최저임금을 결정할 때, 이 최저임금은 임금이 반드시 그 수준

1 *Report of the Ministry of Labour*, 1923, 1924, 1931 참조.

과 같아야 한다는 것을 의미하는 것이 아니라 실제 임금의 결정은 단체교섭을 통해서 이루어지도록 그 여지를 남겨놓은 것이다. 따라서 단체교섭에서는 최저임금 이상의 임금이 결정된다. 정부가 하는 일은 단지 교섭에서 임금이 그 이하로는 결정되지 못하도록 하는 최저기준을 정하는 것뿐이다. 그러나 때로는 정부가 여기에서 한 걸음 더 나아가 양측에 의해 체결되는 교섭임금이 얼마가 되어야 할지를 조정해주는 기구를 설치함으로써, 단체교섭을 도와주거나 때로는 아예 대신해버리기도 한다. 이런 기능의 가장 단순한 형태는 협약 당사자들에 대한 단체협약의 구속력을 단지 민법적 효력으로 부여하는 것이 아니라 단체협약을 준수하기를 거부하는 행위를 범법행위로 만드는 것이다. 이것은 정부가 행정명령을 발동하여 그렇게 할 수도 있고, 혹은 양측 당사자가 협약에 서명을 하고 거기에 법적 효력을 부여하는 것에 동의할 경우에만 그렇게 할 수도 있다. 그 다음의 형태로는 정부가 강제권을 발동하는 것인데, 이 경우 단체협약은 이른바 '일반 법규'(common rule)라고 부르는 것에 속하게 된다. 즉 그것은 본 협약에 특정 기업이 참여했든 안 했든 간에 상관없이 산업 전체에 구속력을 갖는다. 이것도 역시 정부의 행정명령에 의해 그렇게 할 수도 있고(퀸즐랜드주의 경우가 해당한다), 본 협약에 서명한 양측 당사자 가운데 한 쪽이 요청할 경우에만 그렇게 할 수도 있다(앞서 이 마지막 장에서 언급한 1934년 법이 적용되던 잉글랜드의 면직업 부문의 경우가 여기에 해당한다). 이보다 더욱 발전된 형태로는 일반적인 강제중재제도를 들 수 있는데, 이것은 중재위원회나 노동재판소(Industrial Court, 뉴사우스웨일스, 퀸즐랜드, 뉴질랜드, 사우스오스트레일리아의 경우가 여기에 해당한다)가 어떤 산업의 합리적인 임금으로 간주될 수 있는 임금수준이 얼마인지에 대해 직접 판결을 내리고 이 임금수준은 고용주와 노동자 모두에게 법적 구속력을 갖도록 하는 것이다. 때로는 임금분쟁이 발생했을 때 중재재판소가 임금액수를 직접 결정해주기도 하는데, 이 임금액수는 분쟁 당사자들에게만 적용된다. 또 어떤 경우에는 중재재판소가 언제든 임의로 임금액수를 제시할 수도 있는데, 이런 경우의 임금액수는 산업 전체에 '일반 법규'로 통용될 수 있다. 정부의 개입이 이 정도 수준에 도달하게 되면 단체교섭의 자유는 사라질 것이고, 단체교섭을 대신하여 정부가 임금수준의 규제에 대한 책임을 모두 떠안게 될 것이다. 그러나 정부가 노동자들에 대해서는 정부가 정해준 임금률에 반대하여 집단적으로 작업을 거부하는 것을 금지하고, 고용주들에 대해서는 법정 임금률에 반대하여 전반적인 직장폐쇄(혹시 이 용어에 대한 명확한 정의를 내릴 수 있다면)를 금지한다면, 만일 여기에 따른 훨씬 더 많은 보조적인 조치들이 함께 수행되지 않을 경우에는 고용주들이 이 법정임금이 지나치게 높다고 간주하고 고용을 대폭 감축해버리는 사태를 막을 수 없을 것이다.

| 제5절 | 임금정책의 미래

제2차 세계대전이 끝난 다음, 세 가지 새로운 발전이 임금문제에 끼친 영향을 둘러싸고 논의가 점차 달아올랐다. 세 가지 발전이란 첫째로 빈곤으로부터의 해방을 보장하기 위한 포괄적인 사회보장제도의 도입, 둘째로 정부의 통제영역 확대(때로는 정부가 직접 산업을 소유하고 운영하는 경우도 있다), 셋째로 이전의 평화시에 도달한 적이 없던 완전고용 조건에 이를 수 있는 가능성의 증대가 바로 그것이다. 만일 사람들이 이제 더 이상 빈곤에 쫓기지 않고 산업예비군이 사라진다면, 윌리엄 베버리지

(William Beveridge)의 말대로 노동시장은 최초로 '구매자'의 시장이 아니라 '판매자'의 시장으로 될 것이다(전쟁과 같은 예외적인 경우를 제외한다면). 이들 발전에 의해 두 가지 중요한 문제가 제기되었다. 첫 번째 문제는 산업 패턴이 경제적 변화를 따라가기 위해 필요한 산업 간 지역 간 노동의 이동이 적절한 임금정책 수단에 의해 성공적으로 이루어질 수 있을지, 그리고 이를 위해 의도적으로 수행되어야 하는 임금정책이 과연 바람직할 것인지의 여부에 대한 것이었다. 두 번째 문제는 새로운 상황이 과연 정부와 노동조합의 상급수준에서 이루어지는 일종의 중앙집권적으로 조정된 임금정책을 필요로 할 것인지, 또한 임금수준이 자율적인 단체교섭 과정에 의해 각 산업별로 따로따로 결정되던 기존의 전통적인 제도의 근본적인 변혁도 함께 필요로 할 것인지의 여부에 대한 것이었다.

이 첫 번째 물음에 대한 답은 가령 전쟁이 시작되거나 끝날 시기와 같은 급격한 전환기에 노동의 대규모 이동이 요구되는 경우나 이보다 훨씬 적은 규모로 노동의 이동이 요구되는 평상시의 경우 제각기 상당히 달라질 수 있다. 후자의 경우에 매년 필요한 노동의 이동량은 젊은 노동자들이 장래성 있는 산업으로 몰려들고 사양산업으로는 더 이상 진입하지 않는 정도의 변화만으로도 충분히 충당될 수 있다. 이런 종류의 매우 점진적인 이동은 산업훈련제도와 이런 훈련비용에 대한 보조, 그리고 직업소개제도를 통한 일자리 기회의 홍보와 상담 등을 통해 적절히 달성될 수 있다. 이때 우리가 유념해두어야 할 점은 인구의 감소가 예상되고, 거기에 수반되는 인구의 연령 구성이 급격히 변화할 경우에 산업에 종사하는 기존의 노동자 수에 대한 젊은 신규노동자 수의 비율이 떨어지게 될 것이라는 사실이다. 그렇게 되면 각 산업부문에서 매년 젊은 노동자들이 한 산업에서 다른 산업으로 옮아감으로써 발생하는 산업별 노동력의 차이는 그만큼 감소할 것이다. 그러나 노동의 수요가 늘어나고 있는 산업과 반대로 줄어들고 있는 산업 사이에 임금률과 소득기회의 격차가 비교적 적을 경우에는 필요한 노동력의 이동이 이것만으로도 충분히 충당될 수 있을 것이다. 자주 이야기되는 견해로 노동력을 이동시키기 위한 수단으로 직종 간 임금격차를 고의적으로 두어야 한다는 주장이 있지만, 피할 수만 있다면 그렇게 하지 않는 것이 바람직하다. 그런 고의적인 임금격차는 노동자들이 한 산업에 오랫동안 머물게 만듦으로써 결국 그 산업에 더 이상의 신규 노동력의 유입이 필요 없도록 만들어 버릴 것이며, 임금과 생계비에서 산업별로 격차를 만들어냄으로써 공평성과 합리성을 둘러싼 갈등을 유발하게 될 것이다. 노동의 이동을 촉발하는 이런 격차의 효력은 이들 격차가 순전히 일시적인 것이라고 예상될 때에는 별로 크지 않을 것이다. 반면에 장기간 지속될 것으로 예상될 경우에는 이런 격차가 노동조합 진영으로 하여금 임금이 낮은 산업부문의 임금을 부당하게 낮은 임금으로 간주하도록 만들어 이 부문의 임금을 올리려는 운동을 일으키게 될 뿐일 것이다.

그러나 종전(終戰) 무렵과 같이 대규모 노동의 이동이 필요한 시기에는 젊은 노동자들의 신규유입 정도만으로는 충분하지 않을 것이다. 그래서 노동에 대한 수요가 증가하고 있는 업종으로 노동의 이동을 유인하기 위해 이들 업종의 임금인상이 거의 틀림없이 필요할 것이다. 제2차 세계대전이 끝날 무렵의 특수한 문제는 산업별 임금격차가 전쟁산업에서 평화시의 산업(노동에 대한 수요가 가장 많이 늘어났던)으로의 노동 이동을 도와주기는커녕 가로막고 있다는 점에 있었다. 전쟁산업의 임금수준과 소득이 모두 평화시의 산업에 비해 상대적으로 높았기 때문이다. 인력 부족으로 허덕이던 광업과 섬유산업은 신규노동자를 끌어들일 만한 유인을 거의 제공하지 못했다. 왜냐하면 (주로 전간기 동안 불황의 여파 때문에) 이들 산업은 저임금 산업부문이었기 때문이다. 앞서(제6장) 이미 언급한 바와 같이 완전고용 상태에서는, 광업과 같이 고되고 위험한 산업에서 새로운 신규인력을 충원하기 위해서는 전통적인 수준에 비해 임금수준을 상대적으로나 절대적으로나 모두 대폭 인상해야만 한다. 이 경우에 이들 저임금 산업부문이 시달리고 있는 약점을 극복하기 위해서는 임금구조를 근본적으로 바꾸는 것이 바람직한 인력배분을 달성하기 위해 반드시 필요한 선결조건임이 분명하다.

전국 단위의 임금정책을 수행하는 방식에서 가장 커다란 난점은(만일 이것이 업종별 단체교섭의 상위에 놓인 어떤 것이라면) 영국의 경우에 몇몇 다른 나라들과 마찬가지로 임금정책에 대한 결정을 결집할 수 있는 노동계의 중앙 '정부'가 존재하지 않는다는 사실이다. 각각의 노동조합들은 모두 자율적인 조직체들이고 전국노동조합대표자회의(General Council of Trade Union Congress: 노동조합총연맹 가입 노조의 대표자들로 구성된 회의체이다. 노동조합총연맹의 정책 집행을 책임지는 기구로 여기에서 다시 집행위원회와 의장이 선출된다. 이하 '전국회의'로 줄여 부르기로 한다)는 단지 연합체로서의 기능 외에는 거의 아무것도 수행하지 않는다. 전후에 전국회의는 정부의 '임금억제' 정책(비판자들에게는 '임금동결'로 알려져 있는)을 따르기로 합의했다. 그러나 전국회의는 개별 노동조합이 임금인상을 결정할 경우에 그것을 전혀 막을 수 없었다. 그리고 1950년대 초에 노동계의 대다수가 임금억제를 거부하자, 전국회의가 정부와 합의한 임금억제는 완전히 백지화되고 말았다. 여기에 더해 또 한 가지 난점은 노동생산물과 생산물 증가분 가운데 노동자에게 얼마나 분배할 것인지, 혹은 또 서로 다른 업종들 사이의 임금의 '올바른' 관계(혹은 임금격차)에 대한 원칙을 합의할 수 있는 기구가 존재하지 않는다는 사실이다(이것은 위에서 얘기했던 문제, 즉 임금격차가 업종들 혹은 지역들 사이에 '노동을 이동시키는' 수단으로 사용되어야 할 것인지의 여부와 관련된 문제와는 전혀 별개의 문제이다). 어쨌든 간에 적어도 민간부문에서는 노동조합이 임금에 대한 독자적인 단체교섭 권한을 포기하려는 징후가 아무리 살펴도 거의 보이지 않는다. 설사 노동조합의 상급 간부들이 그렇게 하려고 한다 하더라도, 현장의 노동조합 조합원들이 그것을 받아들일 가능성은 더더욱 없을 것이다.

| 찾아보기 |

| ㄱ |

| ㄷ |

| ㄹ |

| ㅁ |

| ㅂ |

| ㅅ |

| ㅇ |

| ㅈ |

| ㅊ |

| ㅋ |

| ㅌ |

| ㅍ |

| ㅎ |